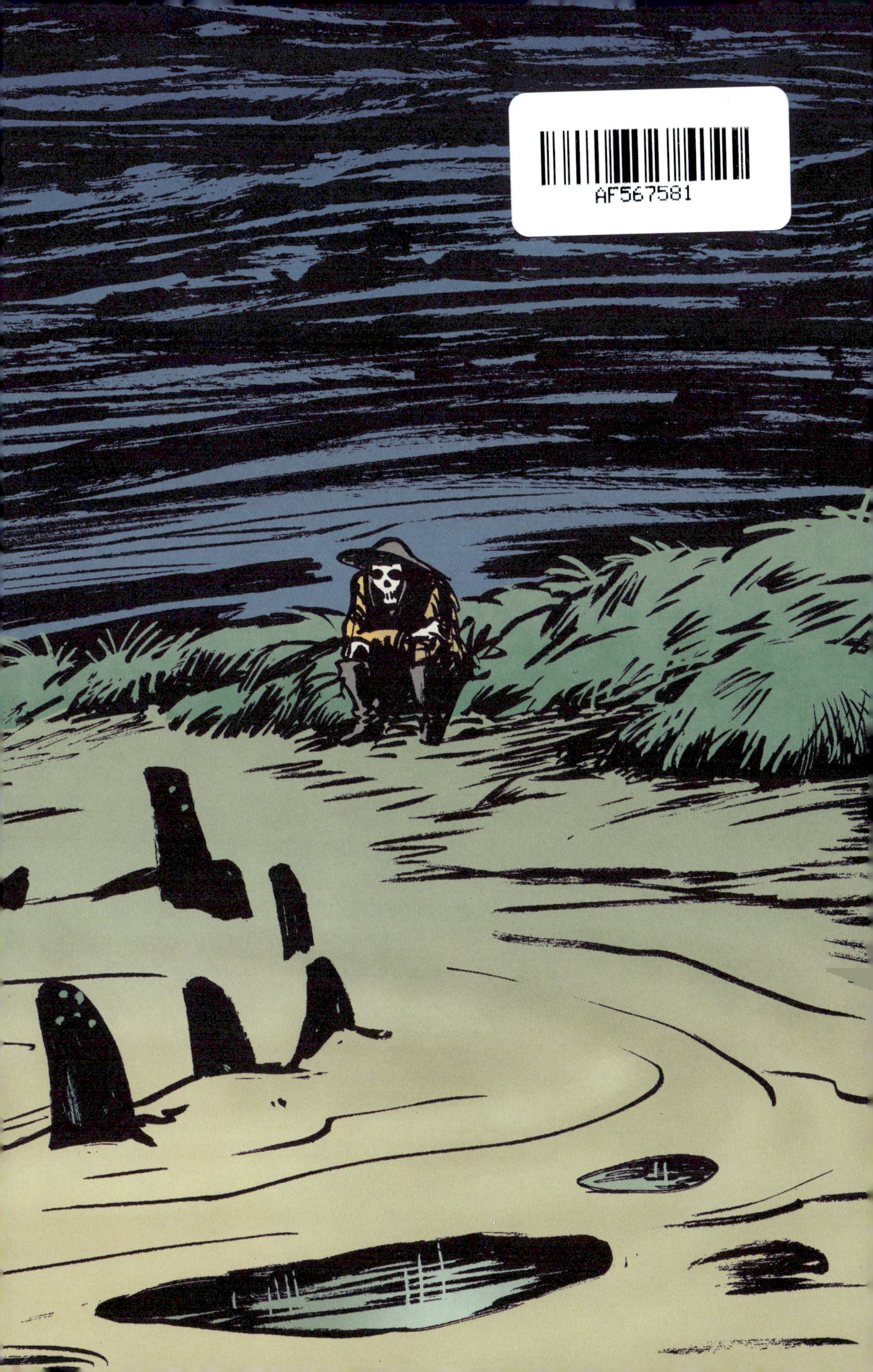

Impressum:

ZOMBIES HINTERM DEICH
ist im November 2020 erschienen bei
Weissblech Comics
Levin Kurio Verlag
Hauptstraße 10
23744 Schönwalde OT Langenhagen
Kontakt: kurio@weissblechcomics.com

Einzelpreis 15,90 € (D) (Preis enthält 5% gesetzl. MwSt.)

Herausgeber und Redakteur: Levin Kurio
redaktionelle Mitarbeit: Marte Kurio-Deiterding

Gerichtsstand ist Schönwalde.

Dieser Band ist eine Zusammenstellung von Geschichten,
die in der Heftserie HORRORSCHOCKER erschienen sind.

Druck: Multiprint, Kostinbrod, BGR.
Vertrieb Comicfachhandel:
PPM (Peter Poluda Medienvertrieb), Barntrup.

ISBN dieser Ausgabe:
978-3-86959-086-8

www.weissblechcomics.com

ZOMBIES HINTERM DEICH

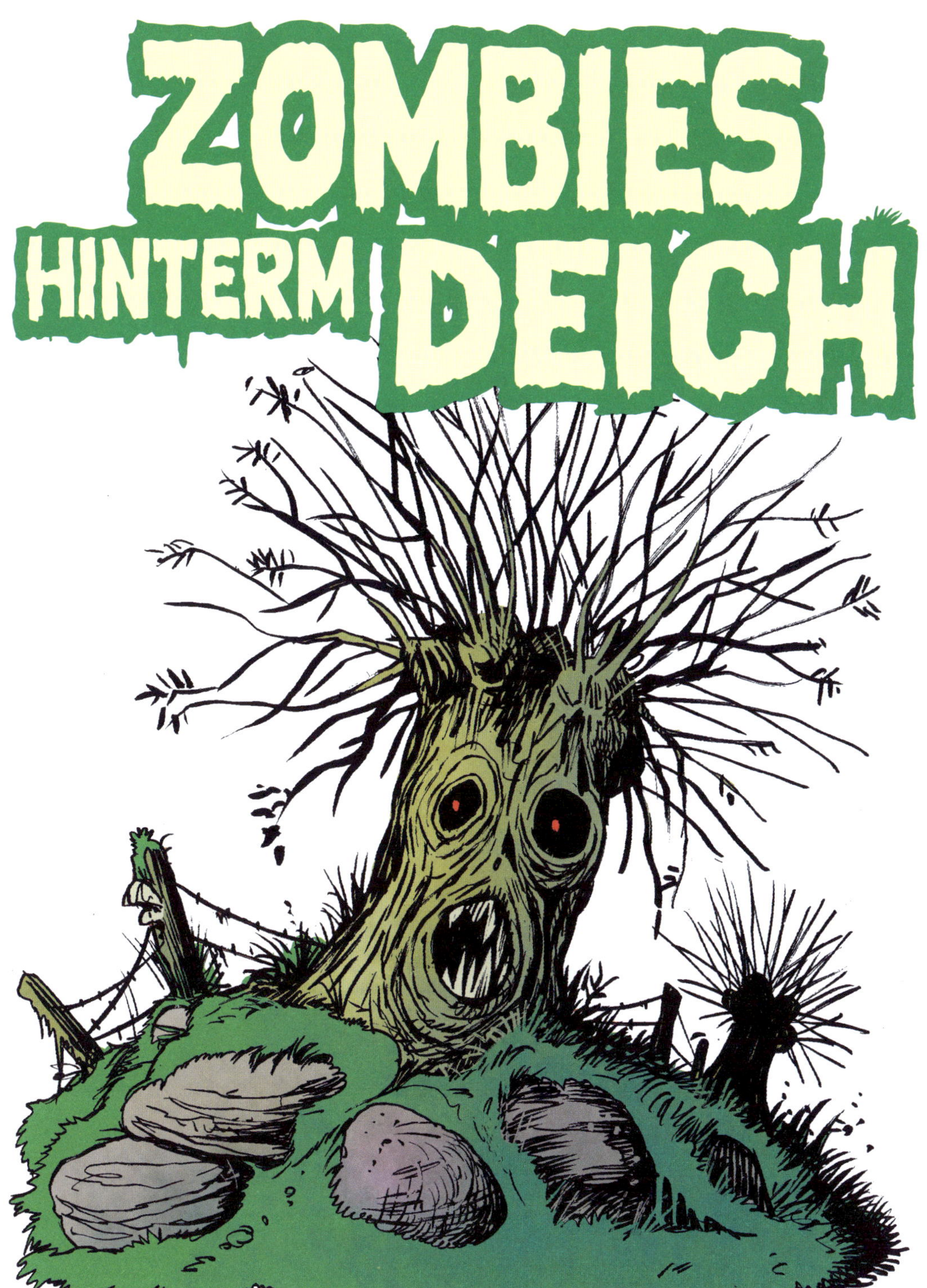

REGIONALE GESCHICHTEN AUS DER COMICSERIE

HORRORSCHOCKER

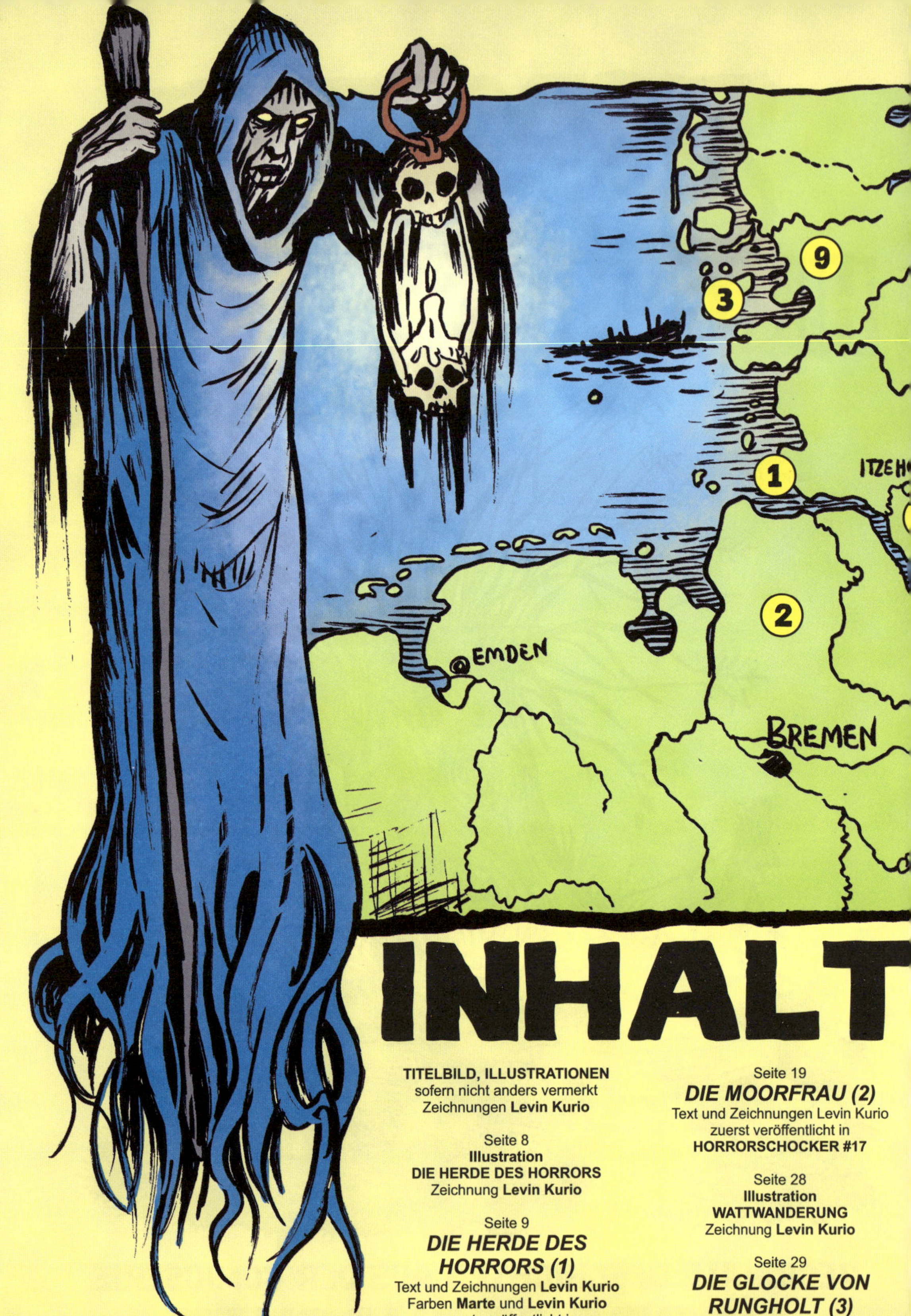

INHALT

TITELBILD, ILLUSTRATIONEN
sofern nicht anders vermerkt
Zeichnungen **Levin Kurio**

Seite 8
Illustration
DIE HERDE DES HORRORS
Zeichnung **Levin Kurio**

Seite 9
DIE HERDE DES HORRORS (1)
Text und Zeichnungen **Levin Kurio**
Farben **Marte** und **Levin Kurio**
zuerst veröffentlicht in
HORRORSCHOCKER #49

Seite 19
DIE MOORFRAU (2)
Text und Zeichnungen Levin Kurio
zuerst veröffentlicht in
HORRORSCHOCKER #17

Seite 28
Illustration
WATTWANDERUNG
Zeichnung **Levin Kurio**

Seite 29
DIE GLOCKE VON RUNGHOLT (3)
Text und Zeichnungen **Levin Kurio**
Farben **Marte** und **Levin Kurio**
zuerst veröffentlicht in
HORRORSCHOCKER #34

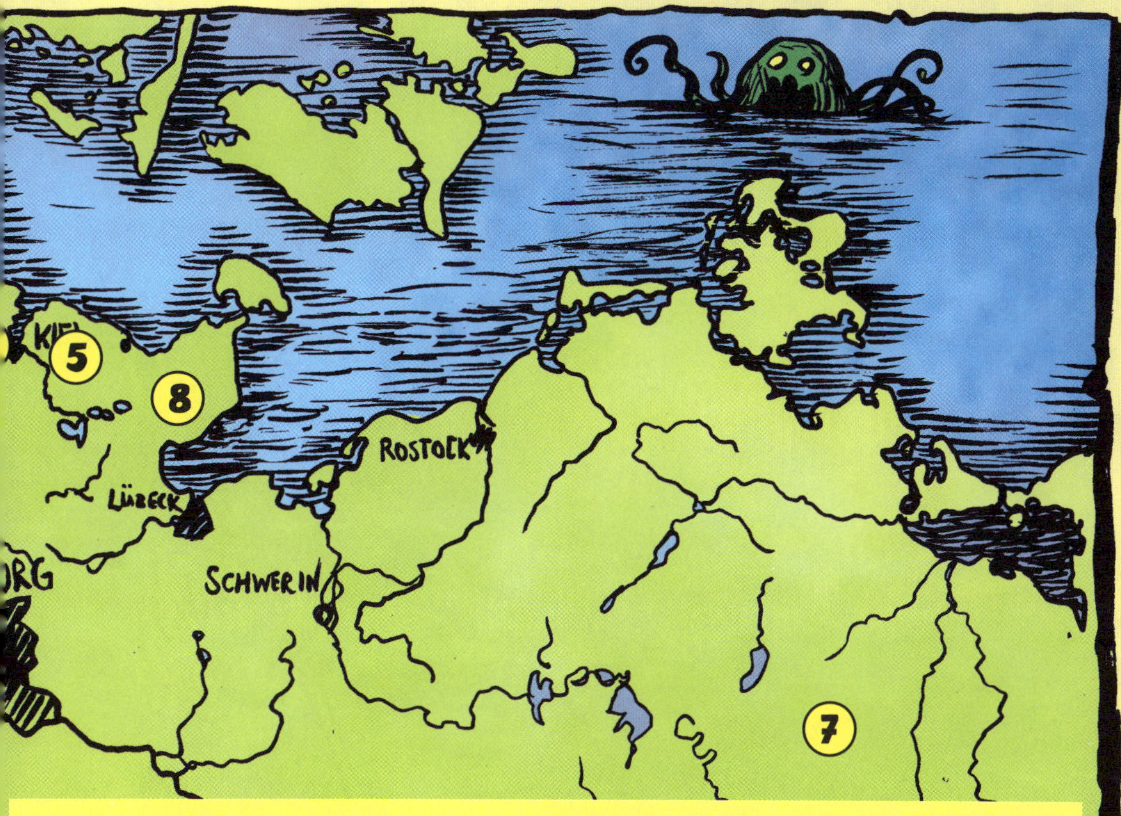

Zu dieser Karte: Örtliche Eigenheiten, eigene Erfahrungen und Anekdoten dienten dem Autor als Inspiration - aber dieses Buch ist kein Fall fürs Geocaching, die räumliche Einordnung ist zwar manchmal recht exakt, manchmal aber auch eher allgemein zu verstehen. Geschichten wie etwa ***HALLOWEEN!*** (Nummer 9) haben keinen bestimmten Handlungsort und könnten in vielen Gemeinden im norddeutschen Raum spielen. Hier zeigt die Nummer nur, wo sie am ehesten zu verorten wären.
Und wie immer gilt: Sämtliche Handlungen und Personen, Namen und Ereignisse sind frei erfunden, Übereinstimmungen mit der Realität oder real existierenden Personen sind rein zufällig und nicht beabsichtigt!

Seite 39
DER GLÜCKSDRACHE (4)
Text und Farben Marte Kurio
Zeichnungen und Farben Levin Kurio
zuerst veröffentlicht in
HORRORSCHOCKER #42

Seite 47
Illustration
KOMPOSTPLATZ
Zeichnung **Carsten Dörr**

Seite 48
UNSER DORF SOLL TOTER WERDEN ... (5)
Text **Levin Kurio**
Zeichnungen und Farben **Carsten Dörr**
zuerst veröffentlicht in
HORRORSCHOCKER #35

Seite 56
ABSEITS DES WEGES (6)
Text, Zeichnungen und Farben
Levin Kurio
zuerst veröffentlicht in
HORRORSCHOCKER #26

Seite 66
DAS JUBILÄUM (7)
Idee **Marte Kurio**
Text, Zeichnungen und Farben
Levin Kurio
zuerst veröffentlicht in
HORRORSCHOCKER #33

Seite 74
DER RATTENKÖNIG (8)
Idee **Marte Kurio**
Text, Zeichnungen und Farben
Levin Kurio
zuerst veröffentlicht in
HORRORSCHOCKER #47

Seite 81
HALLOWEEN! (9)
Text, Zeichnungen und Farben
Levin Kurio
zuerst veröffentlicht in
HORRORSCHOCKER #51

Seite 87
Illustration DIE MOORFRAU
Zeichnung **Rainer F. Engel**

Seite 88
NACHWORT
Der Verleger über das Wie, das Warum
und das Sonstwas dieses Buches

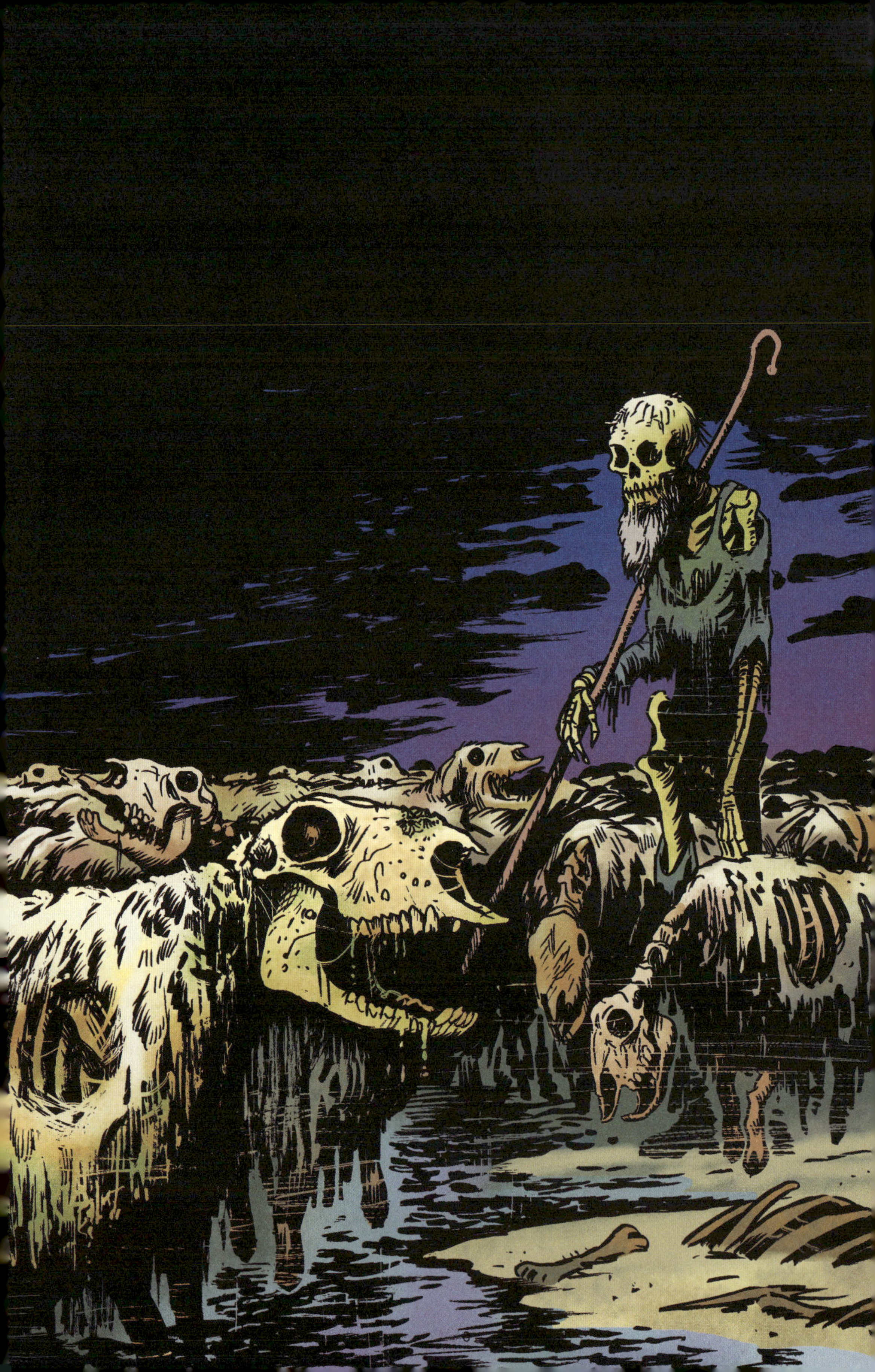

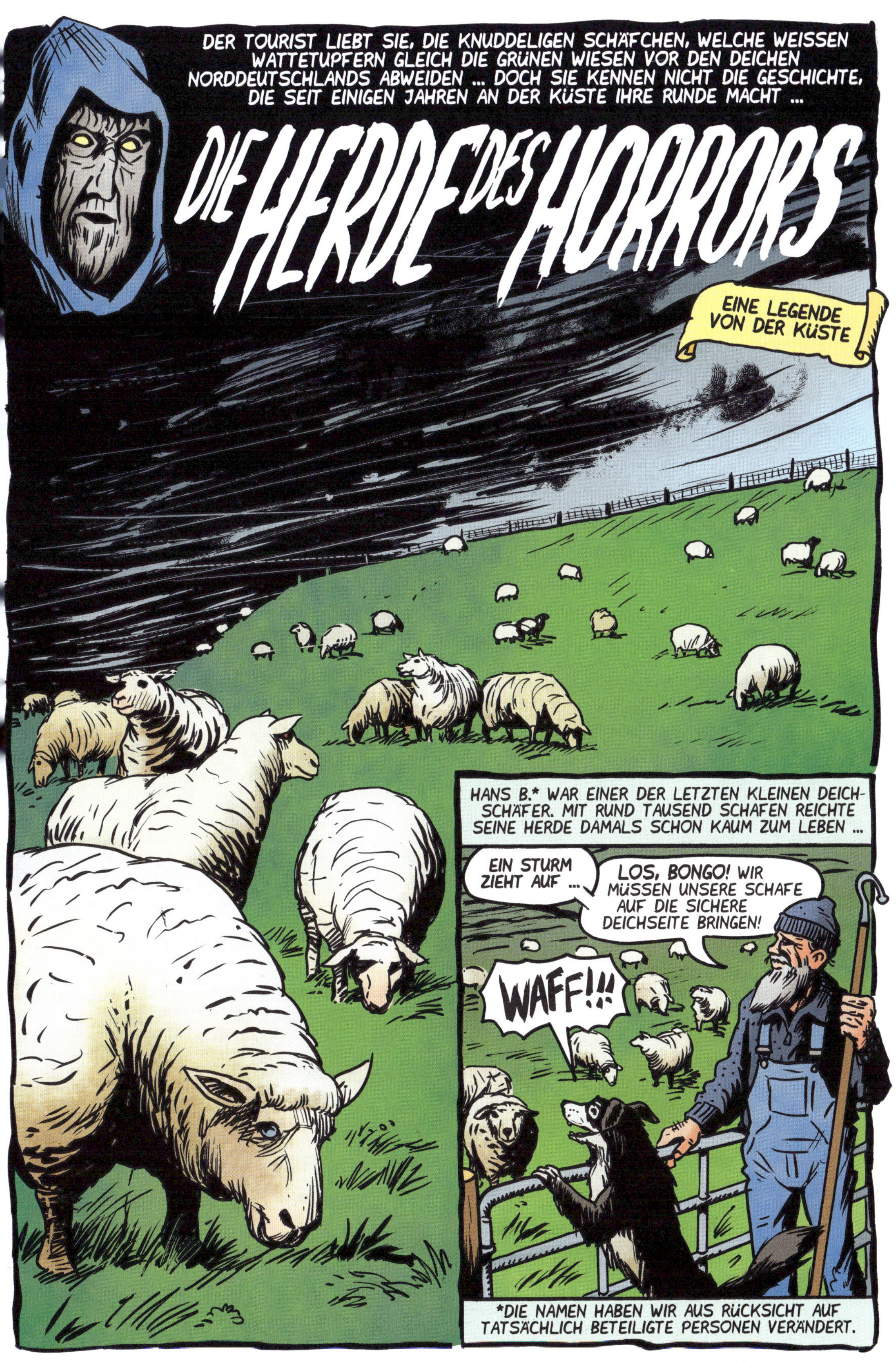
DER TOURIST LIEBT SIE, DIE KNUDDELIGEN SCHÄFCHEN, WELCHE WEISSEN WATTETUPFERN GLEICH DIE GRÜNEN WIESEN VOR DEN DEICHEN NORDDEUTSCHLANDS ABWEIDEN ... DOCH SIE KENNEN NICHT DIE GESCHICHTE, DIE SEIT EINIGEN JAHREN AN DER KÜSTE IHRE RUNDE MACHT ...
DIE HERDE DES HORRORS
EINE LEGENDE VON DER KÜSTE
HANS B.* WAR EINER DER LETZTEN KLEINEN DEICH-SCHÄFER. MIT RUND TAUSEND SCHAFEN REICHTE SEINE HERDE DAMALS SCHON KAUM ZUM LEBEN ...
EIN STURM ZIEHT AUF ...
LOS, BONGO! WIR MÜSSEN UNSERE SCHAFE AUF DIE SICHERE DEICHSEITE BRINGEN!
WAFF!!!
*DIE NAMEN HABEN WIR AUS RÜCKSICHT AUF TATSÄCHLICH BETEILIGTE PERSONEN VERÄNDERT.

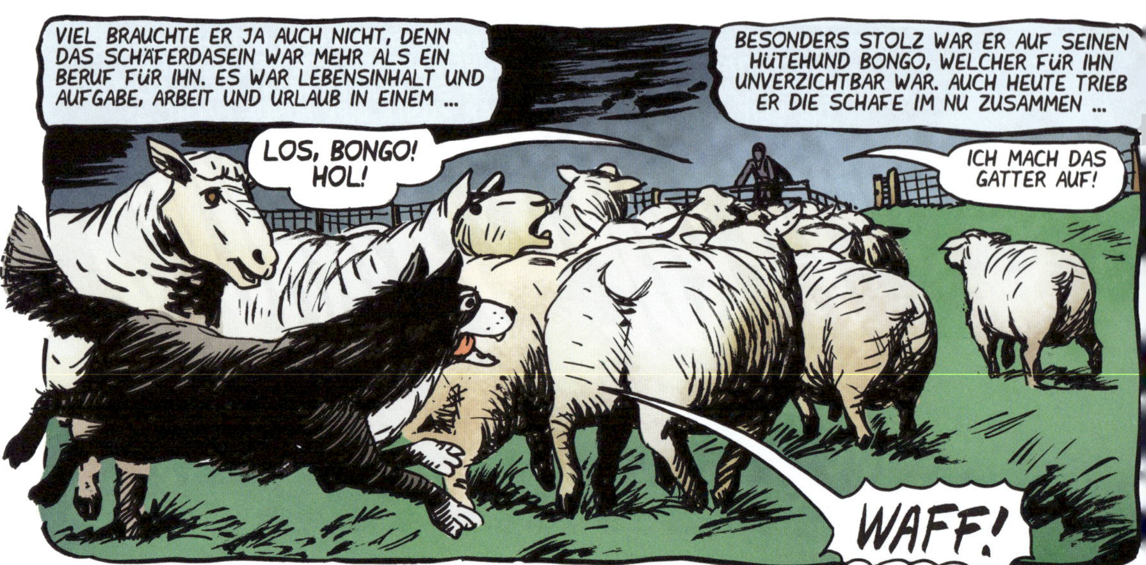

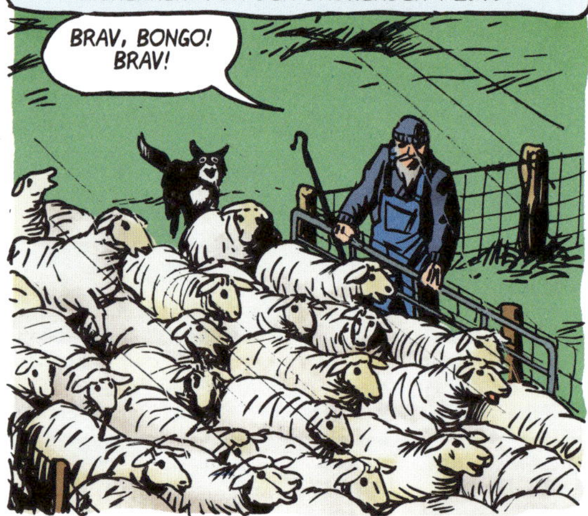

HANS WAR NICHT DER EINZIGE DEICHSCHÄFER, DER AN DIESEM TAG ZU TUN HATTE. GÜNTHER KRUSE ALLERDINGS WAR AUF MENSCHLICHE HÜTEHUNDE ANGEWIESEN ...

HERR KRUSE, IHRE HERDEN SIND ALLE AUF DEN WEIDEN IM KOOG!

DANN WEITER ZUM NÄCHSTEN! SAG MAL, DA DRÜBEN, IST DAS NICHT DIESER HANS WIEWARNOCHSEINNAME?!

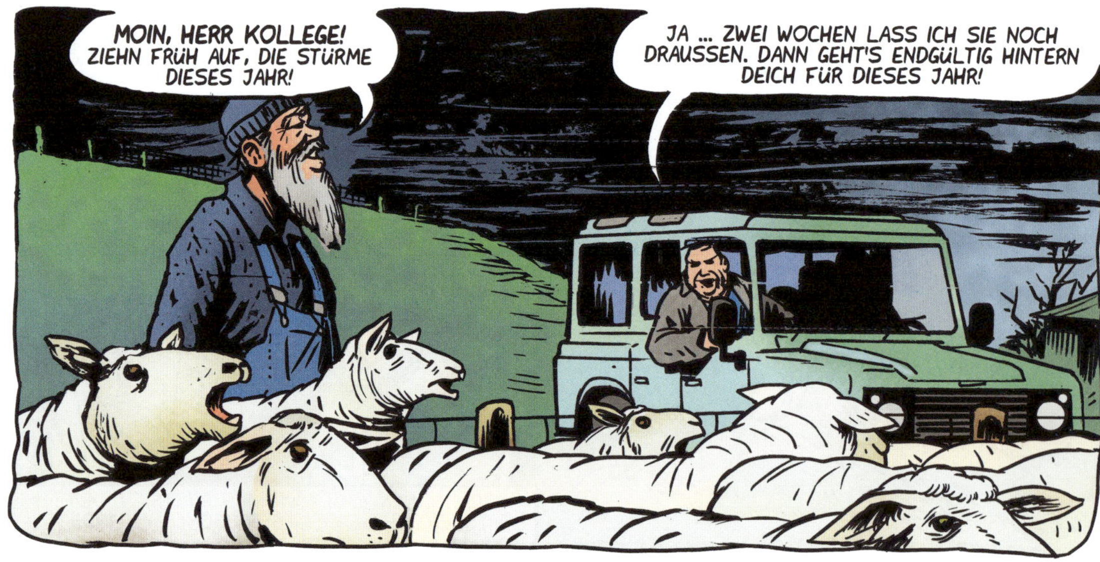

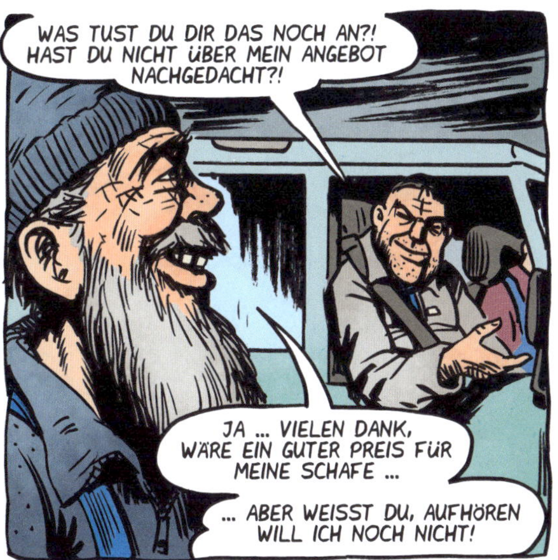
WAS TUST DU DIR DAS NOCH AN?! HAST DU NICHT ÜBER MEIN ANGEBOT NACHGEDACHT?!
JA ... VIELEN DANK, WÄRE EIN GUTER PREIS FÜR MEINE SCHAFE ...
... ABER WEISST DU, AUFHÖREN WILL ICH NOCH NICHT!

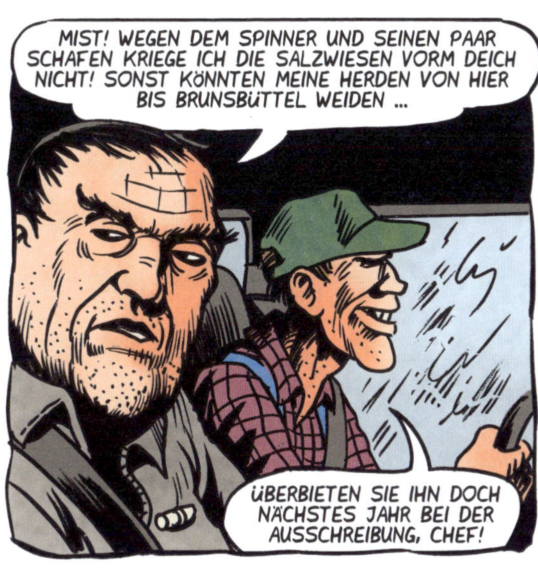
MIST! WEGEN DEM SPINNER UND SEINEN PAAR SCHAFEN KRIEGE ICH DIE SALZWIESEN VORM DEICH NICHT! SONST KÖNNTEN MEINE HERDEN VON HIER BIS BRUNSBÜTTEL WEIDEN ...
ÜBERBIETEN SIE IHN DOCH NÄCHSTES JAHR BEI DER AUSSCHREIBUNG, CHEF!

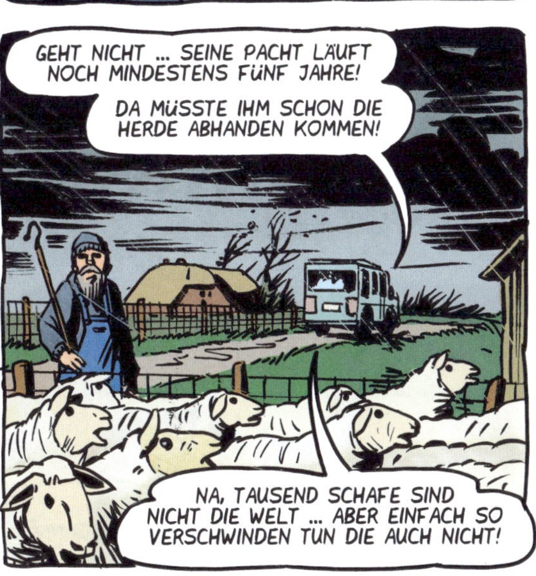
GEHT NICHT ... SEINE PACHT LÄUFT NOCH MINDESTENS FÜNF JAHRE!
DA MÜSSTE IHM SCHON DIE HERDE ABHANDEN KOMMEN!
NA, TAUSEND SCHAFE SIND NICHT DIE WELT ... ABER EINFACH SO VERSCHWINDEN TUN DIE AUCH NICHT!

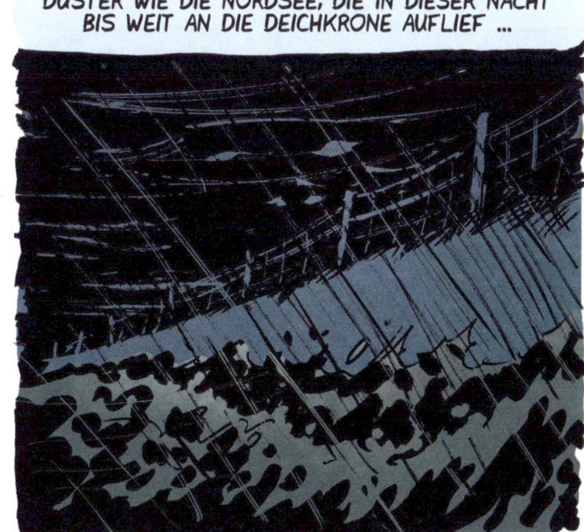
GÜNTHER KRUSES STIMMUNG WAR FAST SO DÜSTER WIE DIE NORDSEE, DIE IN DIESER NACHT BIS WEIT AN DIE DEICHKRONE AUFLIEF ...

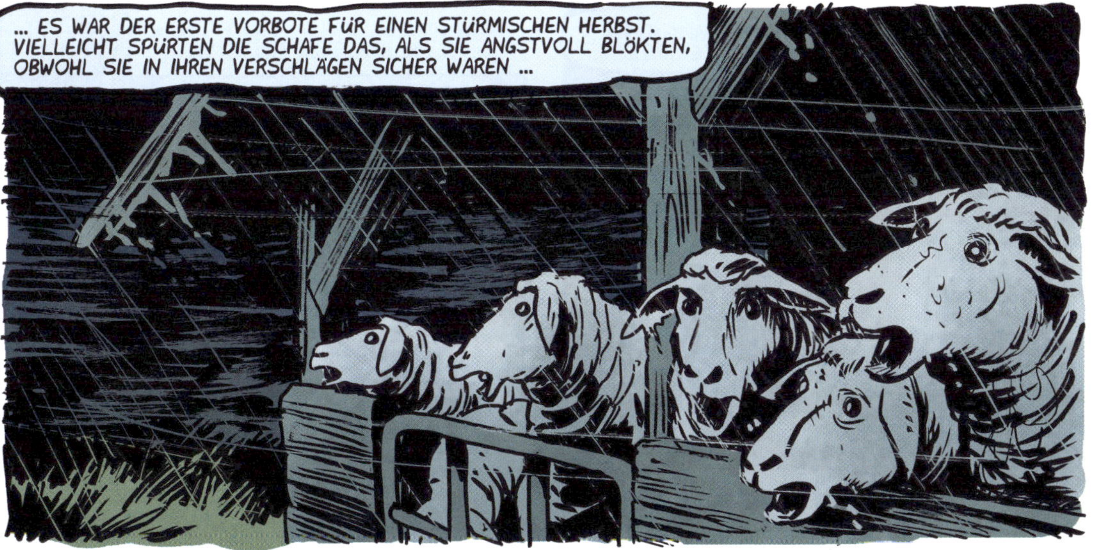
... ES WAR DER ERSTE VORBOTE FÜR EINEN STÜRMISCHEN HERBST. VIELLEICHT SPÜRTEN DIE SCHAFE DAS, ALS SIE ANGSTVOLL BLÖKTEN, OBWOHL SIE IN IHREN VERSCHLÄGEN SICHER WAREN ...

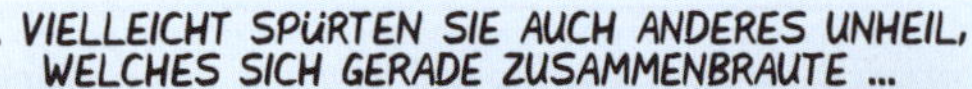
... VIELLEICHT SPÜRTEN SIE AUCH ANDERES UNHEIL, WELCHES SICH GERADE ZUSAMMENBRAUTE ...

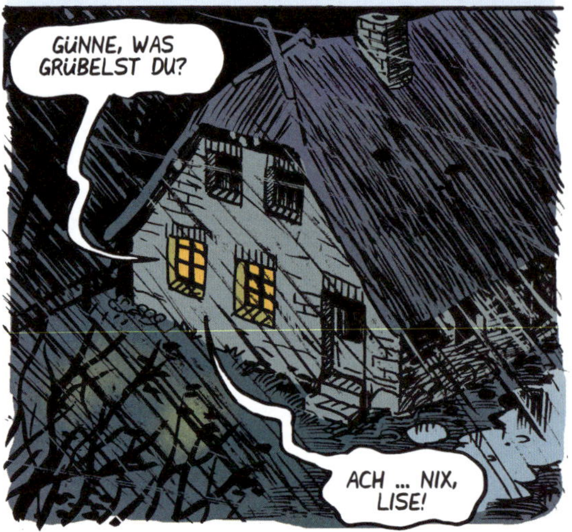
GÜNNE, WAS GRÜBELST DU?
ACH ... NIX, LISE!

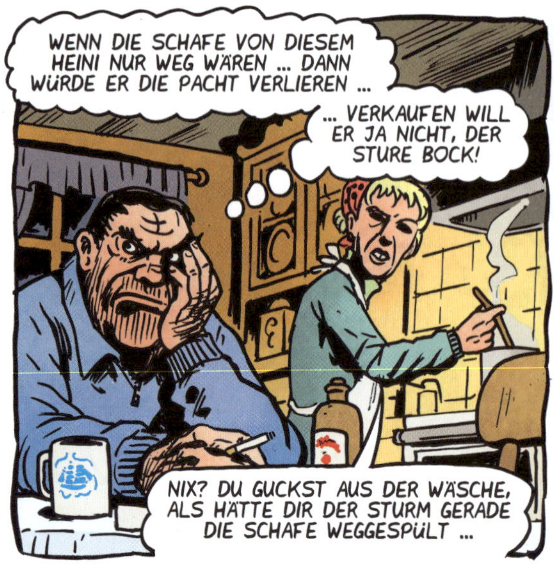
WENN DIE SCHAFE VON DIESEM HEINI NUR WEG WÄREN ... DANN WÜRDE ER DIE PACHT VERLIEREN ...
... VERKAUFEN WILL ER JA NICHT, DER STURE BOCK!
NIX? DU GUCKST AUS DER WÄSCHE, ALS HÄTTE DIR DER STURM GERADE DIE SCHAFE WEGGESPÜLT ...

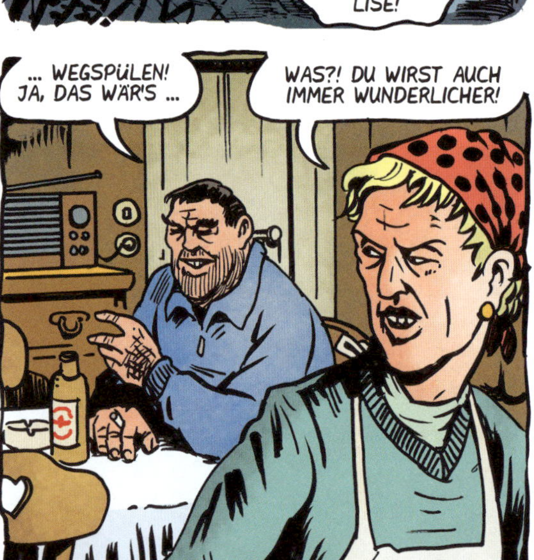
... WEGSPÜLEN! JA, DAS WÄR'S ...
WAS?! DU WIRST AUCH IMMER WUNDERLICHER!

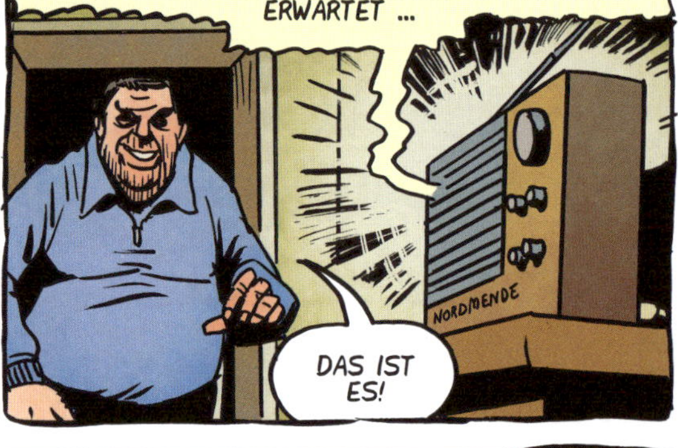
AN DIESEM ABEND REIFTE EIN BOSHAFTER PLAN IM KOPF DES GROSSSCHÄFERS ... UND BALD SOLLTE IHM DIE RAUE NATUR DIE GELEGENHEIT DAZU GEBEN, IHN UMZUSETZEN ...
DER DEUTSCHE WETTERDIENST WARNT VOR STARKEN ORKANBÖEN IM BEREICH DER DEUTSCHEN BUCHT. FÜR DIE NACHT WERDEN WASSERSTÄNDE VON ZWEI METER ÜBER MITTLEREM HOCHWASSER ERWARTET ...
NORDMENDE
DAS IST ES!

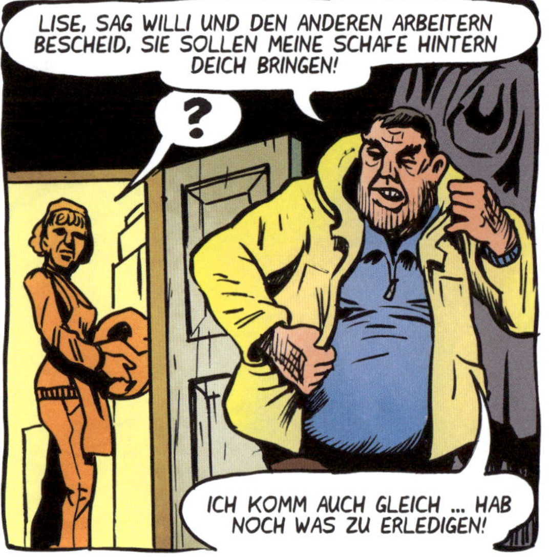
LISE, SAG WILLI UND DEN ANDEREN ARBEITERN BESCHEID, SIE SOLLEN MEINE SCHAFE HINTERN DEICH BRINGEN!
?
ICH KOMM AUCH GLEICH ... HAB NOCH WAS ZU ERLEDIGEN!

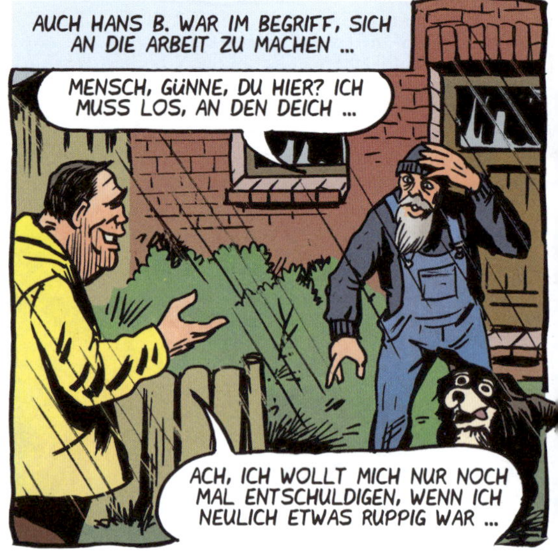
AUCH HANS B. WAR IM BEGRIFF, SICH AN DIE ARBEIT ZU MACHEN ...
MENSCH, GÜNNE, DU HIER? ICH MUSS LOS, AN DEN DEICH ...
ACH, ICH WOLLT MICH NUR NOCH MAL ENTSCHULDIGEN, WENN ICH NEULICH ETWAS RUPPIG WAR ...

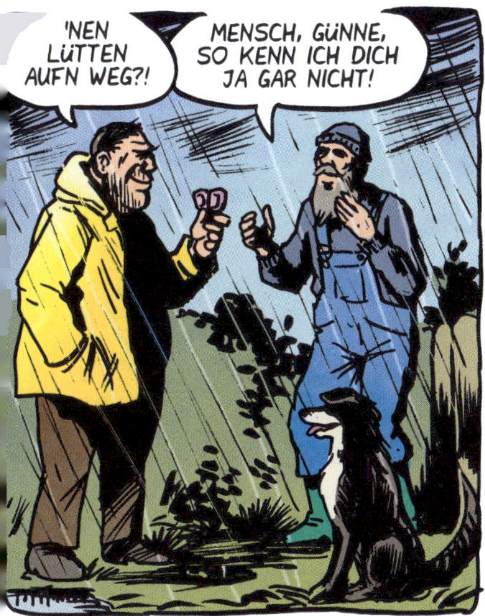
'NEN LÜTTEN AUFN WEG?!
MENSCH, GÜNNE, SO KENN ICH DICH JA GAR NICHT!

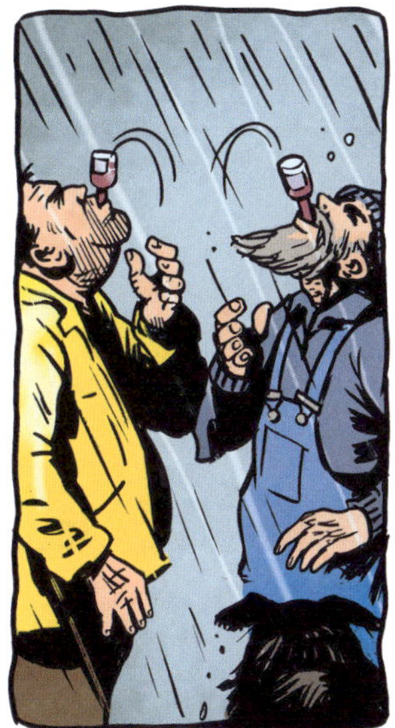

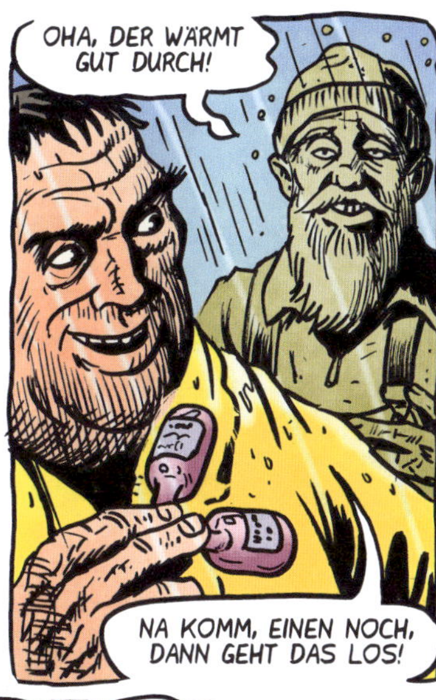
OHA, DER WÄRMT GUT DURCH!
NA KOMM, EINEN NOCH, DANN GEHT DAS LOS!

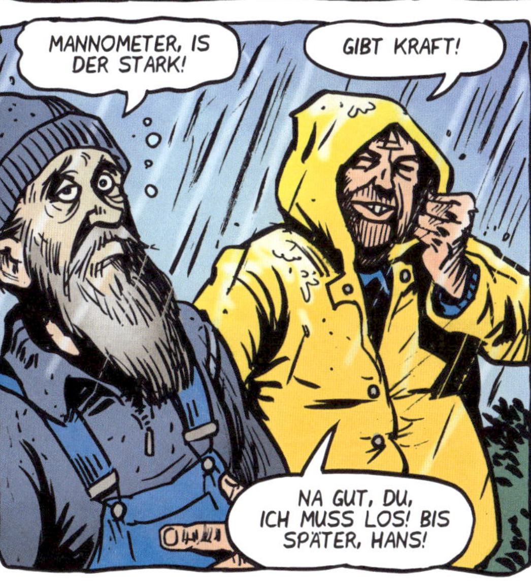
MANNOMETER, IS DER STARK!
GIBT KRAFT!
NA GUT, DU, ICH MUSS LOS! BIS SPÄTER, HANS!

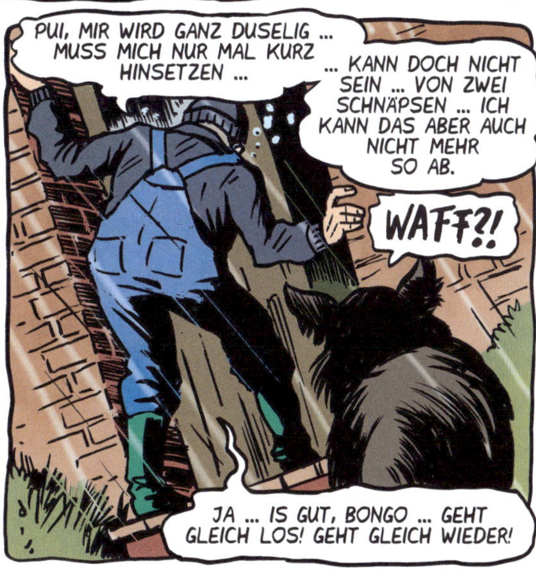
PUI, MIR WIRD GANZ DUSELIG ... MUSS MICH NUR MAL KURZ HINSETZEN ...
... KANN DOCH NICHT SEIN ... VON ZWEI SCHNÄPSEN ... ICH KANN DAS ABER AUCH NICHT MEHR SO AB.
WAFF?!
JA ... IS GUT, BONGO ... GEHT GLEICH LOS! GEHT GLEICH WIEDER!

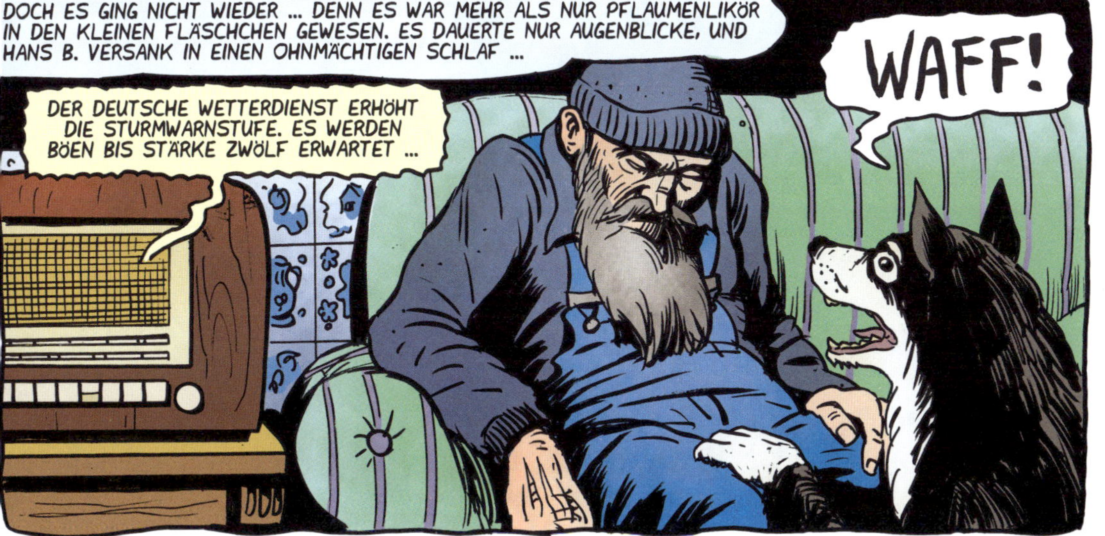
DOCH ES GING NICHT WIEDER ... DENN ES WAR MEHR ALS NUR PFLAUMENLIKÖR IN DEN KLEINEN FLÄSCHCHEN GEWESEN. ES DAUERTE NUR AUGENBLICKE, UND HANS B. VERSANK IN EINEN OHNMÄCHTIGEN SCHLAF ...
WAFF!
DER DEUTSCHE WETTERDIENST ERHÖHT DIE STURMWARNSTUFE. ES WERDEN BÖEN BIS STÄRKE ZWÖLF ERWARTET ...

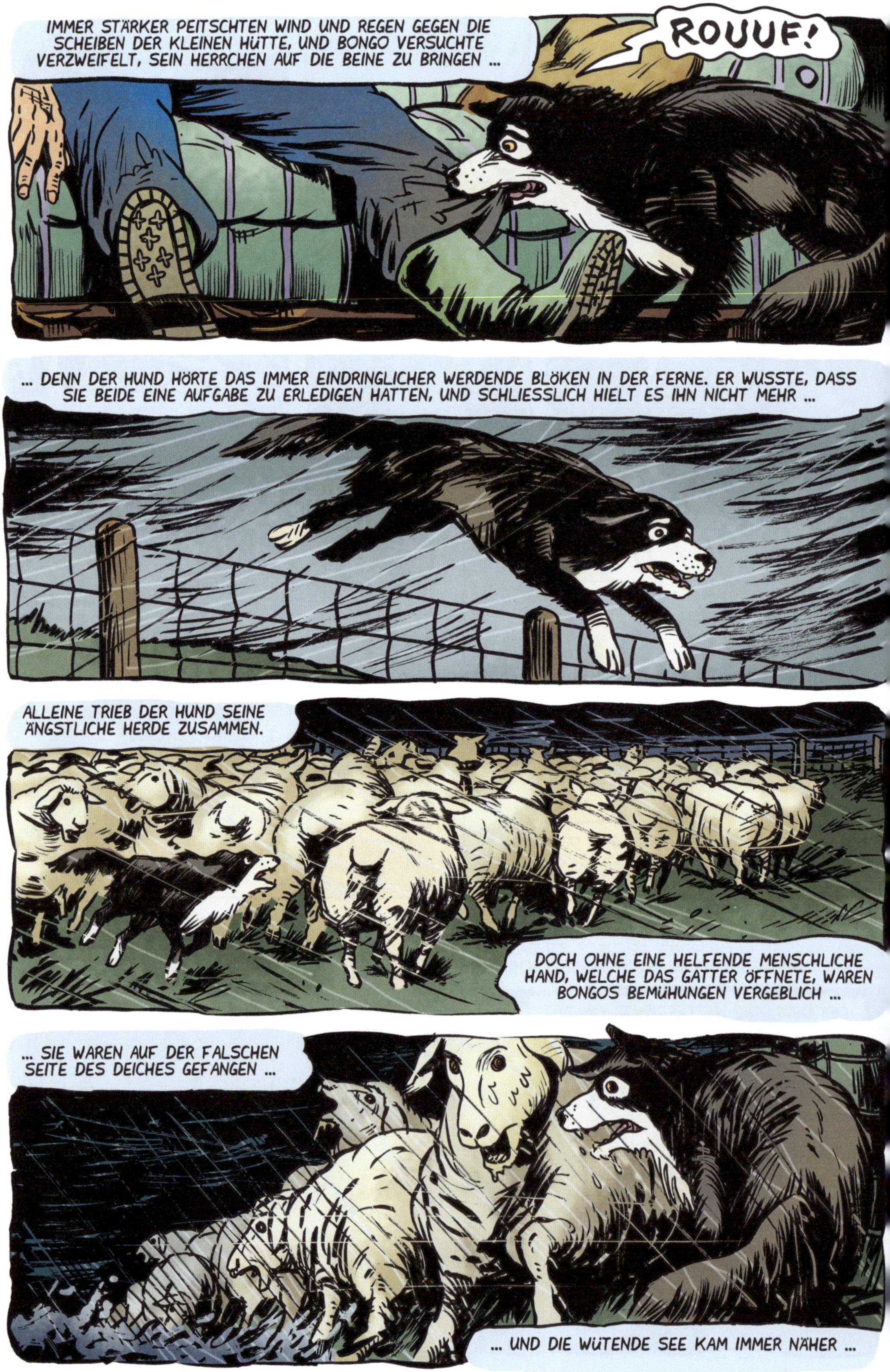

IMMER STÄRKER PEITSCHTEN WIND UND REGEN GEGEN DIE SCHEIBEN DER KLEINEN HÜTTE, UND BONGO VERSUCHTE VERZWEIFELT, SEIN HERRCHEN AUF DIE BEINE ZU BRINGEN ...

ROUUF!

... DENN DER HUND HÖRTE DAS IMMER EINDRINGLICHER WERDENDE BLÖKEN IN DER FERNE. ER WUSSTE, DASS SIE BEIDE EINE AUFGABE ZU ERLEDIGEN HATTEN, UND SCHLIESSLICH HIELT ES IHN NICHT MEHR ...

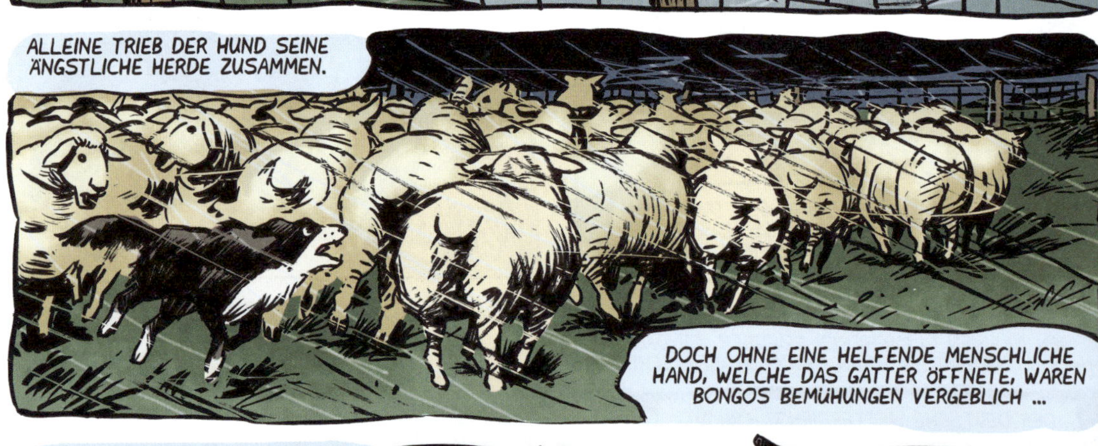

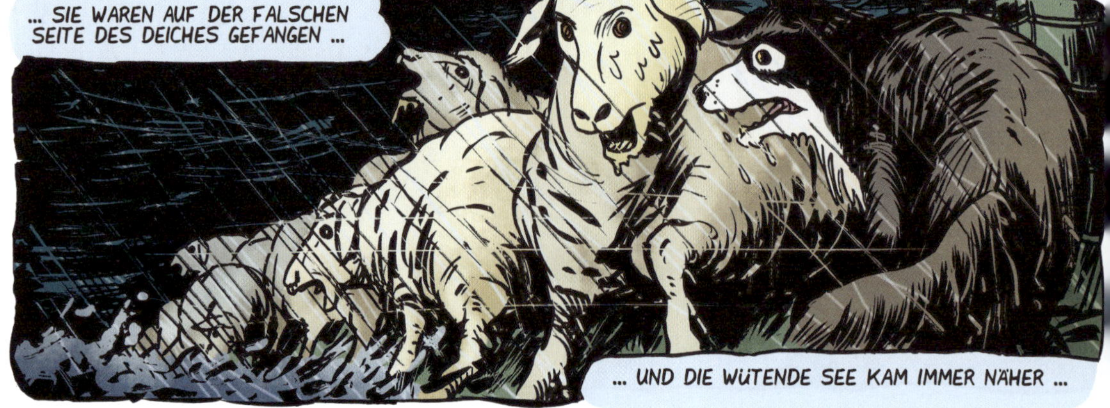

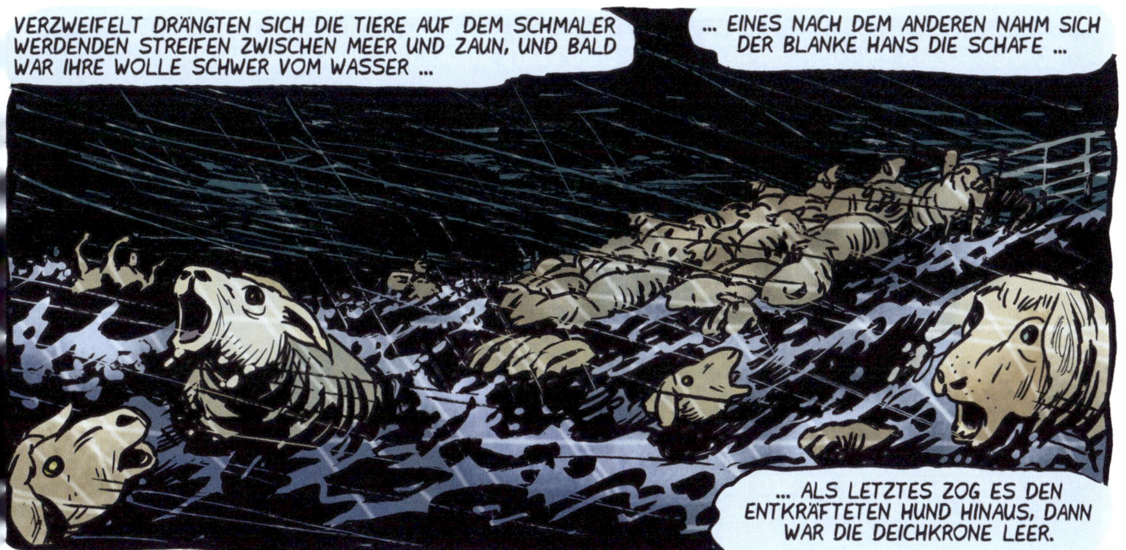
VERZWEIFELT DRÄNGTEN SICH DIE TIERE AUF DEM SCHMALER WERDENDEN STREIFEN ZWISCHEN MEER UND ZAUN, UND BALD WAR IHRE WOLLE SCHWER VOM WASSER ...
... EINES NACH DEM ANDEREN NAHM SICH DER BLANKE HANS DIE SCHAFE ...
... ALS LETZTES ZOG ES DEN ENTKRÄFTETEN HUND HINAUS, DANN WAR DIE DEICHKRONE LEER.

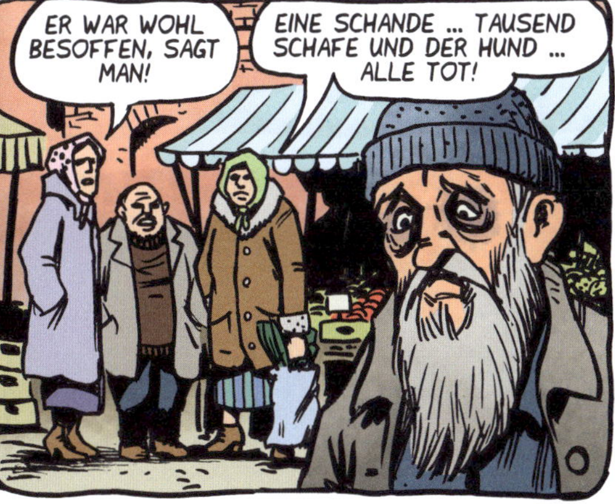
MAN FAND HANS B. AM NÄCHSTEN MORGEN TIEF SCHLAFEND AUF SEINEM KÜCHENSOFA. NIEMAND MACHTE IHM EINEN PROZESS, DOCH DAS URTEIL ÜBER IHN WAR GESPROCHEN ...
ER WAR WOHL BESOFFEN, SAGT MAN!
EINE SCHANDE ... TAUSEND SCHAFE UND DER HUND ... ALLE TOT!

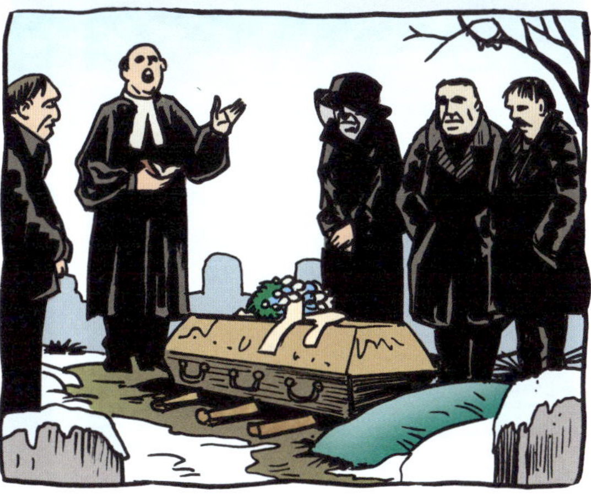
OB ES DIE SCHANDE ODER DER KUMMER WAR, MAN WEISS ES NICHT. ABER NOCH BEVOR DIE LETZTEN WINTERSTÜRME DIE NORDSEE AUFGEWÜHLT HATTEN, FOLGTE DER SCHÄFER SEINER HERDE NACH ...

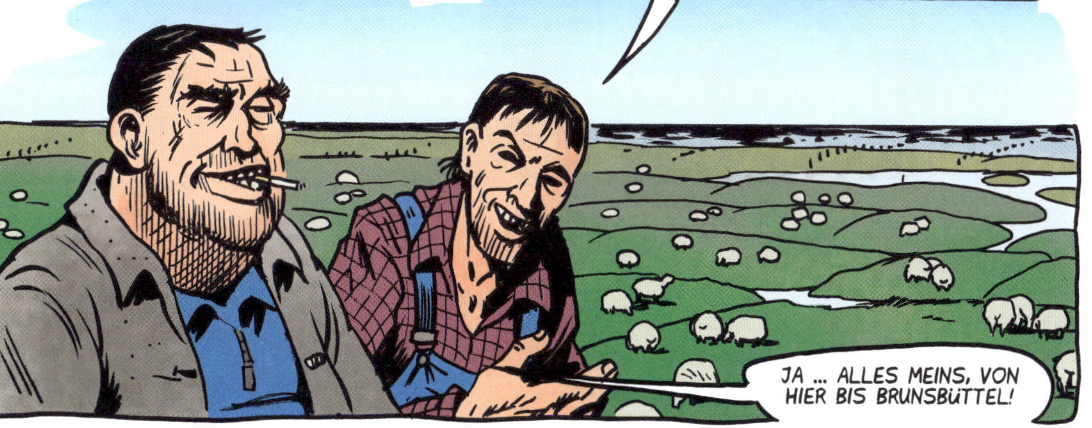
DAS KOMMENDE FRÜHJAHR SAH EINEN NEUEN SCHÄFER AUF DER WIESE VOR DEM DEICH ...
SO, CHEF ... IST EINE TRAURIGE SACHE MIT DEM HANS, ABER NUN HABEN SIE IHRE WIESE ...
JA ... ALLES MEINS, VON HIER BIS BRUNSBÜTTEL!

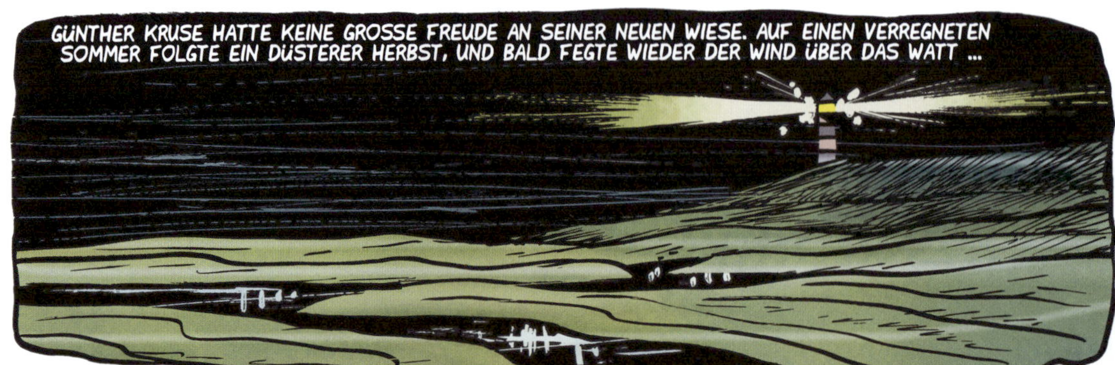
GÜNTHER KRUSE HATTE KEINE GROSSE FREUDE AN SEINER NEUEN WIESE. AUF EINEN VERREGNETEN SOMMER FOLGTE EIN DÜSTERER HERBST, UND BALD FEGTE WIEDER DER WIND ÜBER DAS WATT ...

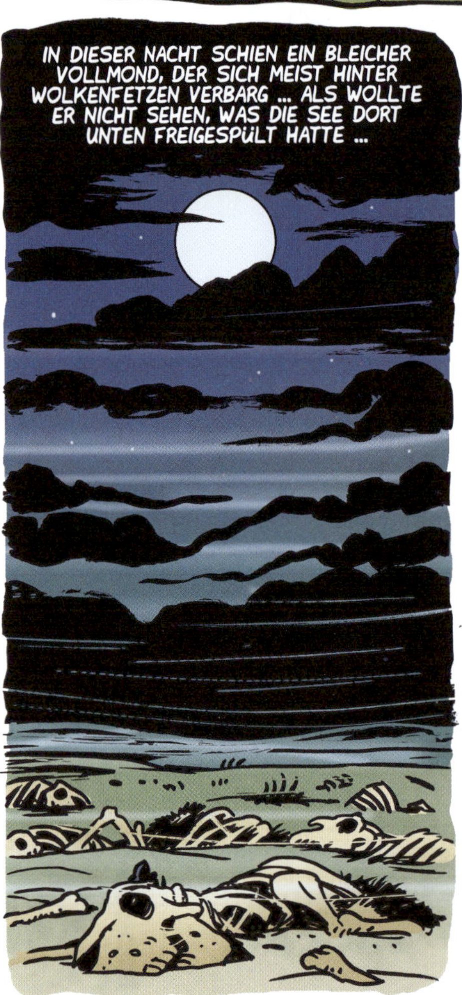
IN DIESER NACHT SCHIEN EIN BLEICHER VOLLMOND, DER SICH MEIST HINTER WOLKENFETZEN VERBARG ... ALS WOLLTE ER NICHT SEHEN, WAS DIE SEE DORT UNTEN FREIGESPÜLT HATTE ...

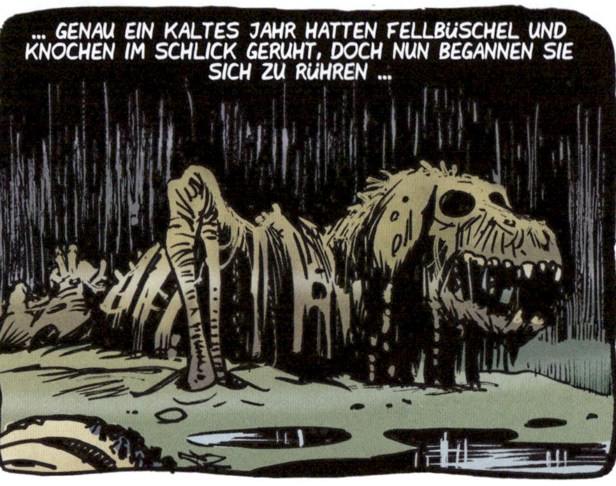
... GENAU EIN KALTES JAHR HATTEN FELLBÜSCHEL UND KNOCHEN IM SCHLICK GERUHT, DOCH NUN BEGANNEN SIE SICH ZU RÜHREN ...

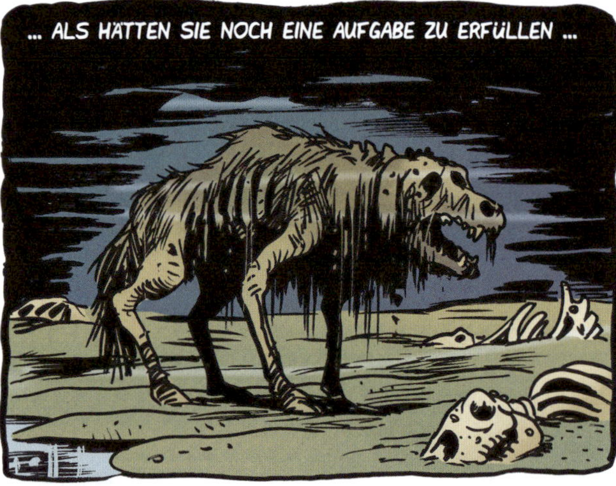
... ALS HÄTTEN SIE NOCH EINE AUFGABE ZU ERFÜLLEN ...

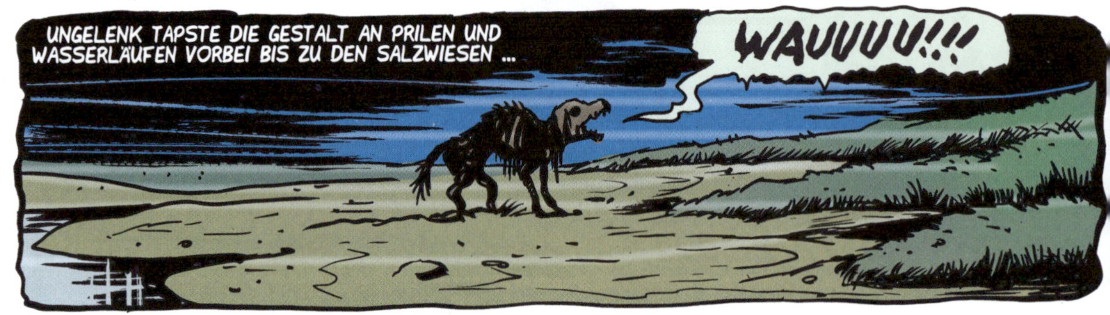
UNGELENK TAPSTE DIE GESTALT AN PRILEN UND WASSERLÄUFEN VORBEI BIS ZU DEN SALZWIESEN ...
WAUUUU!!!

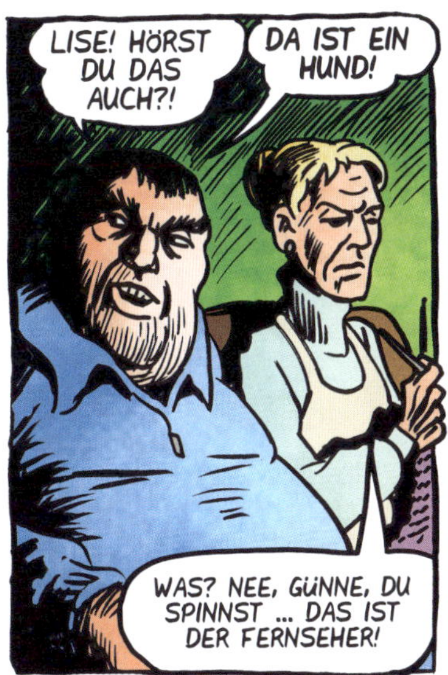
LISE! HÖRST DU DAS AUCH?!
DA IST EIN HUND!
WAS? NEE, GÜNNE, DU SPINNST ... DAS IST DER FERNSEHER!

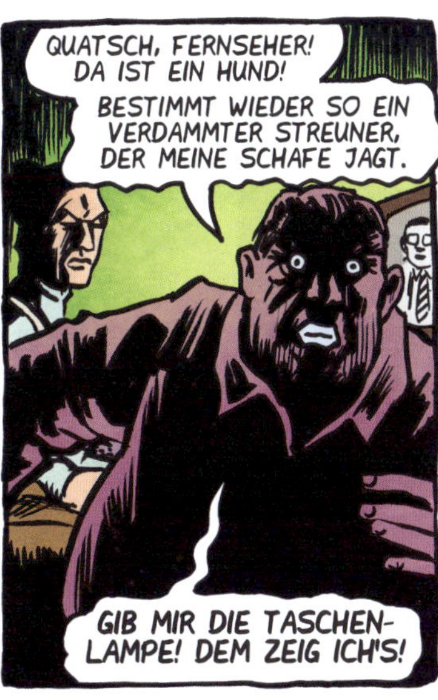
QUATSCH, FERNSEHER! DA IST EIN HUND!
BESTIMMT WIEDER SO EIN VERDAMMTER STREUNER, DER MEINE SCHAFE JAGT.
GIB MIR DIE TASCHEN-LAMPE! DEM ZEIG ICH'S!

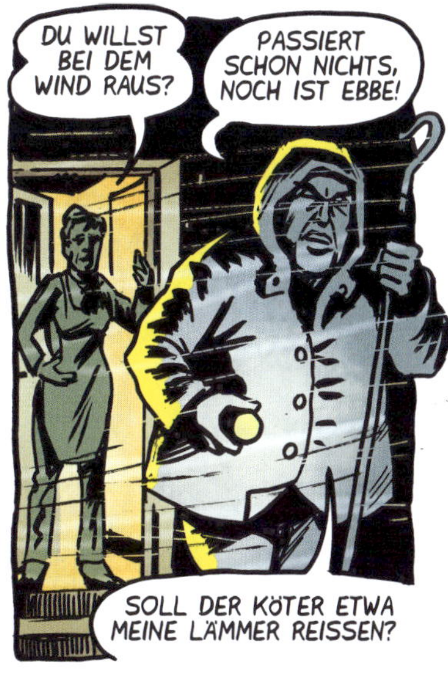
DU WILLST BEI DEM WIND RAUS?
PASSIERT SCHON NICHTS, NOCH IST EBBE!
SOLL DER KÖTER ETWA MEINE LÄMMER REISSEN?

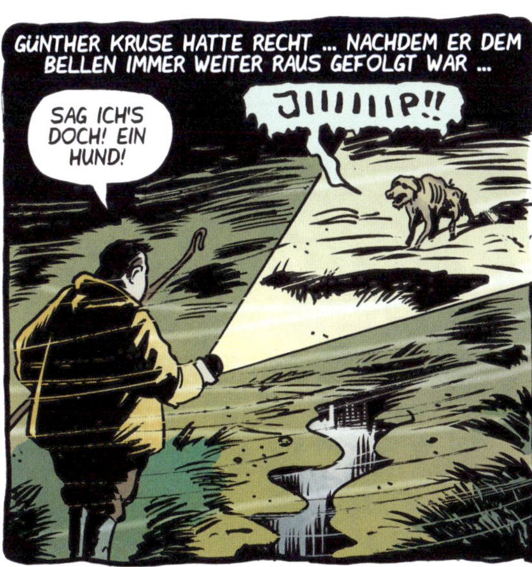
GÜNTHER KRUSE HATTE RECHT ... NACHDEM ER DEM BELLEN IMMER WEITER RAUS GEFOLGT WAR ...
SAG ICH'S DOCH! EIN HUND!
JIIIIIP!!

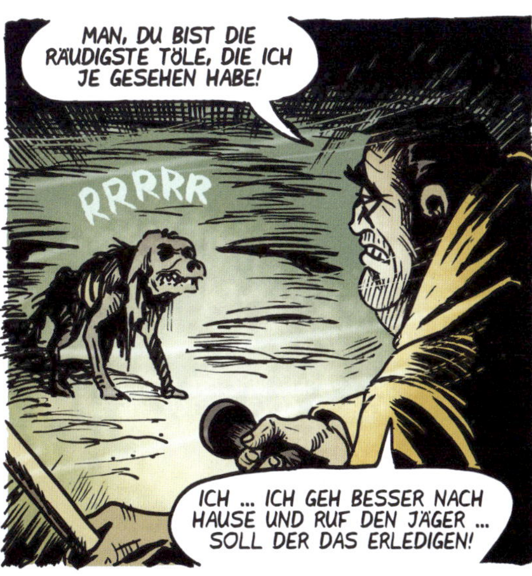
MAN, DU BIST DIE RÄUDIGSTE TÖLE, DIE ICH JE GESEHEN HABE!
RRRRR
ICH ... ICH GEH BESSER NACH HAUSE UND RUF DEN JÄGER ... SOLL DER DAS ERLEDIGEN!

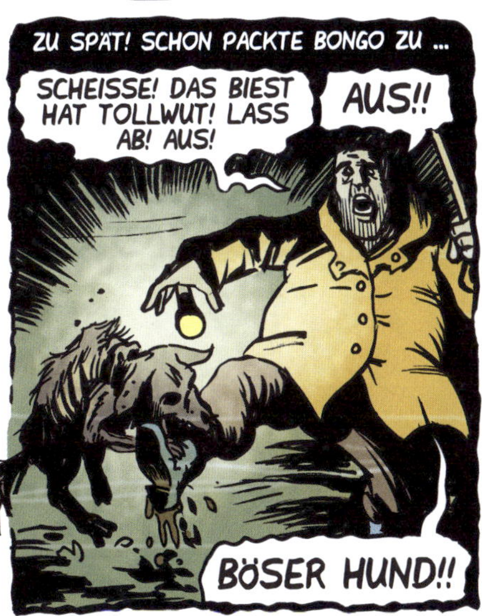
ZU SPÄT! SCHON PACKTE BONGO ZU ...
SCHEISSE! DAS BIEST HAT TOLLWUT! LASS AB! AUS!
AUS!!
BÖSER HUND!!

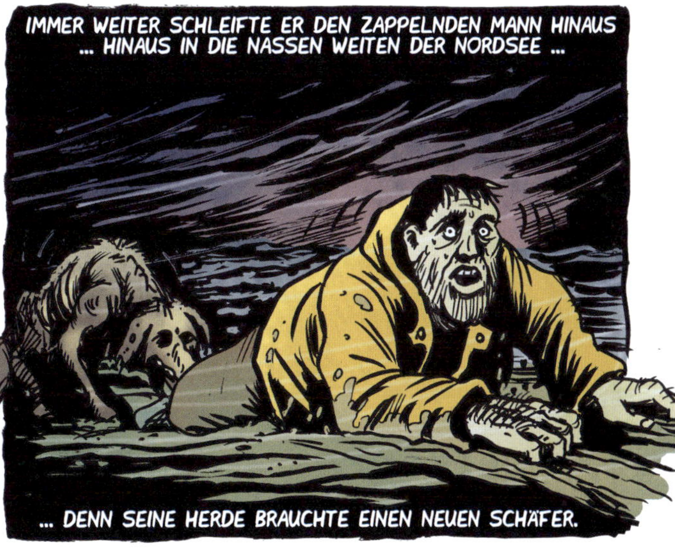
IMMER WEITER SCHLEIFTE ER DEN ZAPPELNDEN MANN HINAUS ... HINAUS IN DIE NASSEN WEITEN DER NORDSEE ...
... DENN SEINE HERDE BRAUCHTE EINEN NEUEN SCHÄFER.

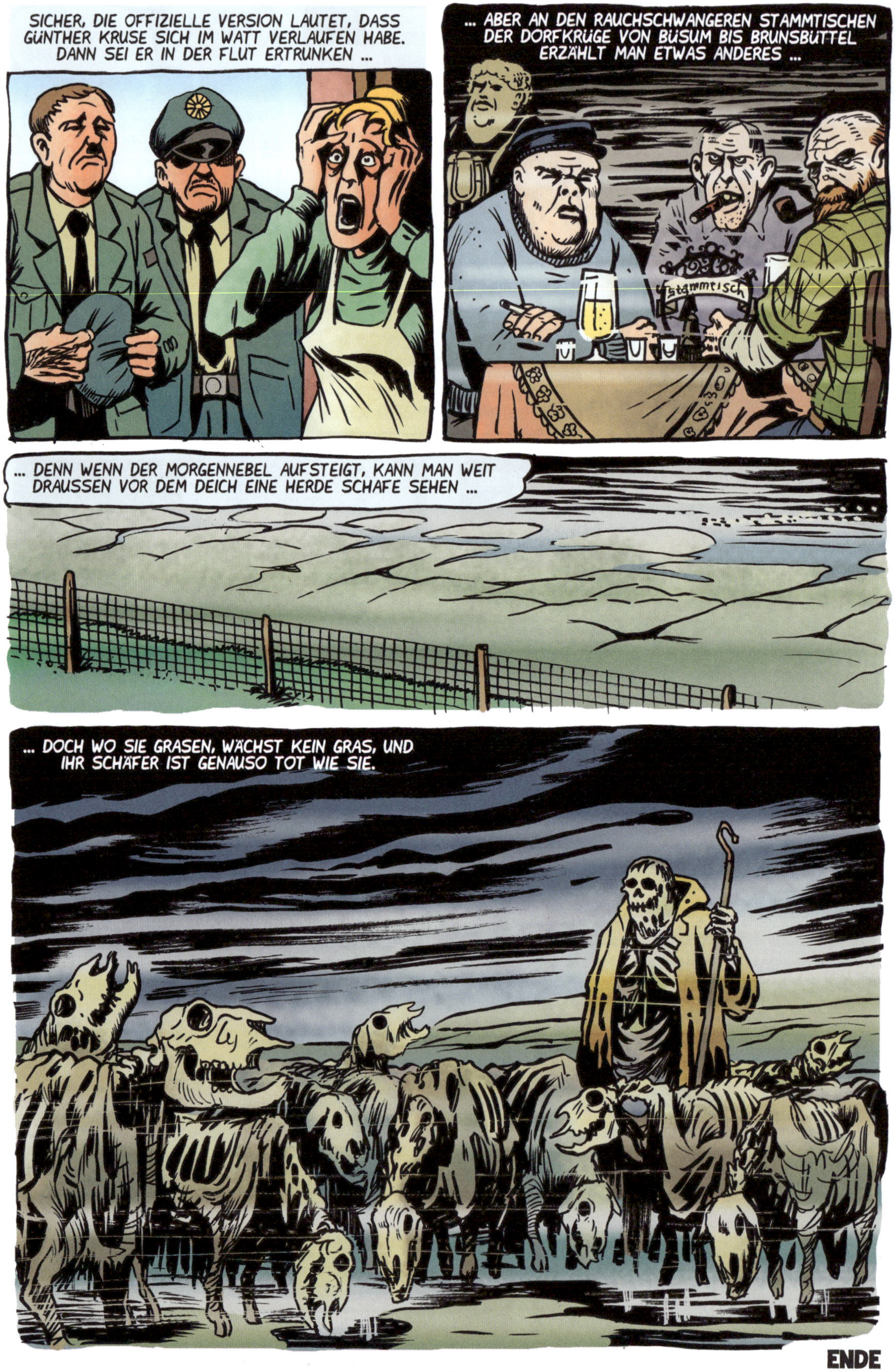

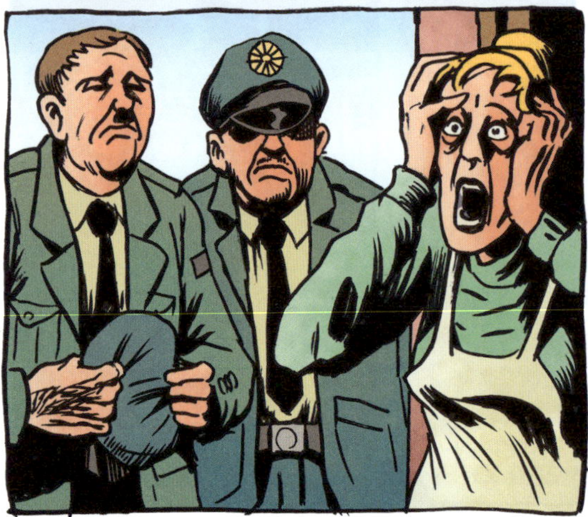

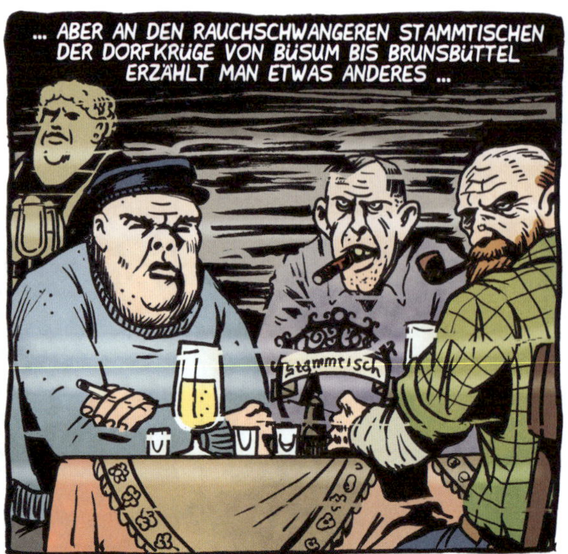

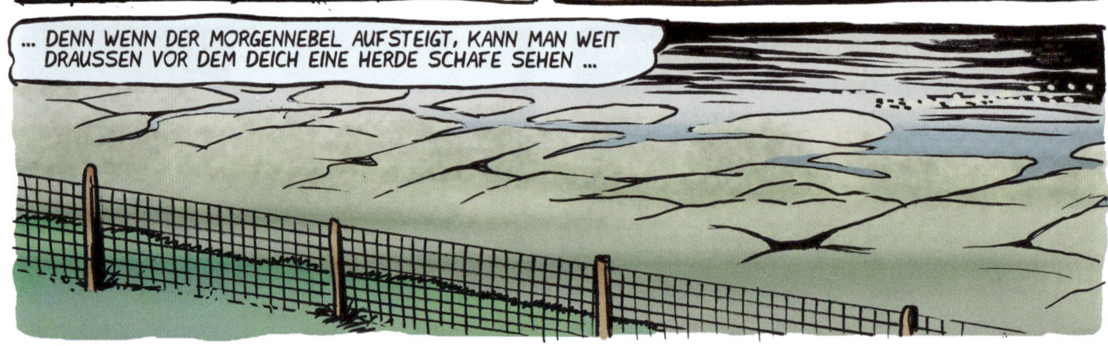

... DOCH WO SIE GRASEN, WÄCHST KEIN GRAS, UND IHR SCHÄFER IST GENAUSO TOT WIE SIE.

ENDE

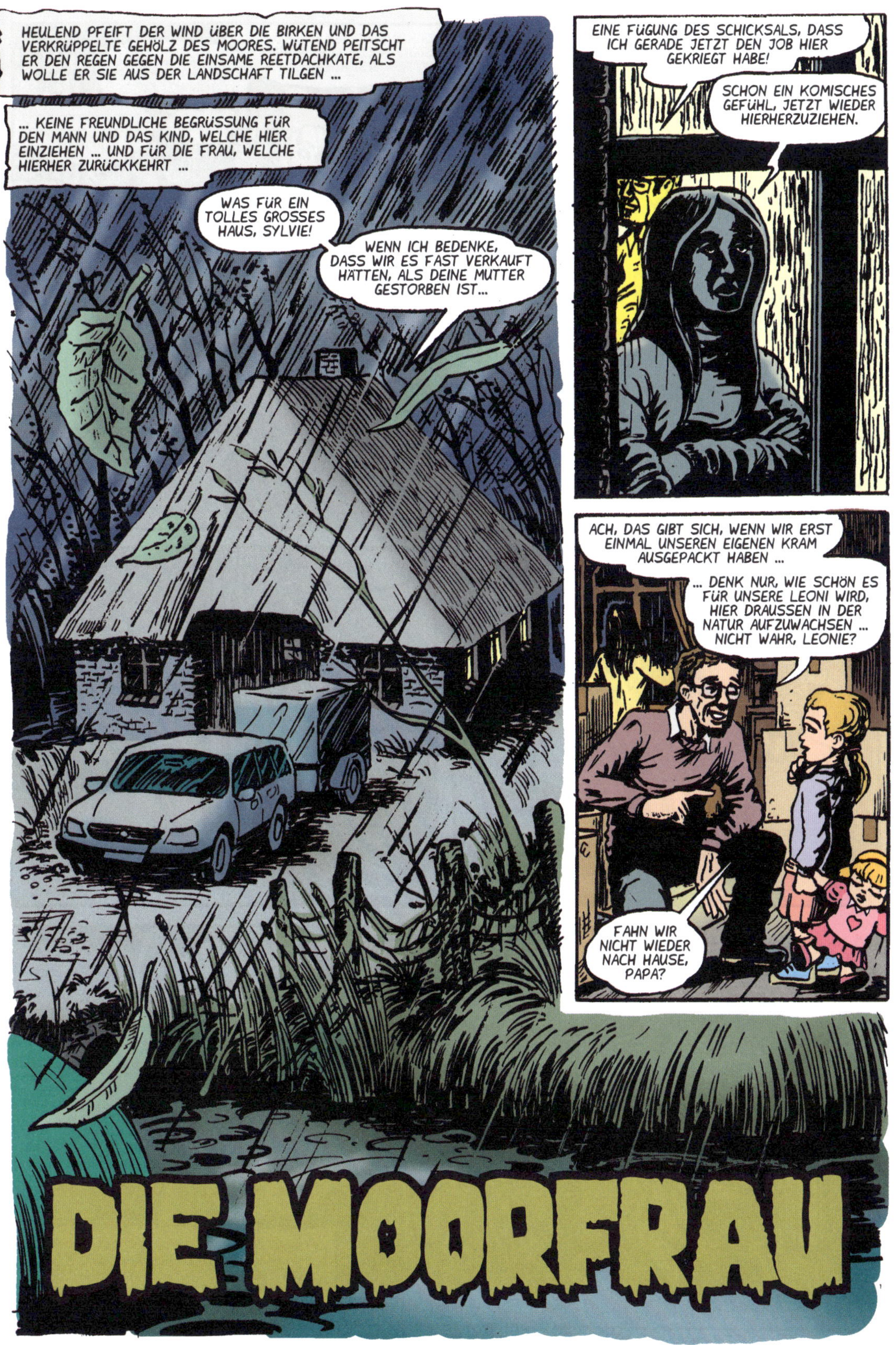
HEULEND PFEIFT DER WIND ÜBER DIE BIRKEN UND DAS VERKRÜPPELTE GEHÖLZ DES MOORES. WÜTEND PEITSCHT ER DEN REGEN GEGEN DIE EINSAME REETDACHKATE, ALS WOLLE ER SIE AUS DER LANDSCHAFT TILGEN ...
... KEINE FREUNDLICHE BEGRÜSSUNG FÜR DEN MANN UND DAS KIND, WELCHE HIER EINZIEHEN ... UND FÜR DIE FRAU, WELCHE HIERHER ZURÜCKKEHRT ...
WAS FÜR EIN TOLLES GROSSES HAUS, SYLVIE!
WENN ICH BEDENKE, DASS WIR ES FAST VERKAUFT HÄTTEN, ALS DEINE MUTTER GESTORBEN IST...
EINE FÜGUNG DES SCHICKSALS, DASS ICH GERADE JETZT DEN JOB HIER GEKRIEGT HABE!
SCHON EIN KOMISCHES GEFÜHL, JETZT WIEDER HIERHERZUZIEHEN.
ACH, DAS GIBT SICH, WENN WIR ERST EINMAL UNSEREN EIGENEN KRAM AUSGEPACKT HABEN ...
... DENK NUR, WIE SCHÖN ES FÜR UNSERE LEONI WIRD, HIER DRAUSSEN IN DER NATUR AUFZUWACHSEN ... NICHT WAHR, LEONIE?
FAHN WIR NICHT WIEDER NACH HAUSE, PAPA?
DIE MOORFRAU

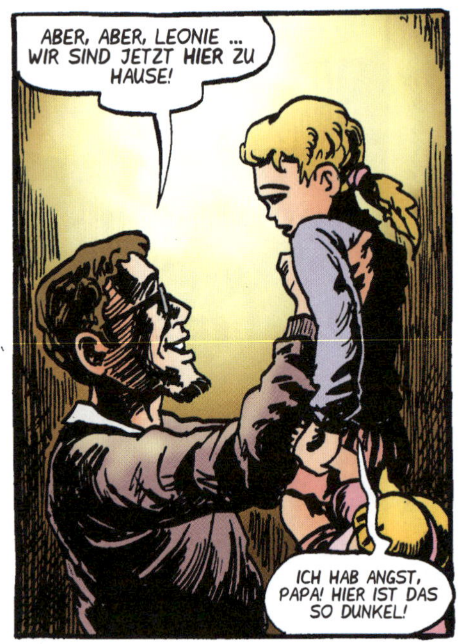
ABER, ABER, LEONIE ... WIR SIND JETZT HIER ZU HAUSE!
ICH HAB ANGST, PAPA! HIER IST DAS SO DUNKEL!

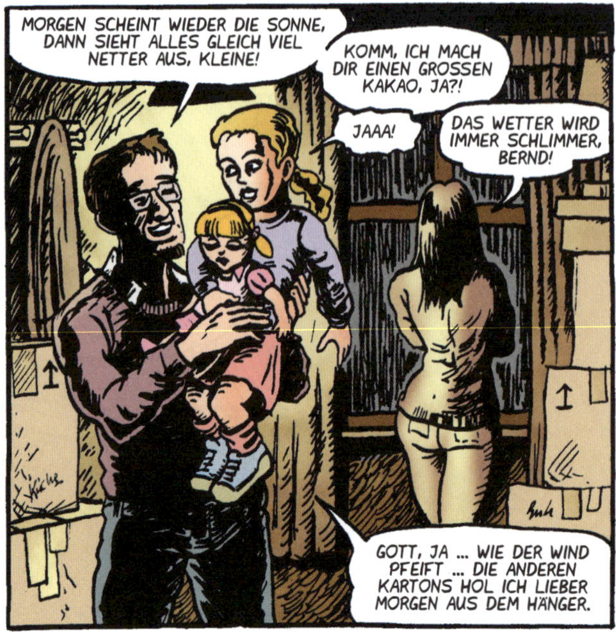
MORGEN SCHEINT WIEDER DIE SONNE, DANN SIEHT ALLES GLEICH VIEL NETTER AUS, KLEINE!
KOMM, ICH MACH DIR EINEN GROSSEN KAKAO, JA?!
JAAA!
DAS WETTER WIRD IMMER SCHLIMMER, BERND!
GOTT, JA ... WIE DER WIND PFEIFT ... DIE ANDEREN KARTONS HOL ICH LIEBER MORGEN AUS DEM HÄNGER.

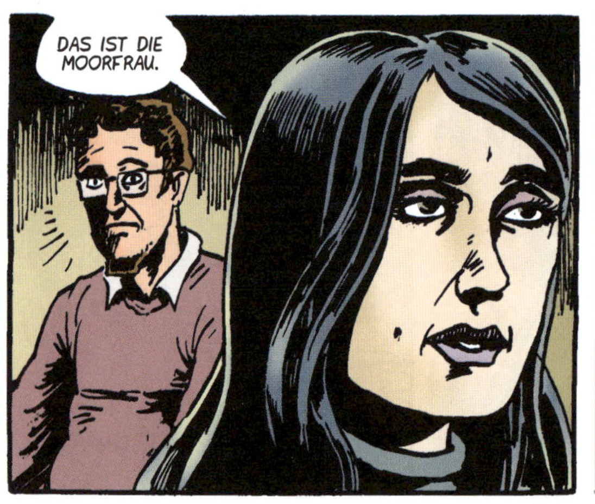
DAS IST DIE MOORFRAU.

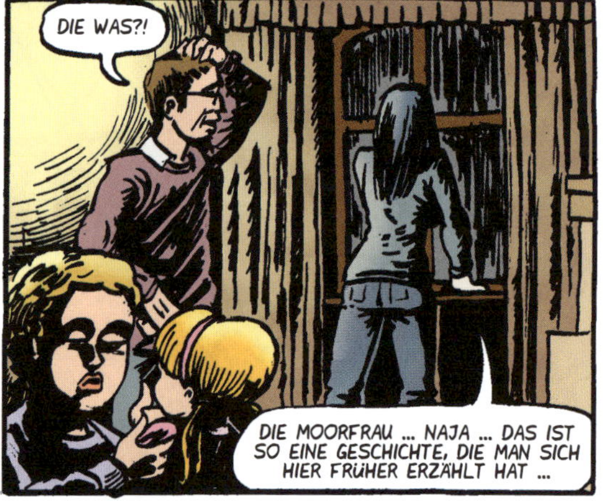
DIE WAS?!
DIE MOORFRAU ... NAJA ... DAS IST SO EINE GESCHICHTE, DIE MAN SICH HIER FRÜHER ERZÄHLT HAT ...

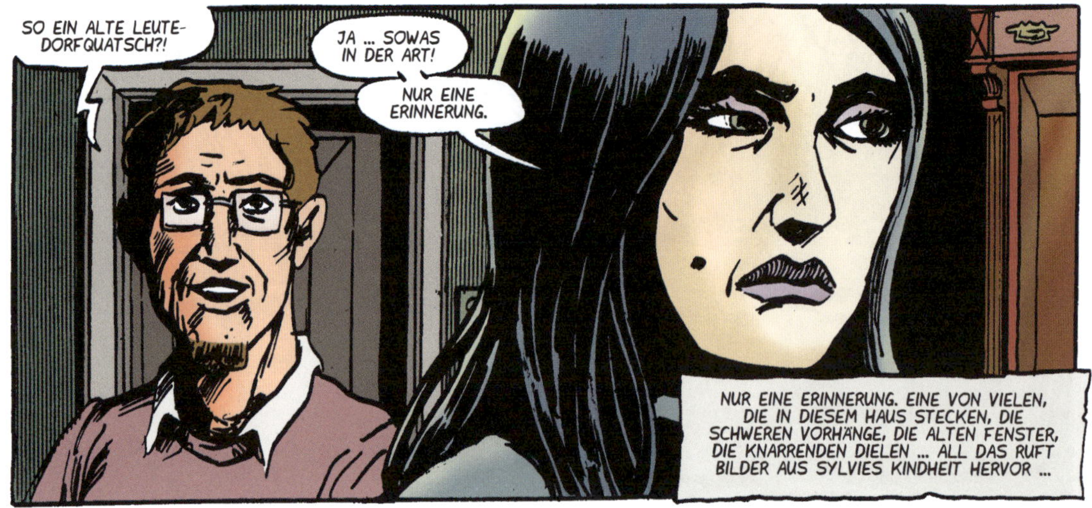
SO EIN ALTE LEUTE-DORFQUATSCH?!
JA ... SOWAS IN DER ART!
NUR EINE ERINNERUNG.
NUR EINE ERINNERUNG. EINE VON VIELEN, DIE IN DIESEM HAUS STECKEN, DIE SCHWEREN VORHÄNGE, DIE ALTEN FENSTER, DIE KNARRENDEN DIELEN ... ALL DAS RUFT BILDER AUS SYLVIES KINDHEIT HERVOR ...

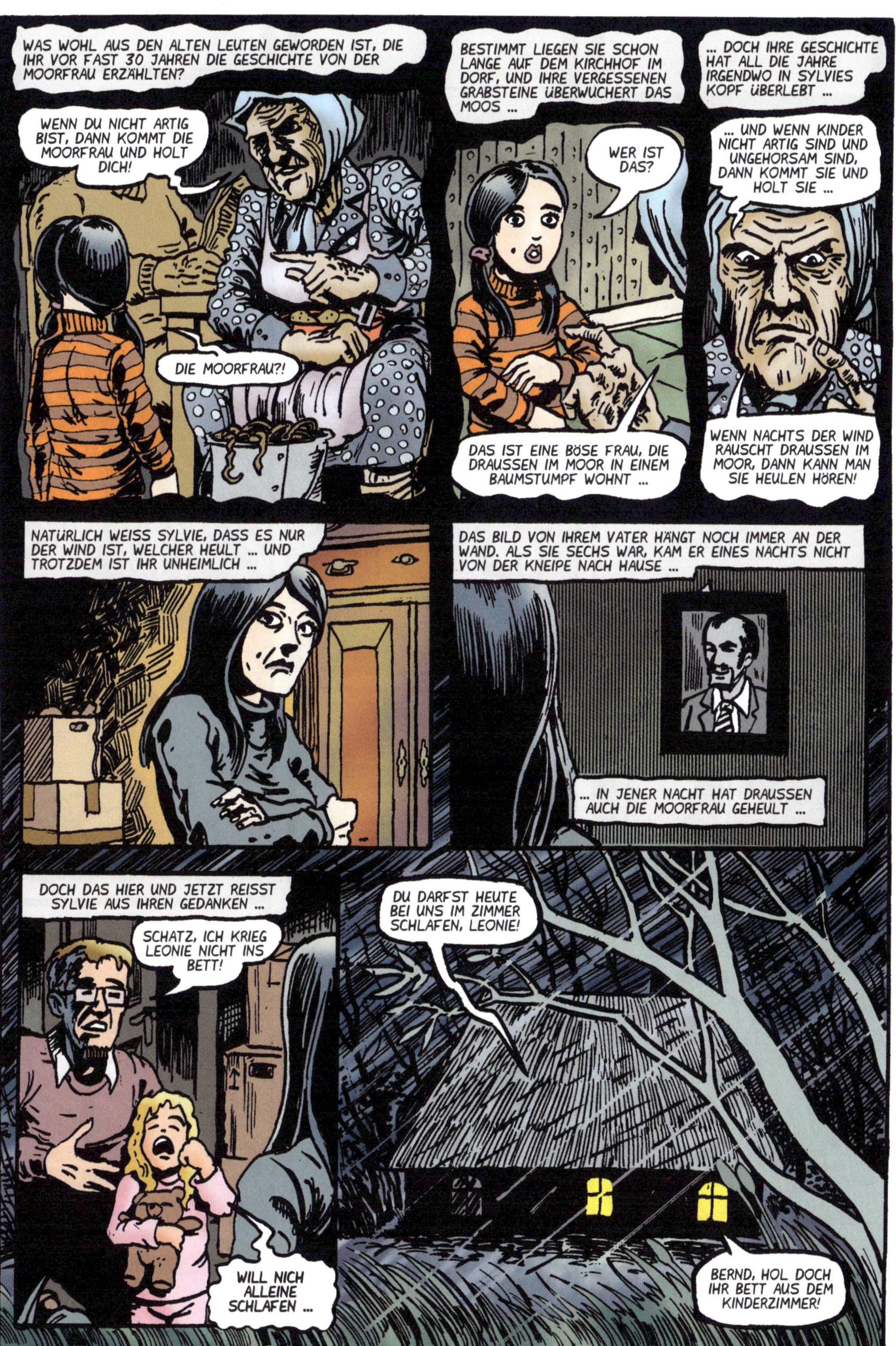
WAS WOHL AUS DEN ALTEN LEUTEN GEWORDEN IST, DIE IHR VOR FAST 30 JAHREN DIE GESCHICHTE VON DER MOORFRAU ERZÄHLTEN?
WENN DU NICHT ARTIG BIST, DANN KOMMT DIE MOORFRAU UND HOLT DICH!
DIE MOORFRAU?!
BESTIMMT LIEGEN SIE SCHON LANGE AUF DEM KIRCHHOF IM DORF, UND IHRE VERGESSENEN GRABSTEINE ÜBERWUCHERT DAS MOOS ...
WER IST DAS?
DAS IST EINE BÖSE FRAU, DIE DRAUSSEN IM MOOR IN EINEM BAUMSTUMPF WOHNT ...
... DOCH IHRE GESCHICHTE HAT ALL DIE JAHRE IRGENDWO IN SYLVIES KOPF ÜBERLEBT ...
... UND WENN KINDER NICHT ARTIG SIND UND UNGEHORSAM SIND, DANN KOMMT SIE UND HOLT SIE ...
WENN NACHTS DER WIND RAUSCHT DRAUSSEN IM MOOR, DANN KANN MAN SIE HEULEN HÖREN!
NATÜRLICH WEISS SYLVIE, DASS ES NUR DER WIND IST, WELCHER HEULT ... UND TROTZDEM IST IHR UNHEIMLICH ...
DAS BILD VON IHREM VATER HÄNGT NOCH IMMER AN DER WAND. ALS SIE SECHS WAR, KAM ER EINES NACHTS NICHT VON DER KNEIPE NACH HAUSE ...
... IN JENER NACHT HAT DRAUSSEN AUCH DIE MOORFRAU GEHEULT ...
DOCH DAS HIER UND JETZT REISST SYLVIE AUS IHREN GEDANKEN ...
SCHATZ, ICH KRIEG LEONIE NICHT INS BETT!
WILL NICH ALLEINE SCHLAFEN ...
DU DARFST HEUTE BEI UNS IM ZIMMER SCHLAFEN, LEONIE!
BERND, HOL DOCH IHR BETT AUS DEM KINDERZIMMER!

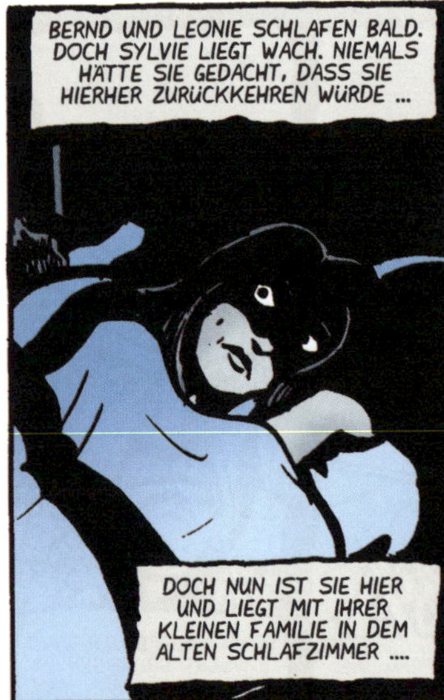
BERND UND LEONIE SCHLAFEN BALD. DOCH SYLVIE LIEGT WACH. NIEMALS HÄTTE SIE GEDACHT, DASS SIE HIERHER ZURÜCKKEHREN WÜRDE ...
DOCH NUN IST SIE HIER UND LIEGT MIT IHRER KLEINEN FAMILIE IN DEM ALTEN SCHLAFZIMMER ....

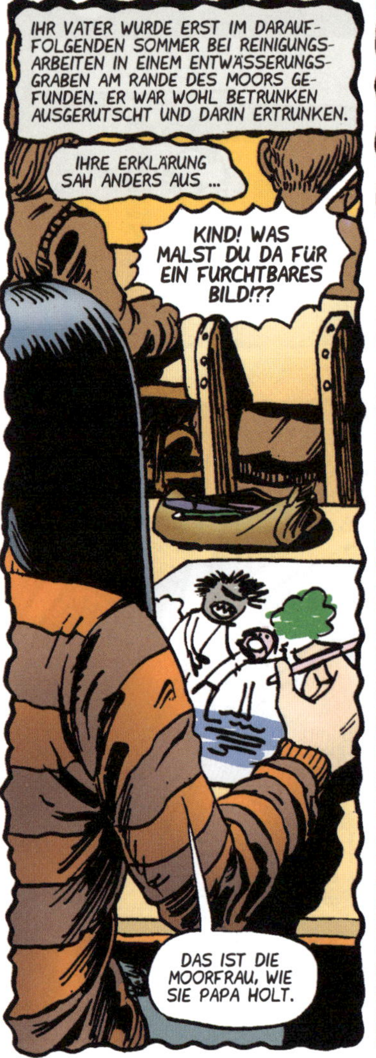
IHR VATER WURDE ERST IM DARAUFFOLGENDEN SOMMER BEI REINIGUNGSARBEITEN IN EINEM ENTWÄSSERUNGSGRABEN AM RANDE DES MOORS GEFUNDEN. ER WAR WOHL BETRUNKEN AUSGERUTSCHT UND DARIN ERTRUNKEN.
IHRE ERKLÄRUNG SAH ANDERS AUS ...
KIND! WAS MALST DU DA FÜR EIN FURCHTBARES BILD!??
DAS IST DIE MOORFRAU, WIE SIE PAPA HOLT.

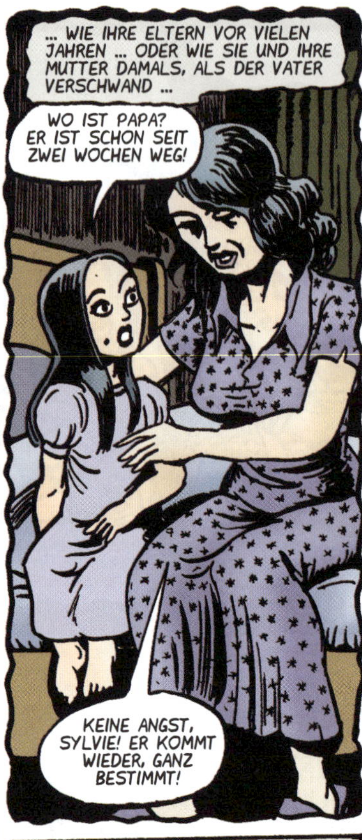
... WIE IHRE ELTERN VOR VIELEN JAHREN ... ODER WIE SIE UND IHRE MUTTER DAMALS, ALS DER VATER VERSCHWAND ...
WO IST PAPA? ER IST SCHON SEIT ZWEI WOCHEN WEG!
KEINE ANGST, SYLVIE! ER KOMMT WIEDER, GANZ BESTIMMT!

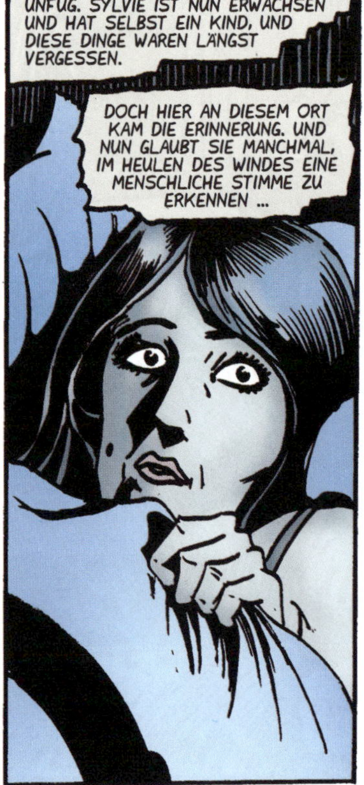
MOORFRAU! EIN BLÖDER, KINDLICHER UNFUG. SYLVIE IST NUN ERWACHSEN UND HAT SELBST EIN KIND, UND DIESE DINGE WAREN LÄNGST VERGESSEN.
DOCH HIER AN DIESEM ORT KAM DIE ERINNERUNG. UND NUN GLAUBT SIE MANCHMAL, IM HEULEN DES WINDES EINE MENSCHLICHE STIMME ZU ERKENNEN ...

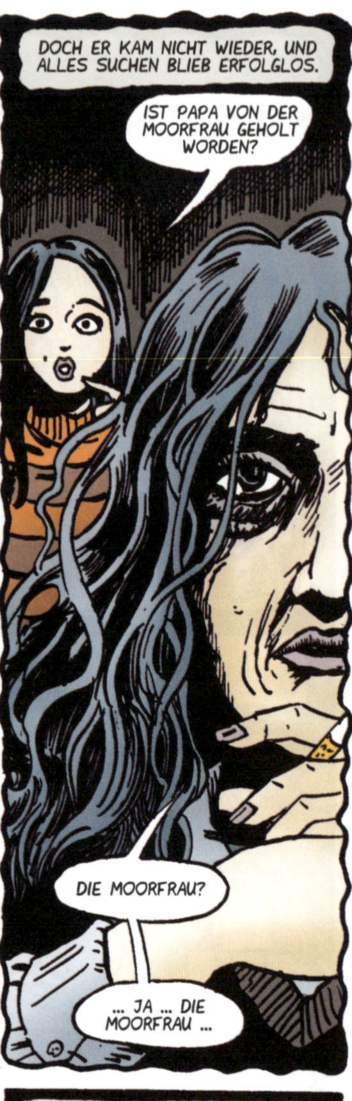
DOCH ER KAM NICHT WIEDER, UND ALLES SUCHEN BLIEB ERFOLGLOS.
IST PAPA VON DER MOORFRAU GEHOLT WORDEN?
DIE MOORFRAU?
... JA ... DIE MOORFRAU ...

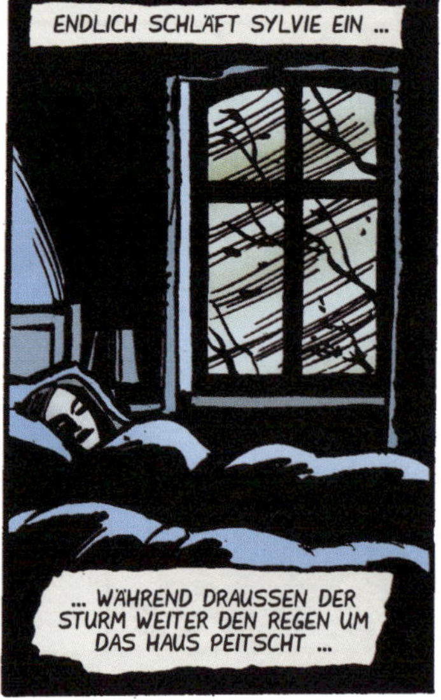
ENDLICH SCHLÄFT SYLVIE EIN ...
... WÄHREND DRAUSSEN DER STURM WEITER DEN REGEN UM DAS HAUS PEITSCHT ...

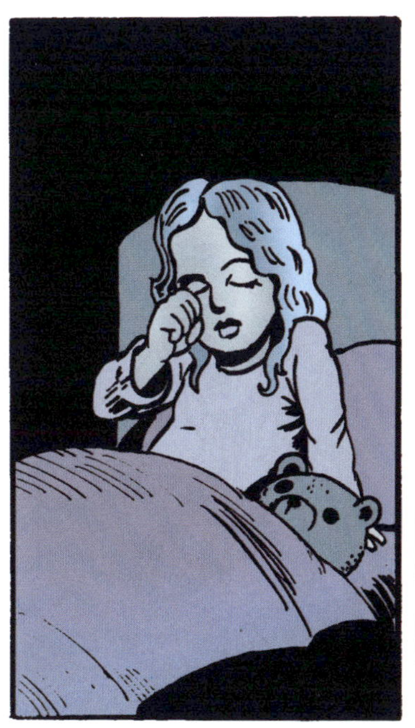
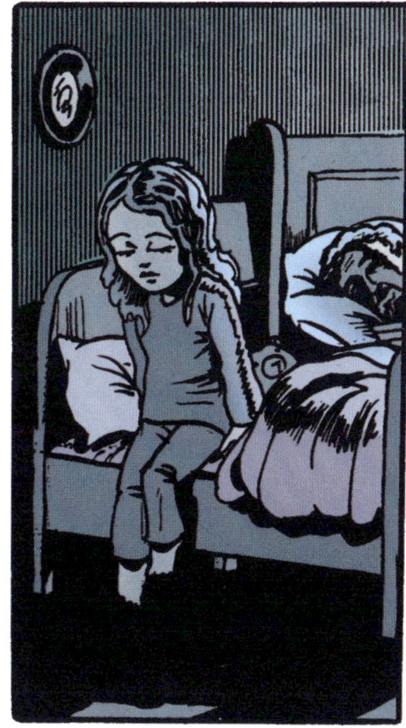
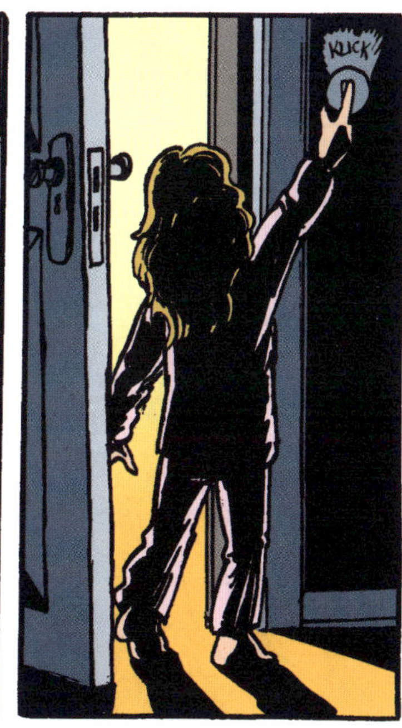
KLICK
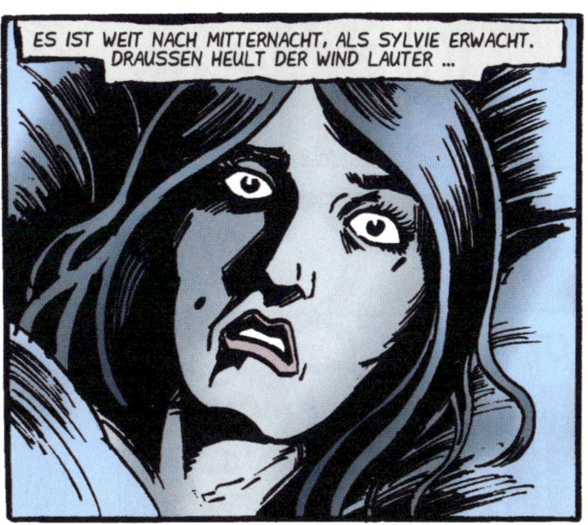
ES IST WEIT NACH MITTERNACHT, ALS SYLVIE ERWACHT. DRAUSSEN HEULT DER WIND LAUTER ...
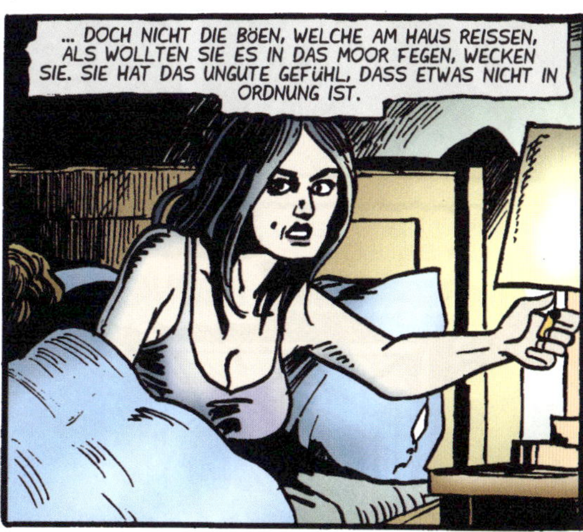
... DOCH NICHT DIE BÖEN, WELCHE AM HAUS REISSEN, ALS WOLLTEN SIE ES IN DAS MOOR FEGEN, WECKEN SIE. SIE HAT DAS UNGUTE GEFÜHL, DASS ETWAS NICHT IN ORDNUNG IST.
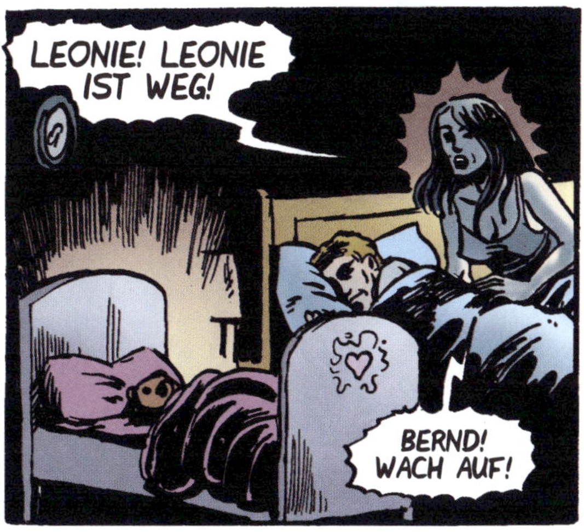
LEONIE! LEONIE IST WEG!
BERND! WACH AUF!
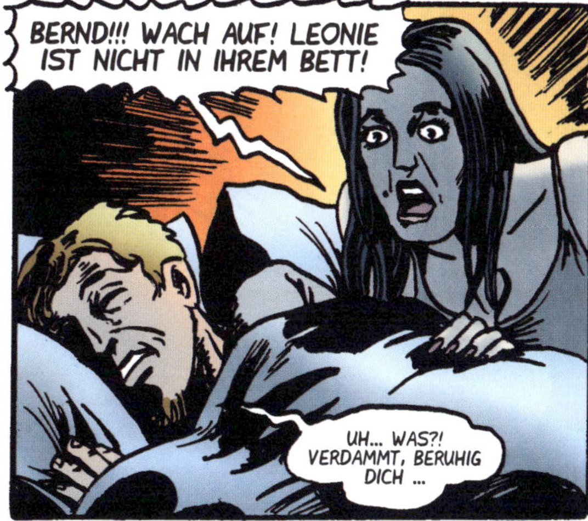
BERND!!! WACH AUF! LEONIE IST NICHT IN IHREM BETT!
UH... WAS?! VERDAMMT, BERUHIG DICH ...

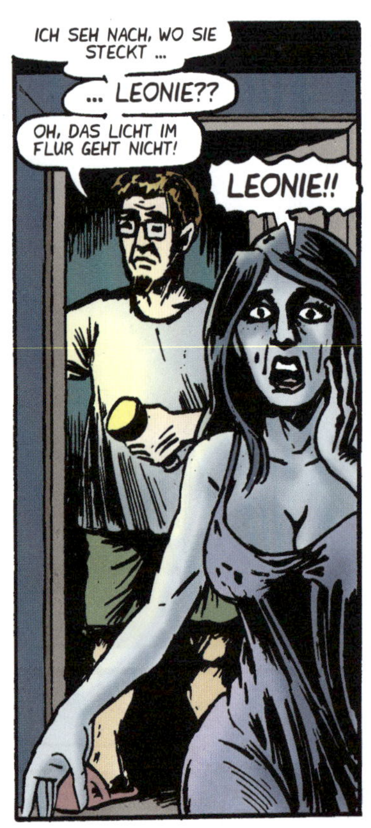
ICH SEH NACH, WO SIE STECKT ...
... LEONIE??
OH, DAS LICHT IM FLUR GEHT NICHT!
LEONIE!!
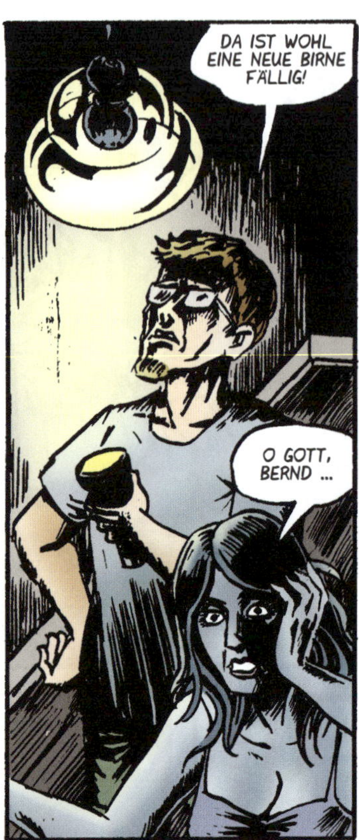
DA IST WOHL EINE NEUE BIRNE FÄLLIG!
O GOTT, BERND ...
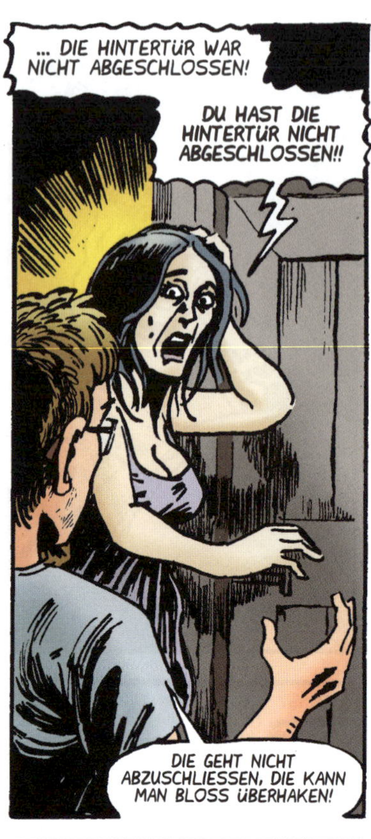
... DIE HINTERTÜR WAR NICHT ABGESCHLOSSEN!
DU HAST DIE HINTERTÜR NICHT ABGESCHLOSSEN!!
DIE GEHT NICHT ABZUSCHLIESSEN, DIE KANN MAN BLOSS ÜBERHAKEN!
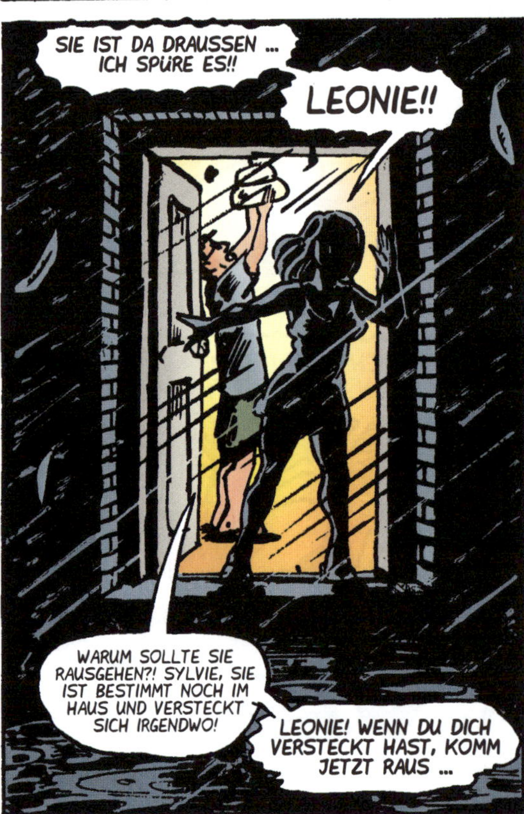
SIE IST DA DRAUSSEN ... ICH SPÜRE ES!!
LEONIE!!
WARUM SOLLTE SIE RAUSGEHEN?! SYLVIE, SIE IST BESTIMMT NOCH IM HAUS UND VERSTECKT SICH IRGENDWO!
LEONIE! WENN DU DICH VERSTECKT HAST, KOMM JETZT RAUS ...
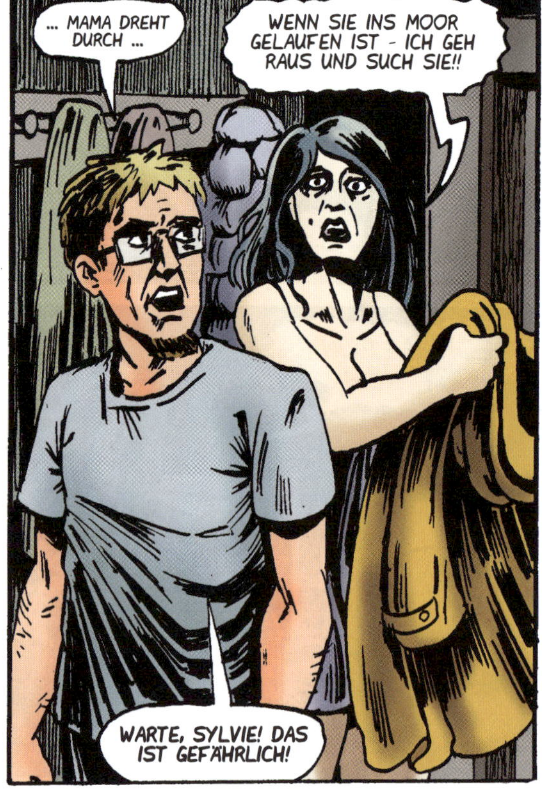
... MAMA DREHT DURCH ...
WENN SIE INS MOOR GELAUFEN IST - ICH GEH RAUS UND SUCH SIE!!
WARTE, SYLVIE! DAS IST GEFÄHRLICH!

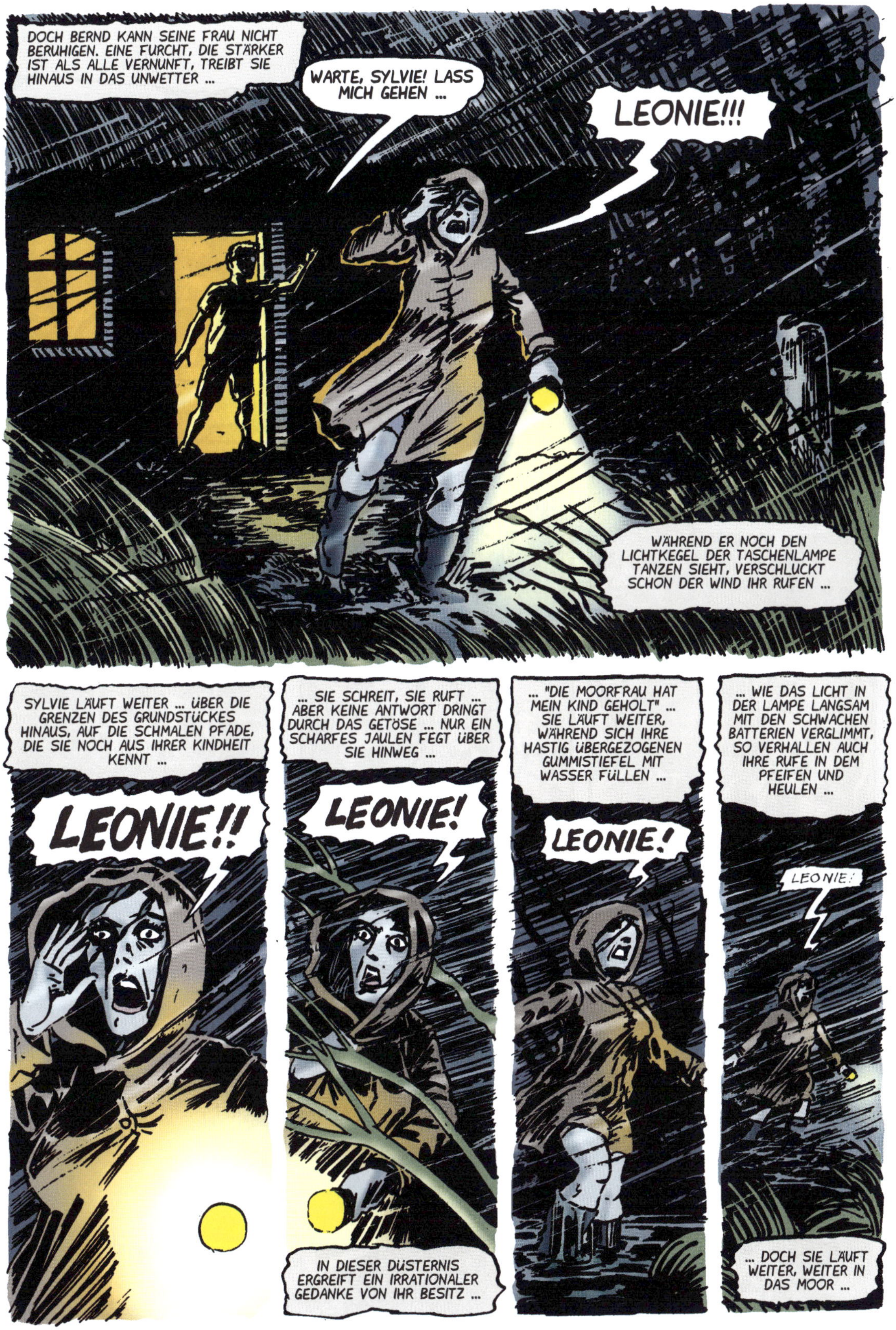

DOCH BERND KANN SEINE FRAU NICHT BERUHIGEN. EINE FURCHT, DIE STÄRKER IST ALS ALLE VERNUNFT, TREIBT SIE HINAUS IN DAS UNWETTER ...

WARTE, SYLVIE! LASS MICH GEHEN ...

LEONIE!!!

WÄHREND ER NOCH DEN LICHTKEGEL DER TASCHENLAMPE TANZEN SIEHT, VERSCHLUCKT SCHON DER WIND IHR RUFEN ...

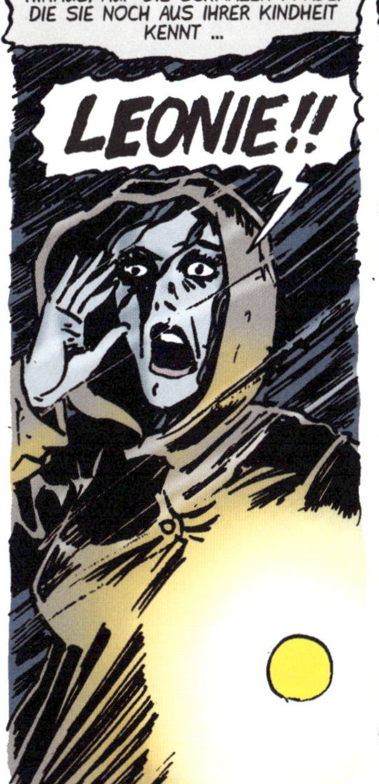

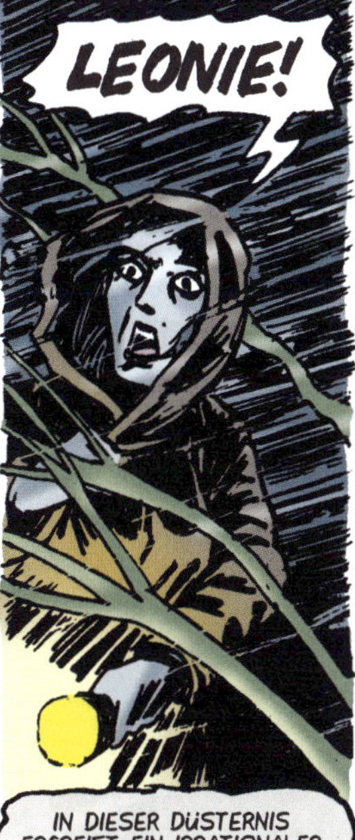

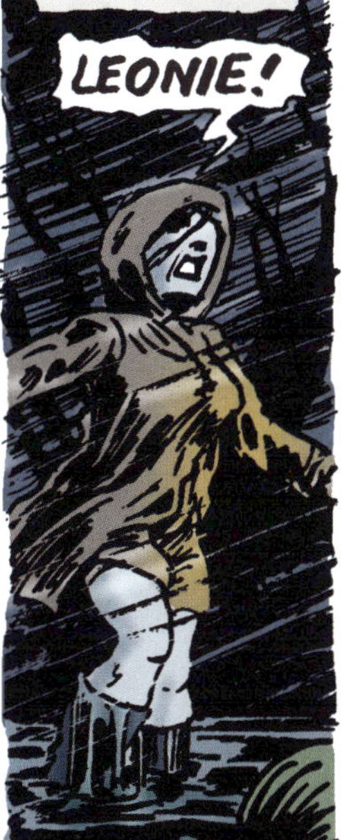

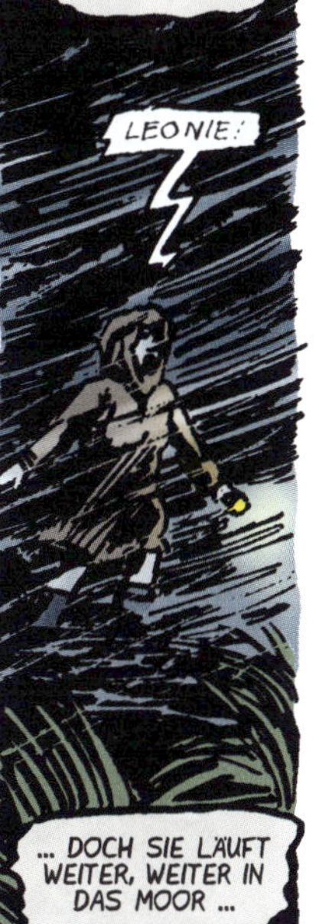

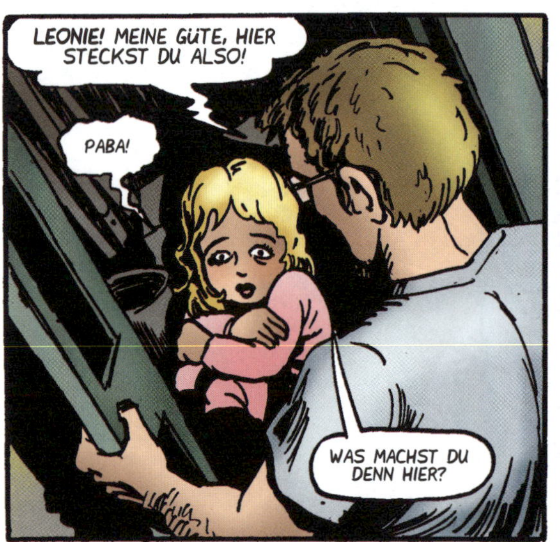
LEONIE! MEINE GÜTE, HIER STECKST DU ALSO!
PABA!
WAS MACHST DU DENN HIER?

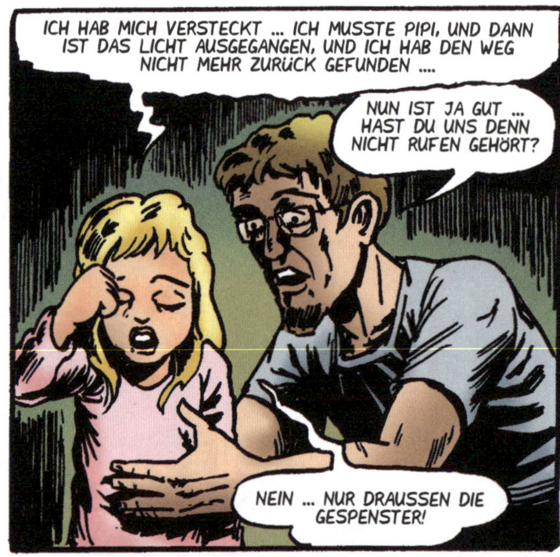
ICH HAB MICH VERSTECKT ... ICH MUSSTE PIPI, UND DANN IST DAS LICHT AUSGEGANGEN, UND ICH HAB DEN WEG NICHT MEHR ZURÜCK GEFUNDEN ....
NUN IST JA GUT ... HAST DU UNS DENN NICHT RUFEN GEHÖRT?
NEIN ... NUR DRAUSSEN DIE GESPENSTER!

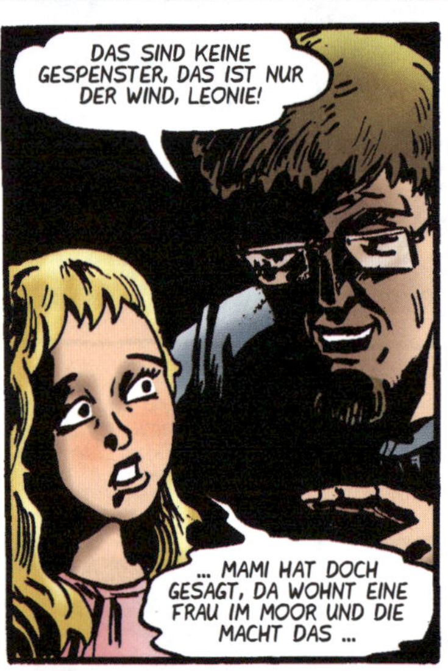
DAS SIND KEINE GESPENSTER, DAS IST NUR DER WIND, LEONIE!
... MAMI HAT DOCH GESAGT, DA WOHNT EINE FRAU IM MOOR UND DIE MACHT DAS ...

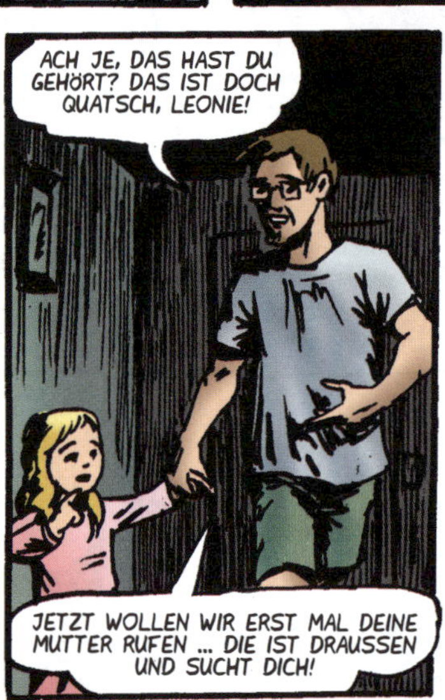
ACH JE, DAS HAST DU GEHÖRT? DAS IST DOCH QUATSCH, LEONIE!
JETZT WOLLEN WIR ERST MAL DEINE MUTTER RUFEN ... DIE IST DRAUSSEN UND SUCHT DICH!

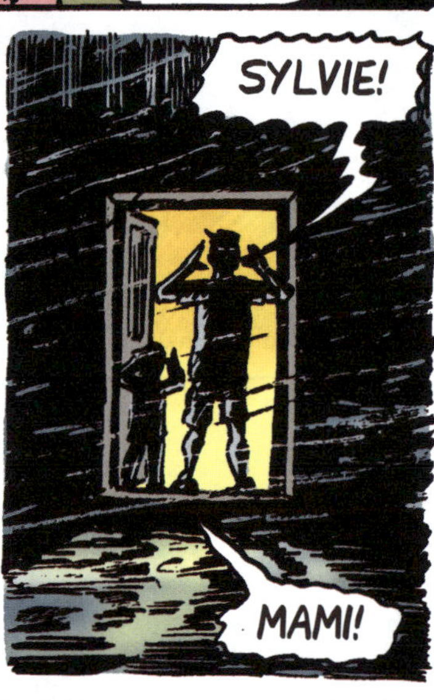
SYLVIE!
MAMI!

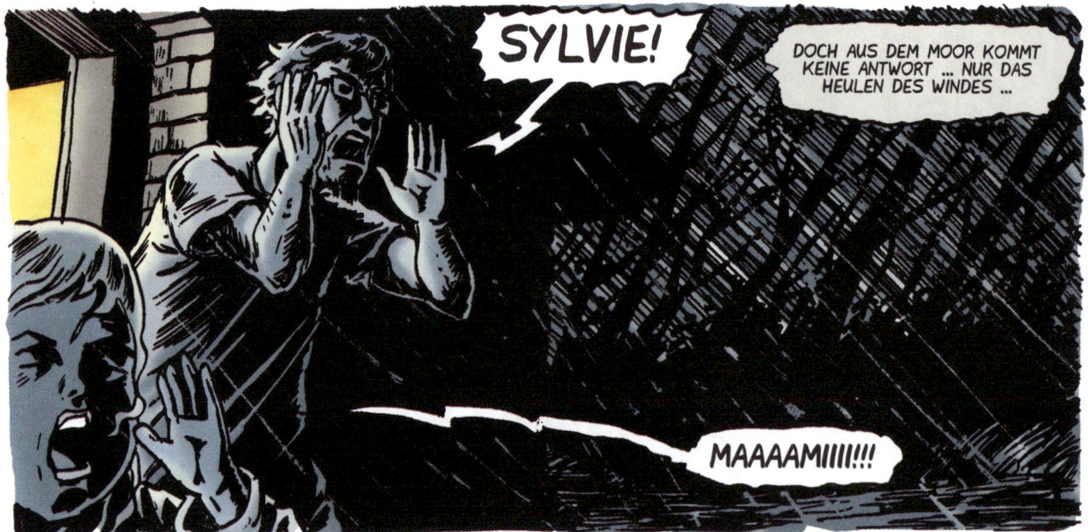
SYLVIE!
DOCH AUS DEM MOOR KOMMT KEINE ANTWORT ... NUR DAS HEULEN DES WINDES ...
MAAAAMIIII!!!

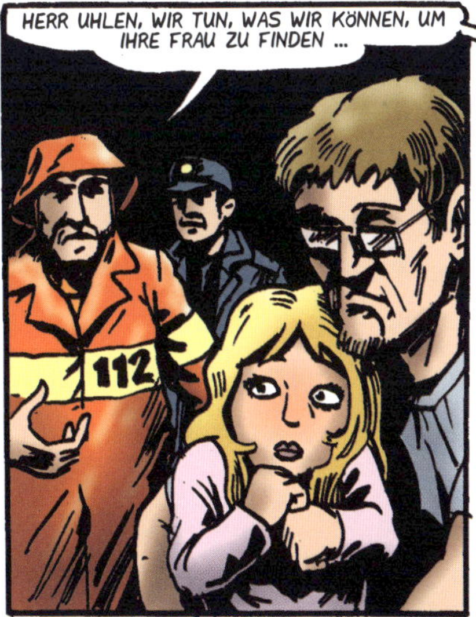
HERR UHLEN, WIR TUN, WAS WIR KÖNNEN, UM IHRE FRAU ZU FINDEN ...
112

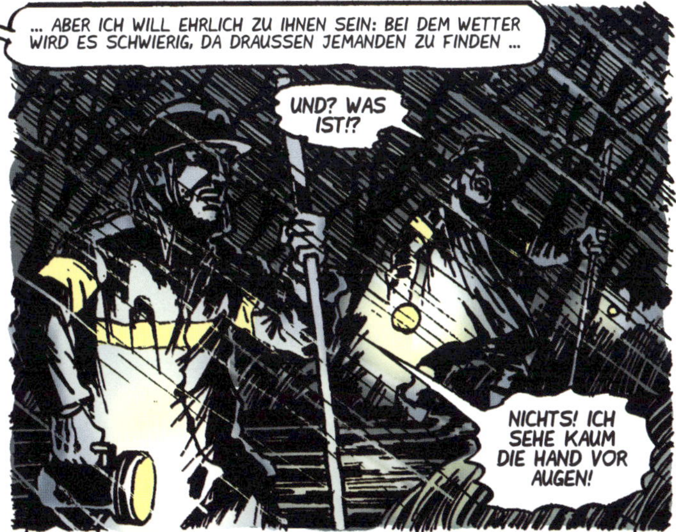
... ABER ICH WILL EHRLICH ZU IHNEN SEIN: BEI DEM WETTER WIRD ES SCHWIERIG, DA DRAUSSEN JEMANDEN ZU FINDEN ...
UND? WAS IST!?
NICHTS! ICH SEHE KAUM DIE HAND VOR AUGEN!

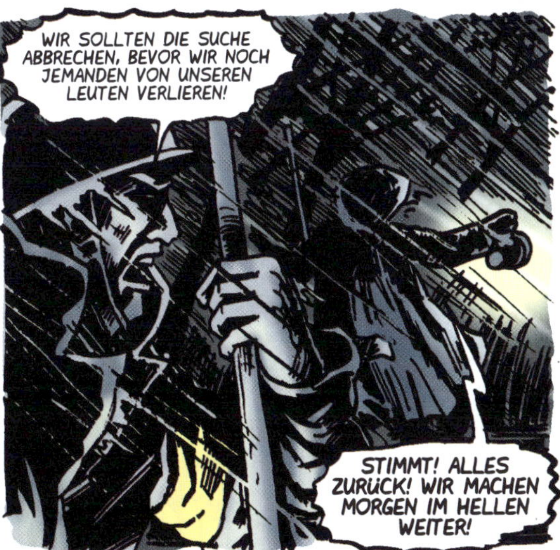
WIR SOLLTEN DIE SUCHE ABBRECHEN, BEVOR WIR NOCH JEMANDEN VON UNSEREN LEUTEN VERLIEREN!
STIMMT! ALLES ZURÜCK! WIR MACHEN MORGEN IM HELLEN WEITER!

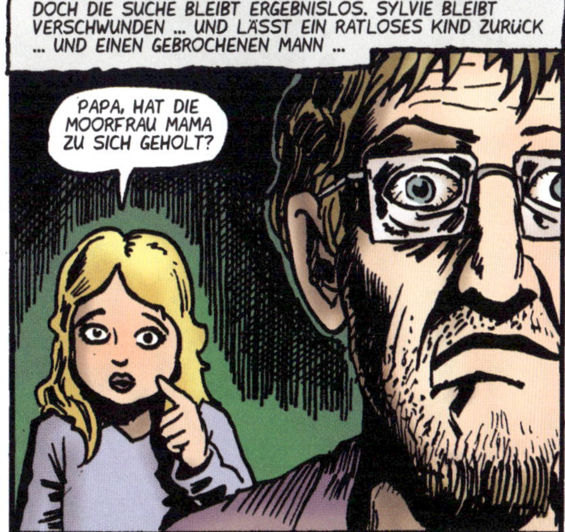
DOCH DIE SUCHE BLEIBT ERGEBNISLOS. SYLVIE BLEIBT VERSCHWUNDEN ... UND LÄSST EIN RATLOSES KIND ZURÜCK ... UND EINEN GEBROCHENEN MANN ...
PAPA, HAT DIE MOORFRAU MAMA ZU SICH GEHOLT?

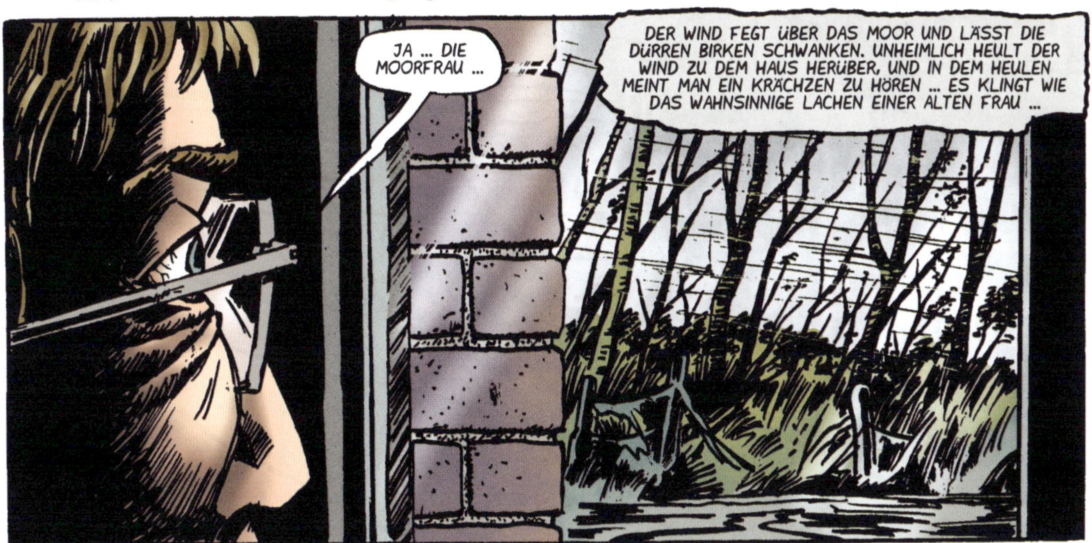
JA ... DIE MOORFRAU ...
DER WIND FEGT ÜBER DAS MOOR UND LÄSST DIE DÜRREN BIRKEN SCHWANKEN. UNHEIMLICH HEULT DER WIND ZU DEM HAUS HERÜBER, UND IN DEM HEULEN MEINT MAN EIN KRÄCHZEN ZU HÖREN ... ES KLINGT WIE DAS WAHNSINNIGE LACHEN EINER ALTEN FRAU ...

ENDE

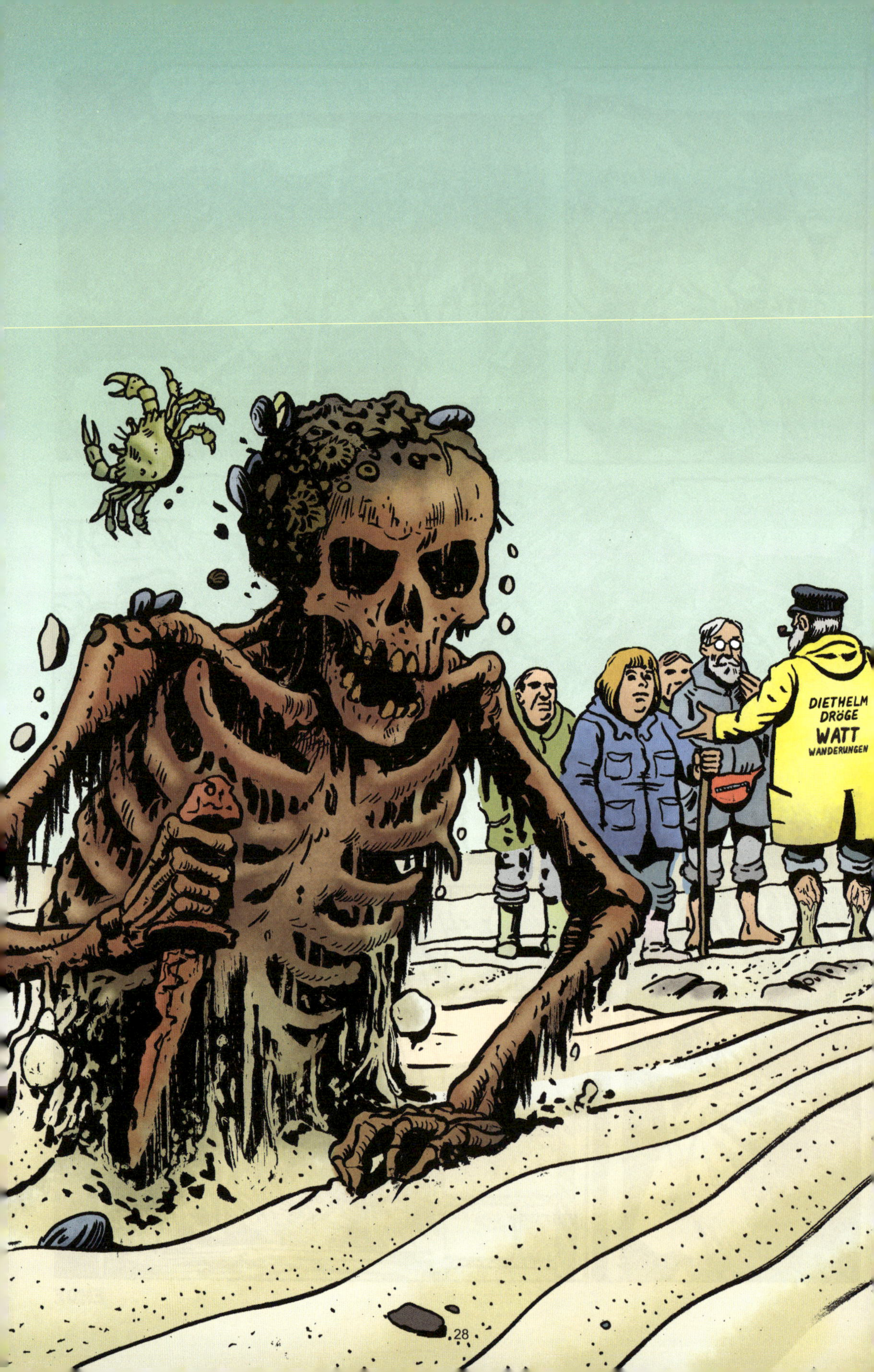
DIETHELM
DRÖGE
WATT
WANDERUNGEN

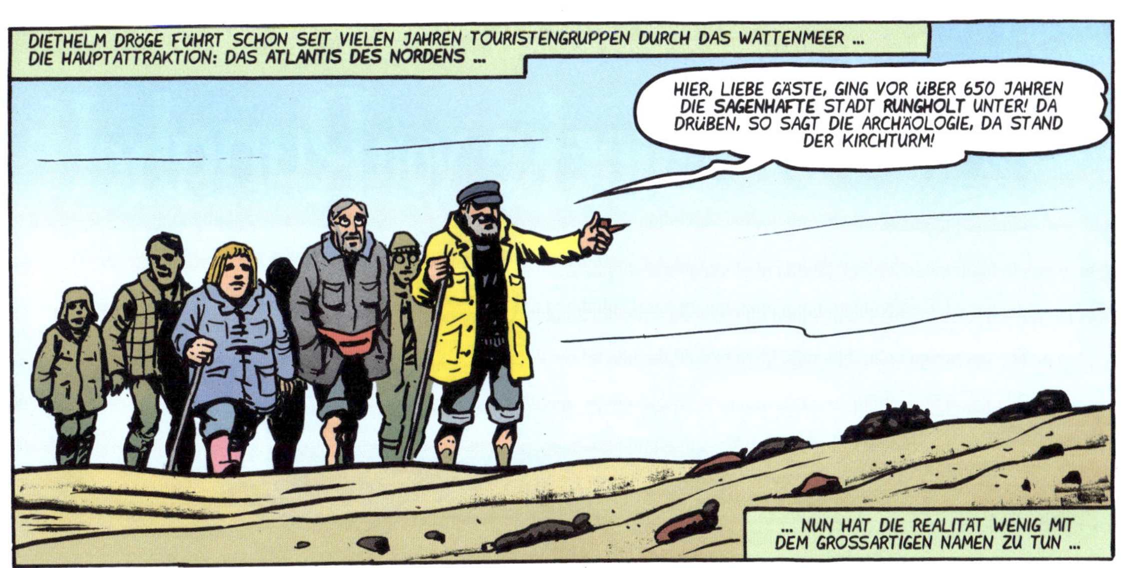
DIETHELM DRÖGE FÜHRT SCHON SEIT VIELEN JAHREN TOURISTENGRUPPEN DURCH DAS WATTENMEER ...
DIE HAUPTATTRAKTION: DAS **ATLANTIS DES NORDENS** ...
HIER, LIEBE GÄSTE, GING VOR ÜBER 650 JAHREN DIE **SAGENHAFTE** STADT **RUNGHOLT** UNTER! DA DRÜBEN, SO SAGT DIE ARCHÄOLOGIE, DA STAND DER KIRCHTURM!
... NUN HAT DIE REALITÄT WENIG MIT DEM GROSSARTIGEN NAMEN ZU TUN ...

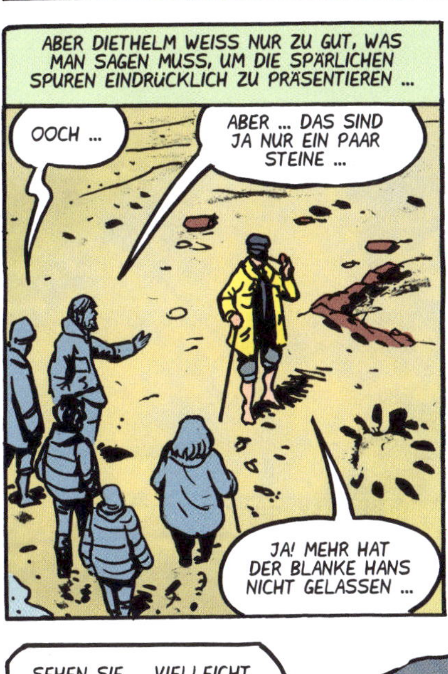
ABER DIETHELM WEISS NUR ZU GUT, WAS MAN SAGEN MUSS, UM DIE SPÄRLICHEN SPUREN EINDRÜCKLICH ZU PRÄSENTIEREN ...
OOCH ...
ABER ... DAS SIND JA NUR EIN PAAR STEINE ...
JA! MEHR HAT DER BLANKE HANS NICHT GELASSEN ...

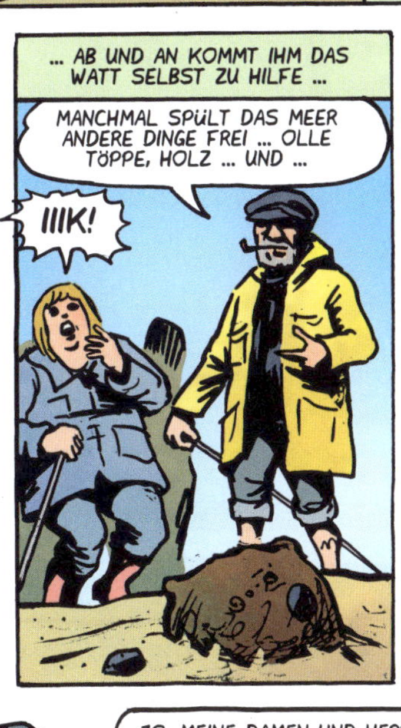
... AB UND AN KOMMT IHM DAS WATT SELBST ZU HILFE ...
MANCHMAL SPÜLT DAS MEER ANDERE DINGE FREI ... OLLE TÖPPE, HOLZ ... UND ...
IIIK!

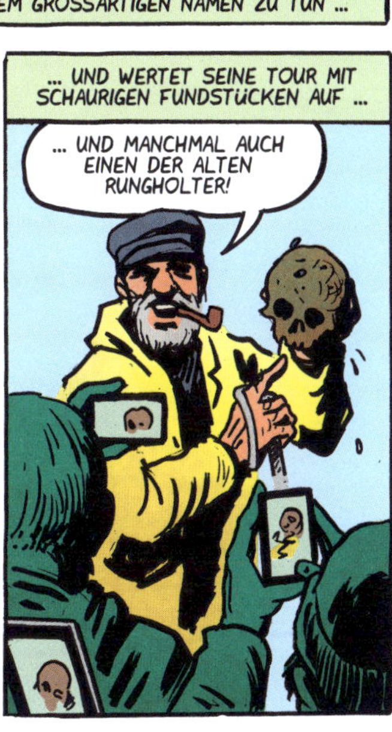
... UND WERTET SEINE TOUR MIT SCHAURIGEN FUNDSTÜCKEN AUF ...
... UND MANCHMAL AUCH EINEN DER ALTEN RUNGHOLTER!

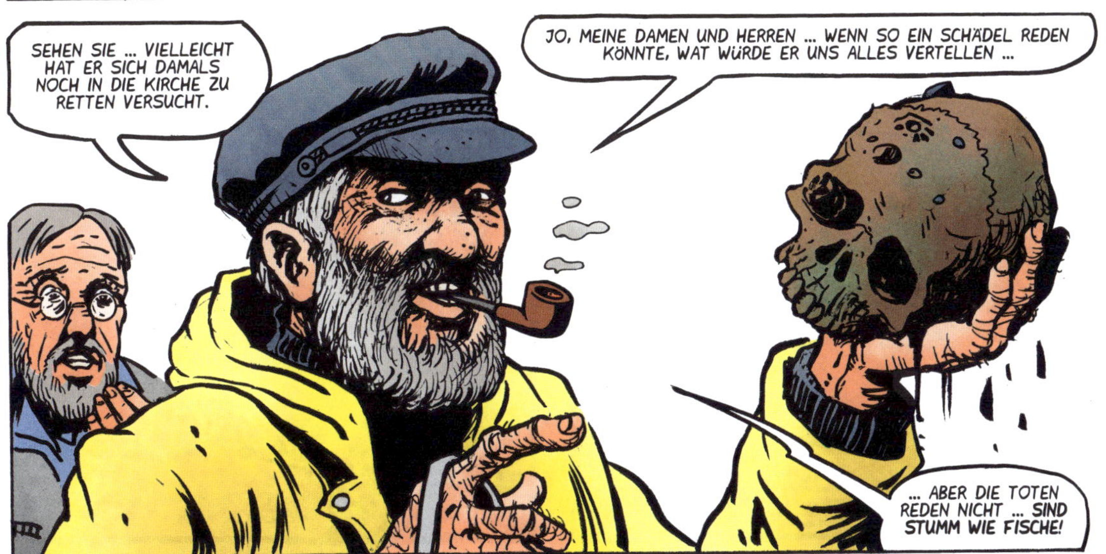
SEHEN SIE ... VIELLEICHT HAT ER SICH DAMALS NOCH IN DIE KIRCHE ZU RETTEN VERSUCHT.
JO, MEINE DAMEN UND HERREN ... WENN SO EIN SCHÄDEL REDEN KÖNNTE, WAT WÜRDE ER UNS ALLES VERTELLEN ...
... ABER DIE TOTEN REDEN NICHT ... **SIND STUMM WIE FISCHE!**

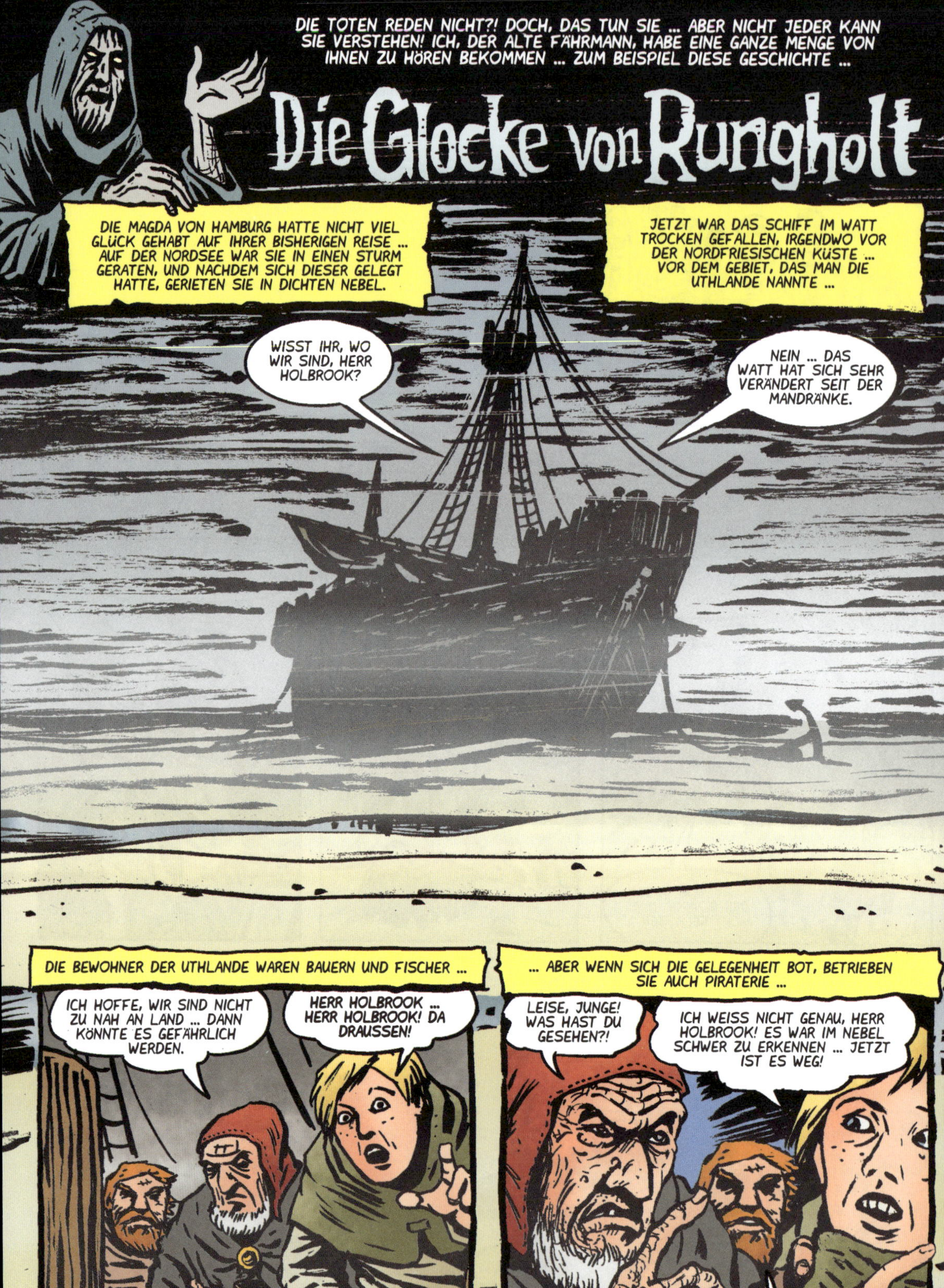
DIE TOTEN REDEN NICHT?! DOCH, DAS TUN SIE ... ABER NICHT JEDER KANN SIE VERSTEHEN! ICH, DER ALTE FÄHRMANN, HABE EINE GANZE MENGE VON IHNEN ZU HÖREN BEKOMMEN ... ZUM BEISPIEL DIESE GESCHICHTE ...
Die Glocke von Rungholt
DIE MAGDA VON HAMBURG HATTE NICHT VIEL GLÜCK GEHABT AUF IHRER BISHERIGEN REISE ... AUF DER NORDSEE WAR SIE IN EINEN STURM GERATEN, UND NACHDEM SICH DIESER GELEGT HATTE, GERIETEN SIE IN DICHTEN NEBEL.
JETZT WAR DAS SCHIFF IM WATT TROCKEN GEFALLEN, IRGENDWO VOR DER NORDFRIESISCHEN KÜSTE ... VOR DEM GEBIET, DAS MAN DIE UTHLANDE NANNTE ...
WISST IHR, WO WIR SIND, HERR HOLBROOK?
NEIN ... DAS WATT HAT SICH SEHR VERÄNDERT SEIT DER MANDRÄNKE.
DIE BEWOHNER DER UTHLANDE WAREN BAUERN UND FISCHER ...
ICH HOFFE, WIR SIND NICHT ZU NAH AN LAND ... DANN KÖNNTE ES GEFÄHRLICH WERDEN.
HERR HOLBROOK ... HERR HOLBROOK! DA DRAUSSEN!
... ABER WENN SICH DIE GELEGENHEIT BOT, BETRIEBEN SIE AUCH PIRATERIE ...
LEISE, JUNGE! WAS HAST DU GESEHEN?!
ICH WEISS NICHT GENAU, HERR HOLBROOK! ES WAR IM NEBEL SCHWER ZU ERKENNEN ... JETZT IST ES WEG!
DIESER NEBEL LÄSST VIELE SCHEMEN ENTSTEHEN ... VIELLEICHT WAR ES NICHTS ...

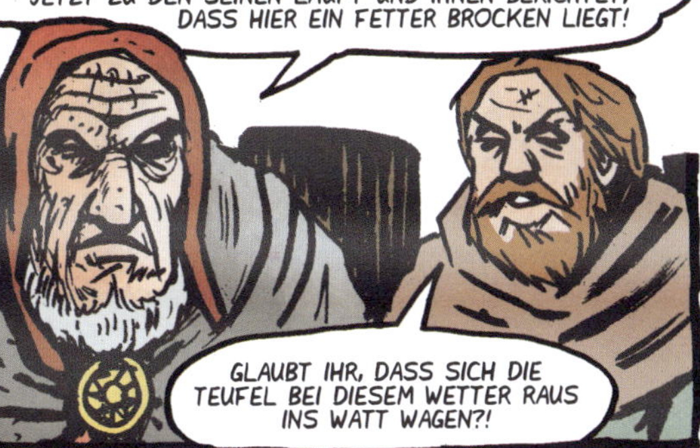
... UND DIE HANSESCHIFFE, DIE AUF DEM WEG ZU DEN HANDELSORTEN BEI EBBE IM WATT FEST SASSEN, WAREN LEICHTE BEUTE ...
ODER ES WAR EIN FRIESISCHER MUSCHELSUCHER, DER JETZT ZU DEN SEINEN LÄUFT UND IHNEN BERICHTET, DASS HIER EIN FETTER BROCKEN LIEGT!
GLAUBT IHR, DASS SICH DIE TEUFEL BEI DIESEM WETTER RAUS INS WATT WAGEN?!

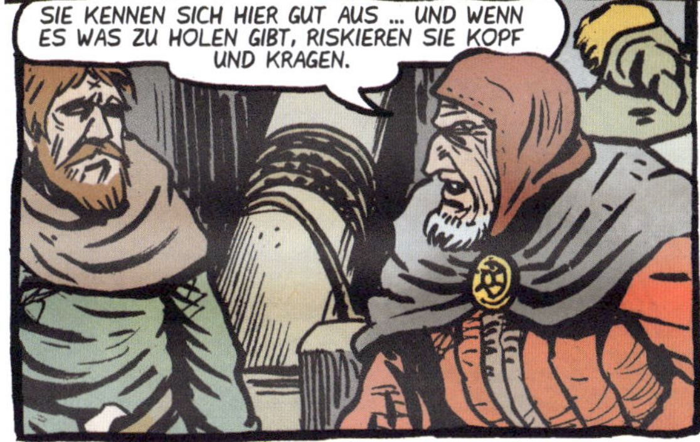
... IN DEN LETZTEN JAHREN VERSCHWANDEN ALLERDINGS IMMER MEHR SCHIFFE, UND SO HATTEN DIE KAUFLEUTE VON HAMBURG EINE KOGGE AUSGERÜSTET, UM DIE ALLZU EIFRIGEN RÄUBER AUFZUSPÜREN UND DINGFEST ZU MACHEN ...
SIE KENNEN SICH HIER GUT AUS ... UND WENN ES WAS ZU HOLEN GIBT, RISKIEREN SIE KOPF UND KRAGEN.

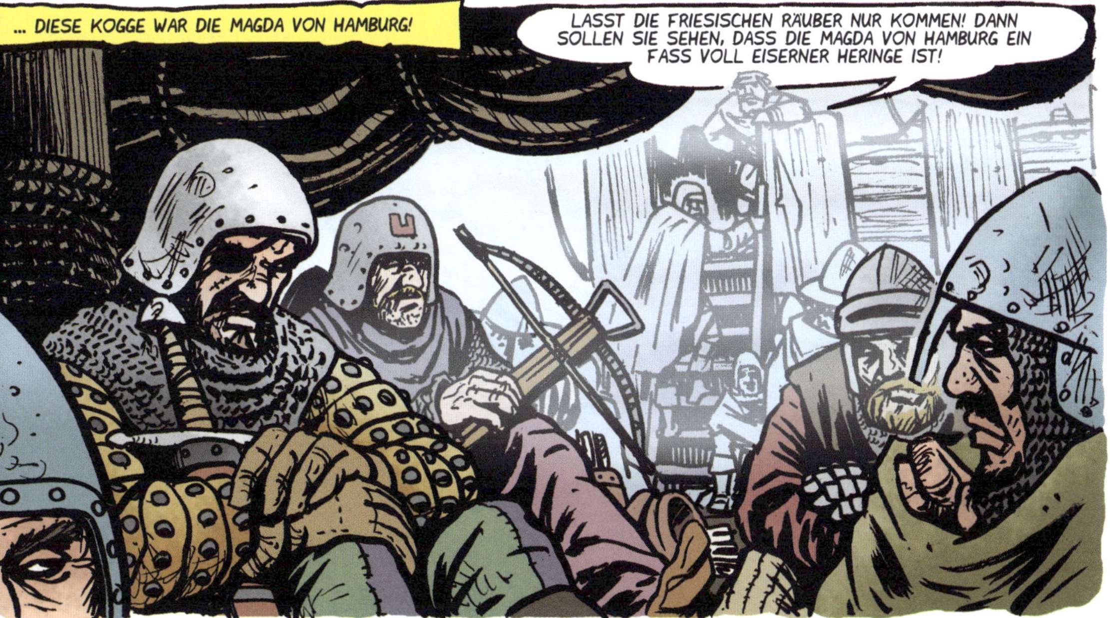
... DIESE KOGGE WAR DIE MAGDA VON HAMBURG!
LASST DIE FRIESISCHEN RÄUBER NUR KOMMEN! DANN SOLLEN SIE SEHEN, DASS DIE MAGDA VON HAMBURG EIN FASS VOLL EISERNER HERINGE IST!

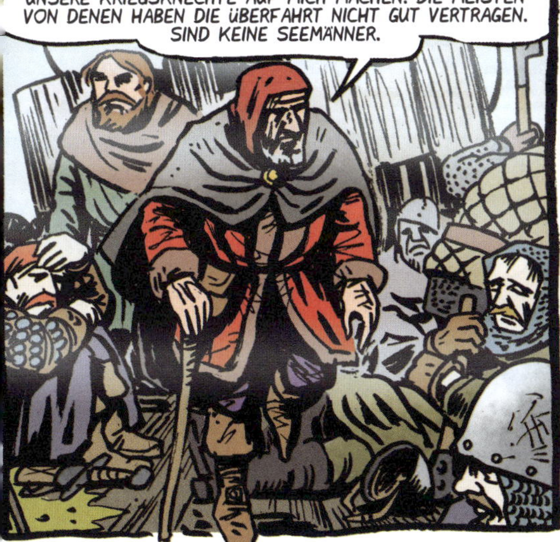
JA ... HERINGE! GENAU DAS IST DER EINDRUCK, DEN UNSERE KRIEGSKNECHTE AUF MICH MACHEN. DIE MEISTEN VON DENEN HABEN DIE ÜBERFAHRT NICHT GUT VERTRAGEN. SIND KEINE SEEMÄNNER.

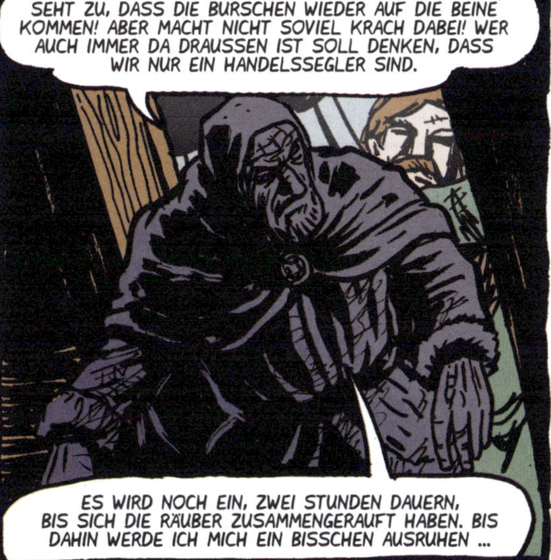
SEHT ZU, DASS DIE BURSCHEN WIEDER AUF DIE BEINE KOMMEN! ABER MACHT NICHT SOVIEL KRACH DABEI! WER AUCH IMMER DA DRAUSSEN IST SOLL DENKEN, DASS WIR NUR EIN HANDELSSEGLER SIND.
ES WIRD NOCH EIN, ZWEI STUNDEN DAUERN, BIS SICH DIE RÄUBER ZUSAMMENGERAUFT HABEN. BIS DAHIN WERDE ICH MICH EIN BISSCHEN AUSRUHEN ...

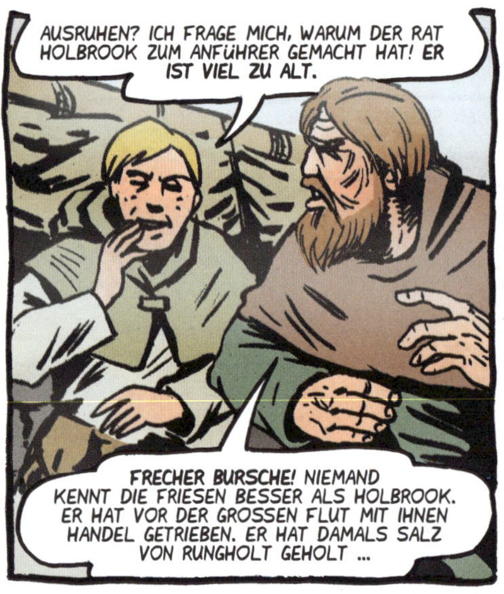
AUSRUHEN? ICH FRAGE MICH, WARUM DER RAT HOLBROOK ZUM ANFÜHRER GEMACHT HAT! ER IST VIEL ZU ALT.
FRECHER BURSCHE! NIEMAND KENNT DIE FRIESEN BESSER ALS HOLBROOK. ER HAT VOR DER GROSSEN FLUT MIT IHNEN HANDEL GETRIEBEN. ER HAT DAMALS SALZ VON RUNGHOLT GEHOLT ...

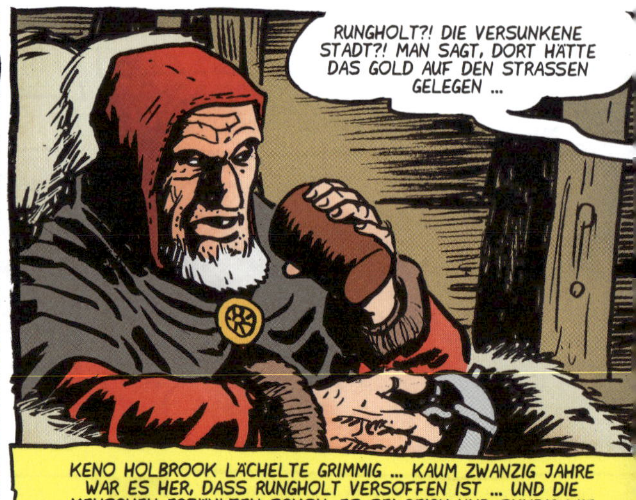
RUNGHOLT?! DIE VERSUNKENE STADT?! MAN SAGT, DORT HÄTTE DAS GOLD AUF DEN STRASSEN GELEGEN ...
KENO HOLBROOK LÄCHELTE GRIMMIG ... KAUM ZWANZIG JAHRE WAR ES HER, DASS RUNGHOLT VERSOFFEN IST ... UND DIE MENSCHEN ERZÄHLTEN SCHON, ES SEI REICH UND SÜNDIG WIE DAS BIBLISCHE BABYLON GEWESEN.

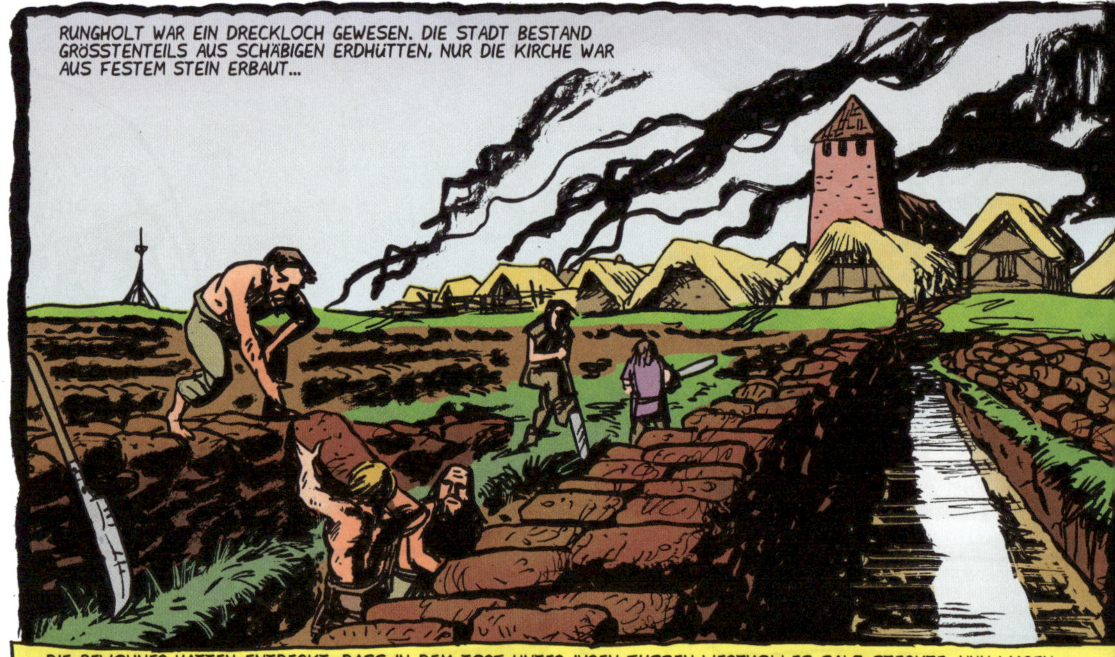
RUNGHOLT WAR EIN DRECKLOCH GEWESEN. DIE STADT BESTAND GRÖSSTENTEILS AUS SCHÄBIGEN ERDHÜTTEN, NUR DIE KIRCHE WAR AUS FESTEM STEIN ERBAUT...
DIE BEWOHNER HATTEN ENTDECKT, DASS IN DEM TORF UNTER IHREN FÜSSEN WERTVOLLES SALZ STECKTE. NUN WAREN DIE EINST FRUCHTBAREN WIESEN AUFGEWÜHLT, UND IN LANGEN REIHEN TROCKNETE DER SALZTORF IM VORLAND ...

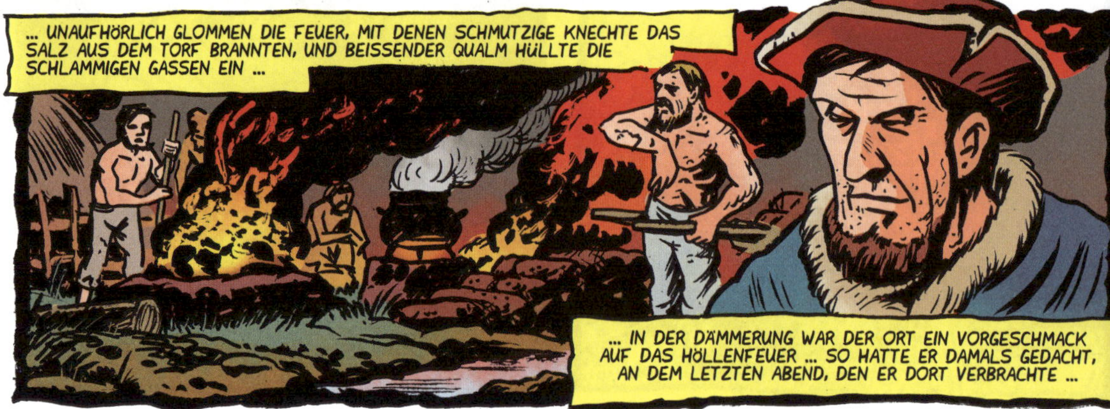
... UNAUFHÖRLICH GLOMMEN DIE FEUER, MIT DENEN SCHMUTZIGE KNECHTE DAS SALZ AUS DEM TORF BRANNTEN, UND BEISSENDER QUALM HÜLLTE DIE SCHLAMMIGEN GASSEN EIN ...
... IN DER DÄMMERUNG WAR DER ORT EIN VORGESCHMACK AUF DAS HÖLLENFEUER ... SO HATTE ER DAMALS GEDACHT, AN DEM LETZTEN ABEND, DEN ER DORT VERBRACHTE ...

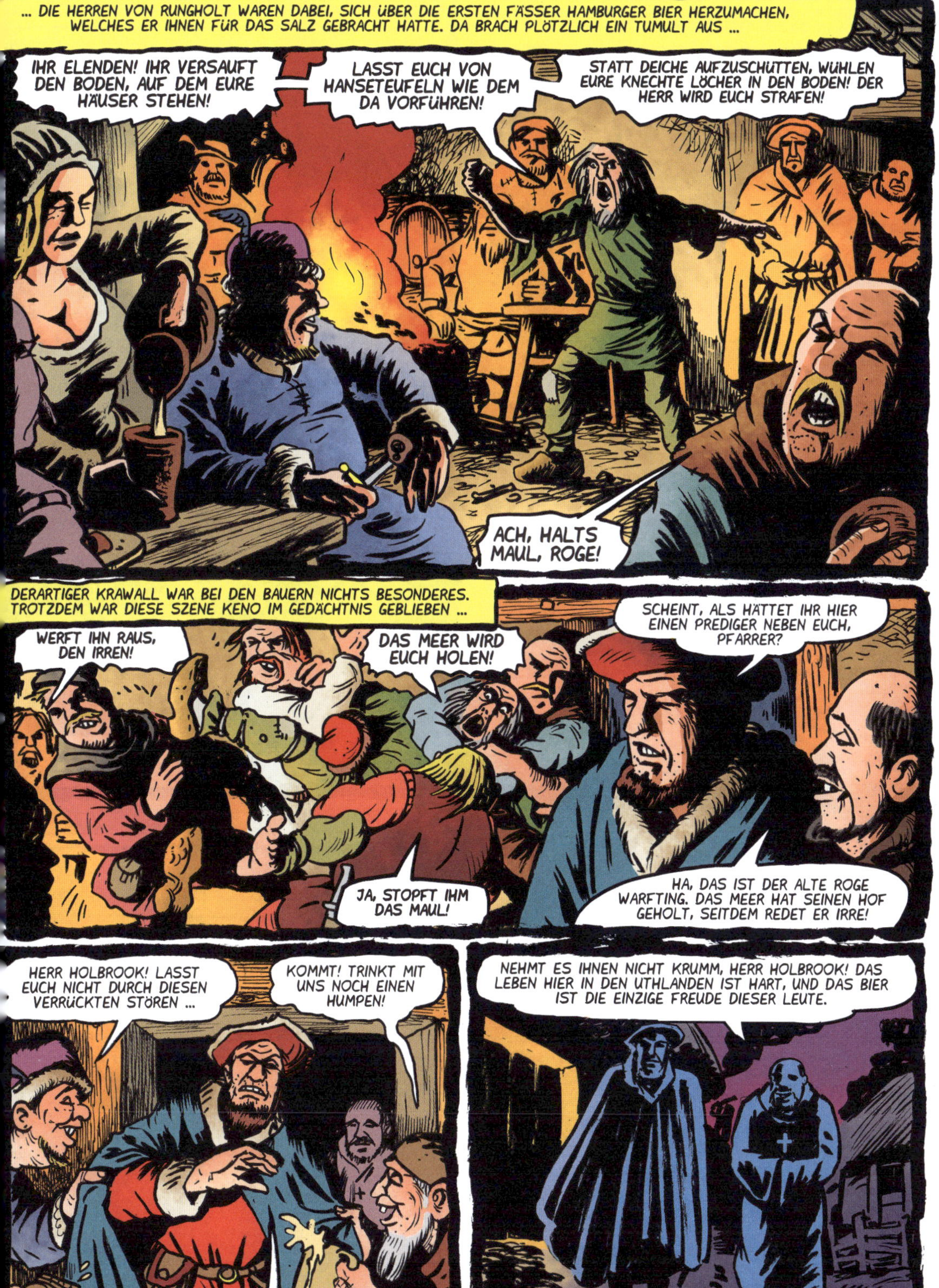
... DIE HERREN VON RUNGHOLT WAREN DABEI, SICH ÜBER DIE ERSTEN FÄSSER HAMBURGER BIER HERZUMACHEN, WELCHES ER IHNEN FÜR DAS SALZ GEBRACHT HATTE. DA BRACH PLÖTZLICH EIN TUMULT AUS ...
IHR ELENDEN! IHR VERSAUFT DEN BODEN, AUF DEM EURE HÄUSER STEHEN!
LASST EUCH VON HANSETEUFELN WIE DEM DA VORFÜHREN!
STATT DEICHE AUFZUSCHÜTTEN, WÜHLEN EURE KNECHTE LÖCHER IN DEN BODEN! DER HERR WIRD EUCH STRAFEN!
ACH, HALTS MAUL, ROGE!
DERARTIGER KRAWALL WAR BEI DEN BAUERN NICHTS BESONDERES. TROTZDEM WAR DIESE SZENE KENO IM GEDÄCHTNIS GEBLIEBEN ...
WERFT IHN RAUS, DEN IRREN!
DAS MEER WIRD EUCH HOLEN!
SCHEINT, ALS HÄTTET IHR HIER EINEN PREDIGER NEBEN EUCH, PFARRER?
JA, STOPFT IHM DAS MAUL!
HA, DAS IST DER ALTE ROGE WARFTING. DAS MEER HAT SEINEN HOF GEHOLT, SEITDEM REDET ER IRRE!
HERR HOLBROOK! LASST EUCH NICHT DURCH DIESEN VERRÜCKTEN STÖREN ...
KOMMT! TRINKT MIT UNS NOCH EINEN HUMPEN!
VIELEN DANK, DIE HERREN! ABER WIR WOLLEN MORGEN FRÜH MIT DER FLUT AUSLAUFEN!
NEHMT ES IHNEN NICHT KRUMM, HERR HOLBROOK! DAS LEBEN HIER IN DEN UTHLANDEN IST HART, UND DAS BIER IST DIE EINZIGE FREUDE DIESER LEUTE.
SIE SIND DANKBAR FÜR DEN REICHTUM, DEN IHR UNS GEBRACHT HABT.

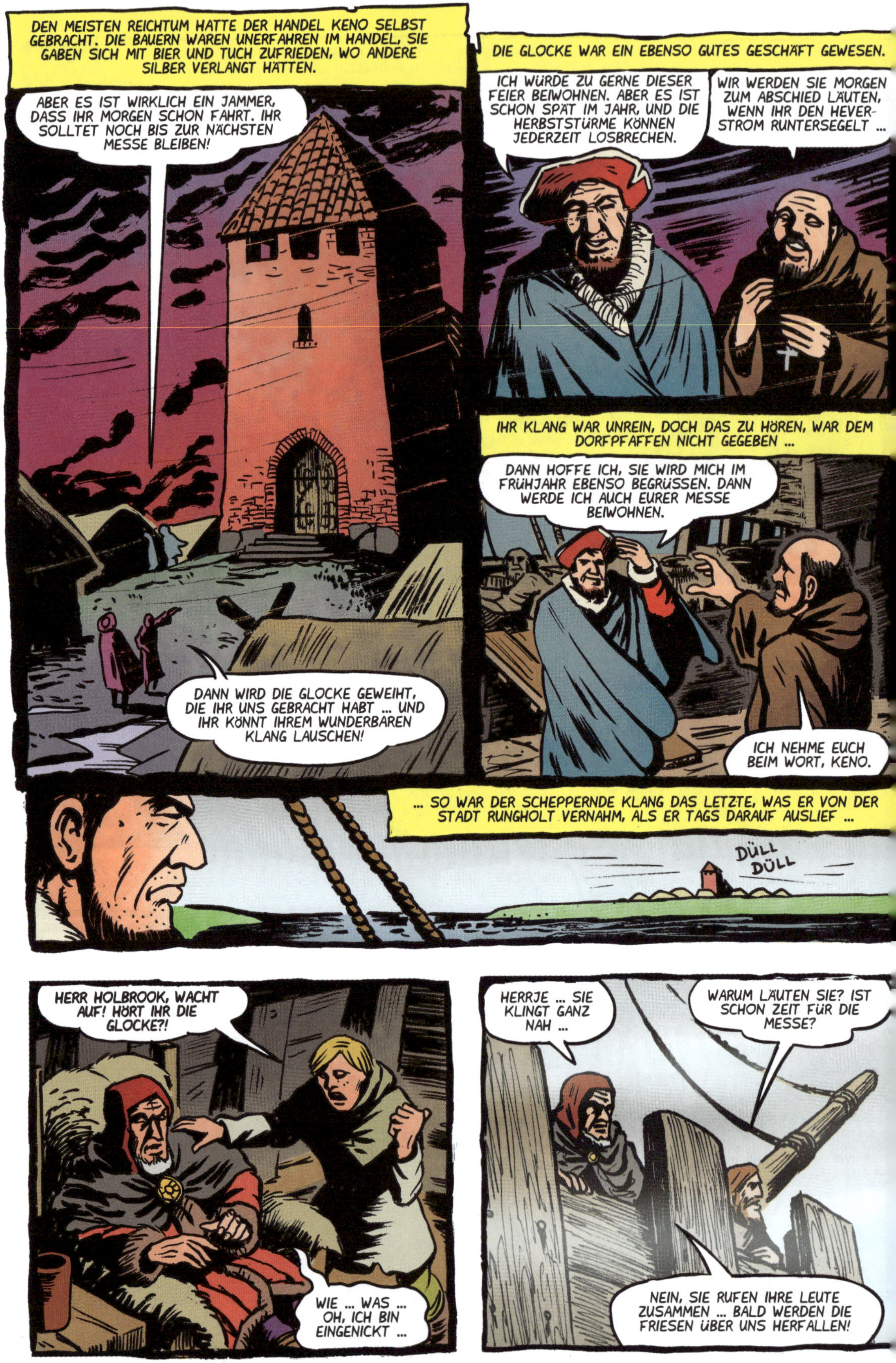

DEN MEISTEN REICHTUM HATTE DER HANDEL KENO SELBST GEBRACHT. DIE BAUERN WAREN UNERFAHREN IM HANDEL, SIE GABEN SICH MIT BIER UND TUCH ZUFRIEDEN, WO ANDERE SILBER VERLANGT HÄTTEN.

ABER ES IST WIRKLICH EIN JAMMER, DASS IHR MORGEN SCHON FAHRT. IHR SOLLTET NOCH BIS ZUR NÄCHSTEN MESSE BLEIBEN!

DANN WIRD DIE GLOCKE GEWEIHT, DIE IHR UNS GEBRACHT HABT ... UND IHR KÖNNT IHREM WUNDERBAREN KLANG LAUSCHEN!

DIE GLOCKE WAR EIN EBENSO GUTES GESCHÄFT GEWESEN.

ICH WÜRDE ZU GERNE DIESER FEIER BEIWOHNEN. ABER ES IST SCHON SPÄT IM JAHR, UND DIE HERBSTSTÜRME KÖNNEN JEDERZEIT LOSBRECHEN.

WIR WERDEN SIE MORGEN ZUM ABSCHIED LÄUTEN, WENN IHR DEN HEVERSTROM RUNTERSEGELT ...

IHR KLANG WAR UNREIN, DOCH DAS ZU HÖREN, WAR DEM DORFPFAFFEN NICHT GEGEBEN ...

DANN HOFFE ICH, SIE WIRD MICH IM FRÜHJAHR EBENSO BEGRÜSSEN. DANN WERDE ICH AUCH EURER MESSE BEIWOHNEN.

ICH NEHME EUCH BEIM WORT, KENO.

... SO WAR DER SCHEPPERNDE KLANG DAS LETZTE, WAS ER VON DER STADT RUNGHOLT VERNAHM, ALS ER TAGS DARAUF AUSLIEF ...

DÜLL DÜLL

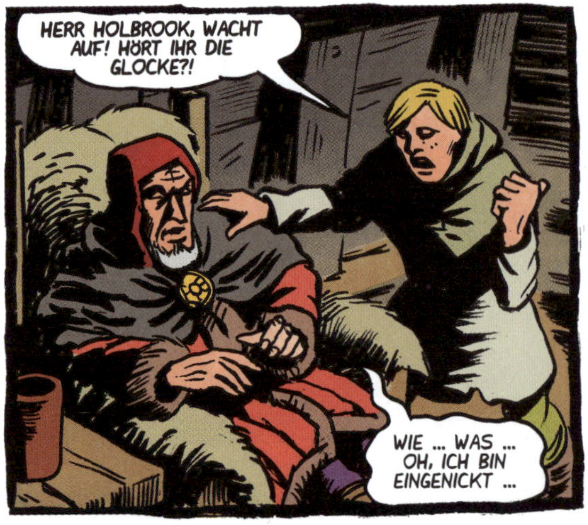

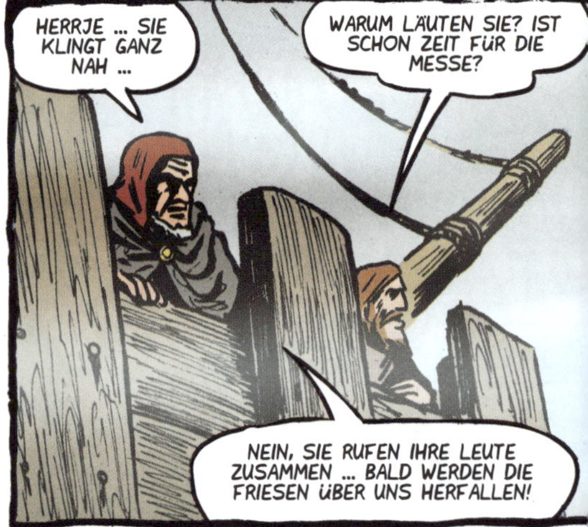

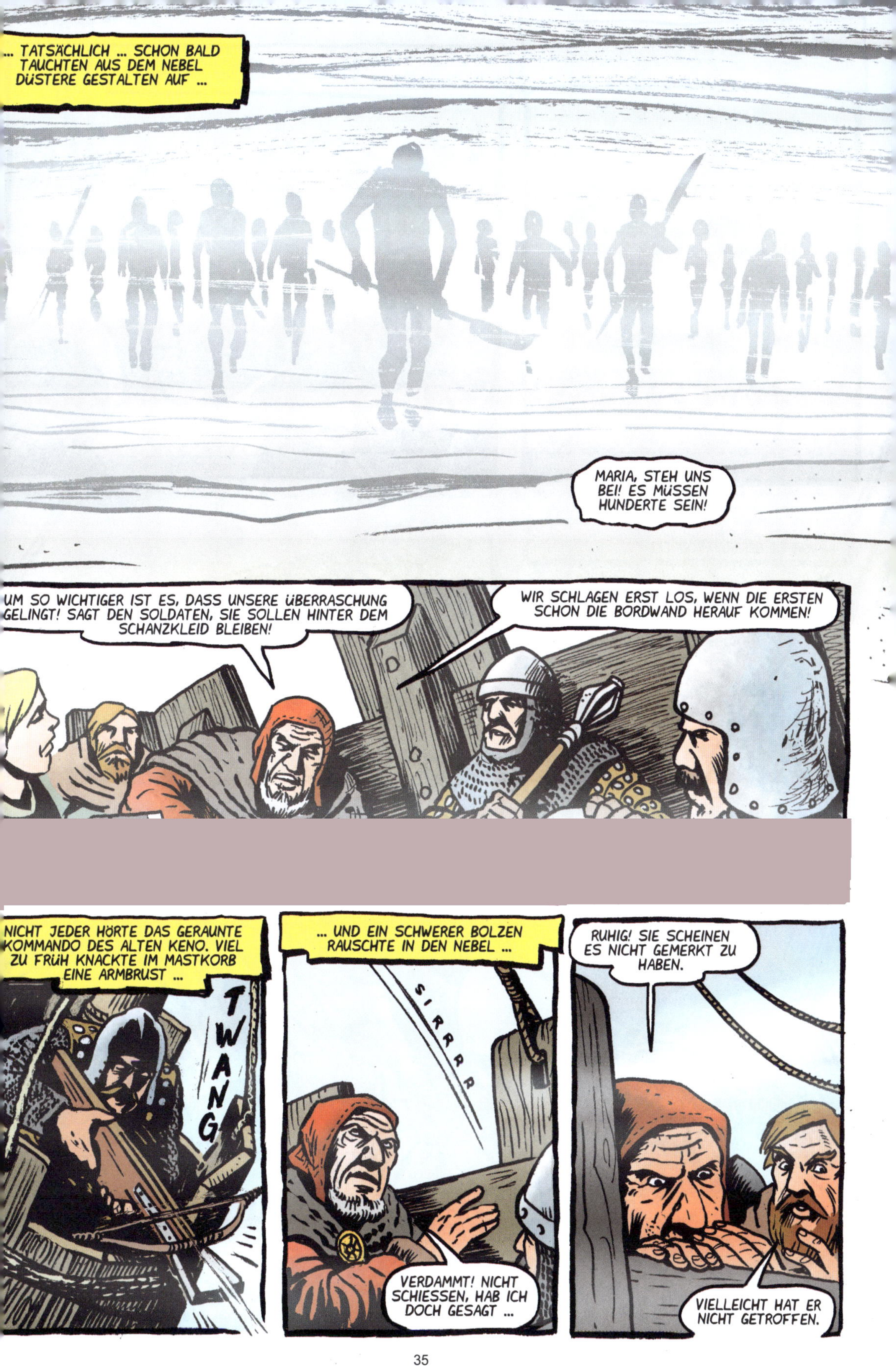

... TATSÄCHLICH ... SCHON BALD TAUCHTEN AUS DEM NEBEL DÜSTERE GESTALTEN AUF ...

MARIA, STEH UNS BEI! ES MÜSSEN HUNDERTE SEIN!

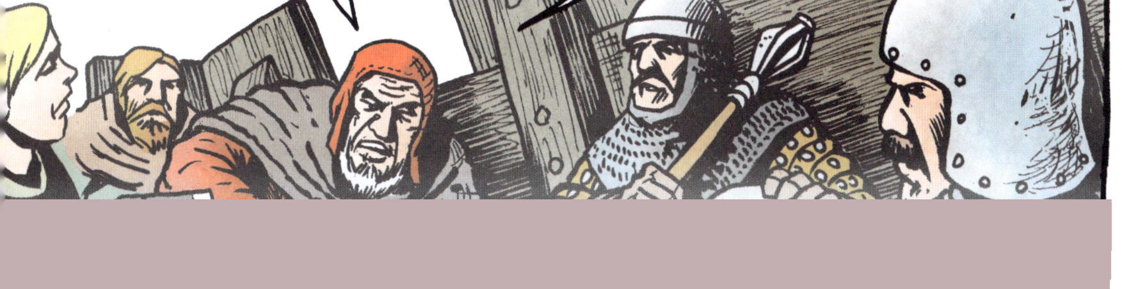

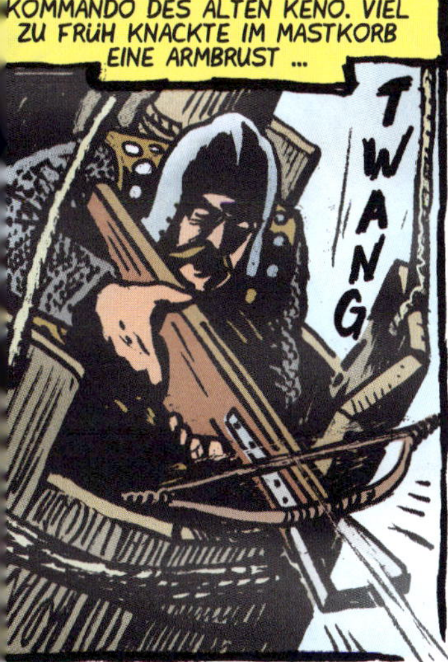

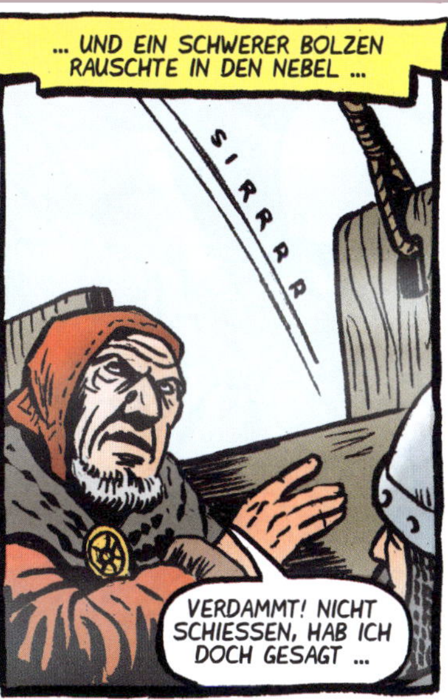

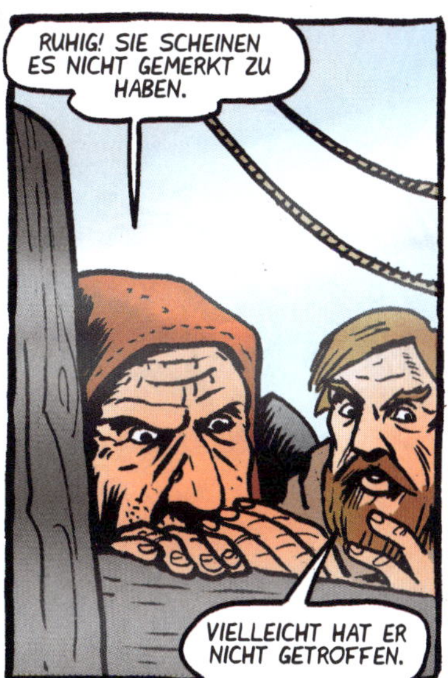

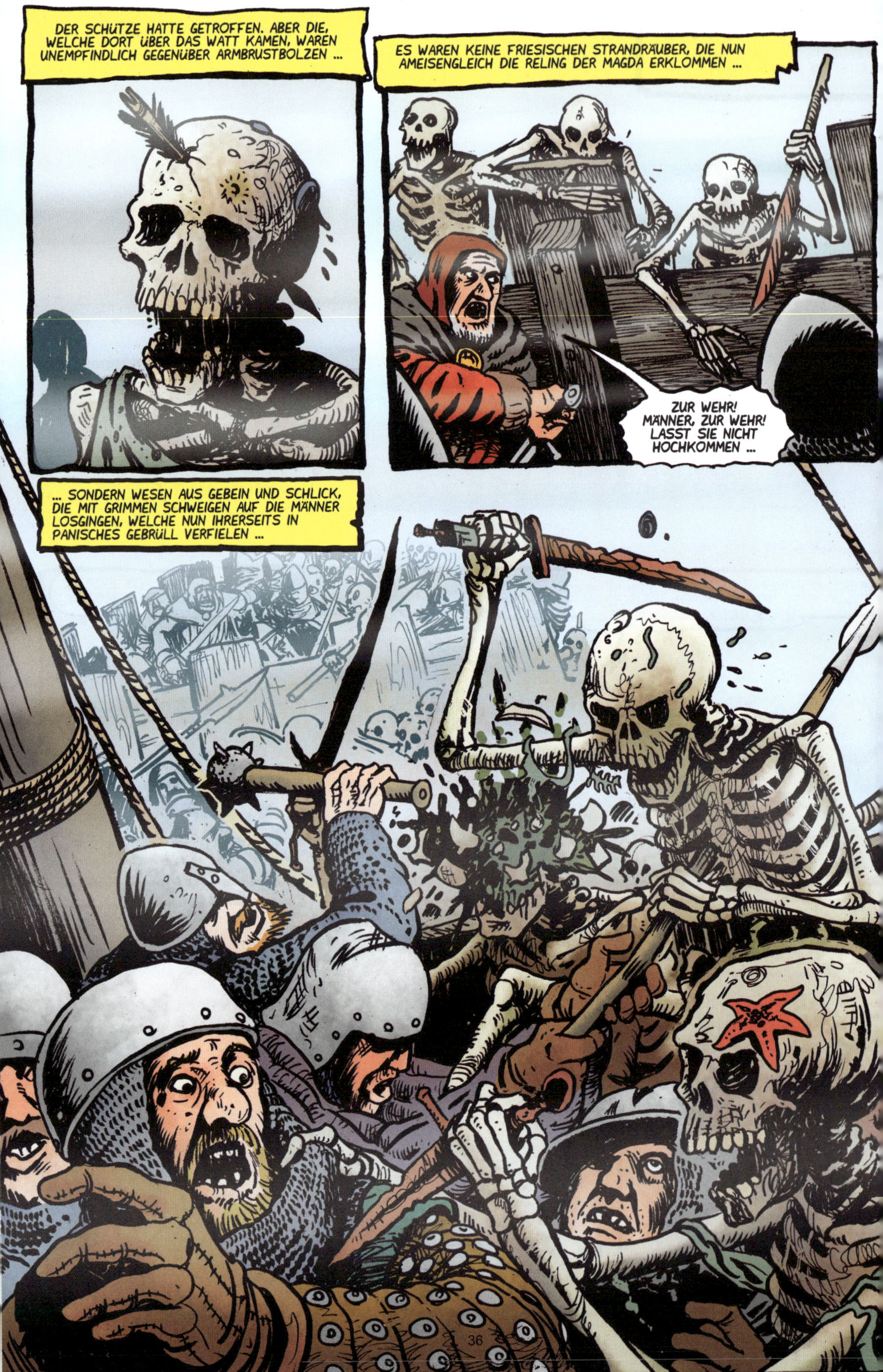
DER SCHÜTZE HATTE GETROFFEN. ABER DIE, WELCHE DORT ÜBER DAS WATT KAMEN, WAREN UNEMPFINDLICH GEGENÜBER ARMBRUSTBOLZEN ...
ES WAREN KEINE FRIESISCHEN STRANDRÄUBER, DIE NUN AMEISENGLEICH DIE RELING DER MAGDA ERKLOMMEN ...
ZUR WEHR! MÄNNER, ZUR WEHR! LASST SIE NICHT HOCHKOMMEN ...
... SONDERN WESEN AUS GEBEIN UND SCHLICK, DIE MIT GRIMMEN SCHWEIGEN AUF DIE MÄNNER LOSGINGEN, WELCHE NUN IHRERSEITS IN PANISCHES GEBRÜLL VERFIELEN ...

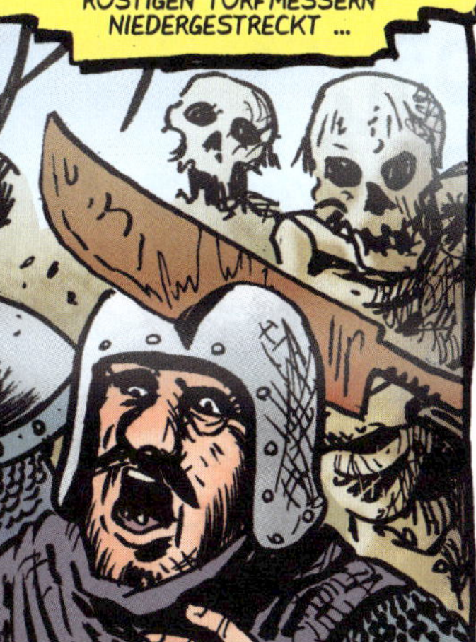
GRAUSAM WÜTETEN DIE TOTEN UNTER DEN LEBENDEN, UND MANCH EIN KRIEGSKNECHT WURDE VON DEN ROSTIGEN TORFMESSERN NIEDERGESTRECKT ...

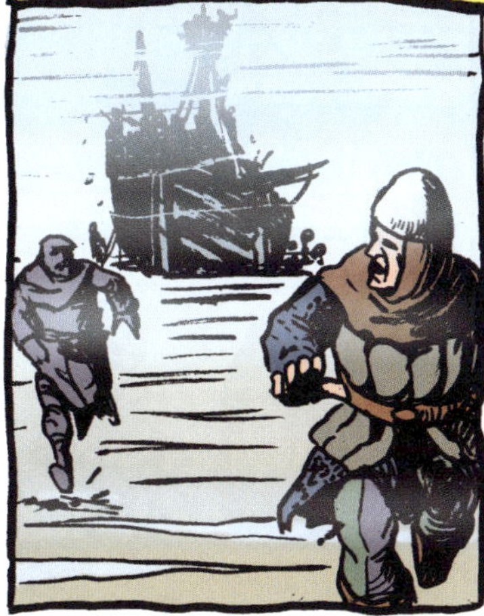
... ANDERE MACHTEN SICH DAVON, EINEM UNGEWISSEN SCHICKSAL IN DER MÖRDERISCHEN SCHLAMMWÜSTE ENTGEGEN ...

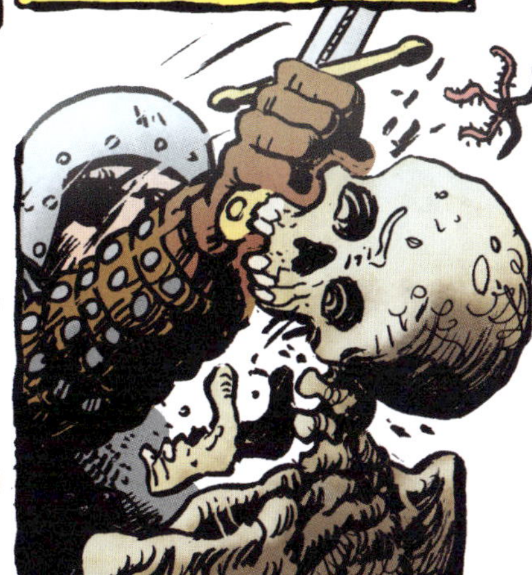
... EINIGE HARTGESOTTENE VERKAUFTEN SICH NACH DEM ANFÄNGLICHEN SCHRECKEN TEUER ...

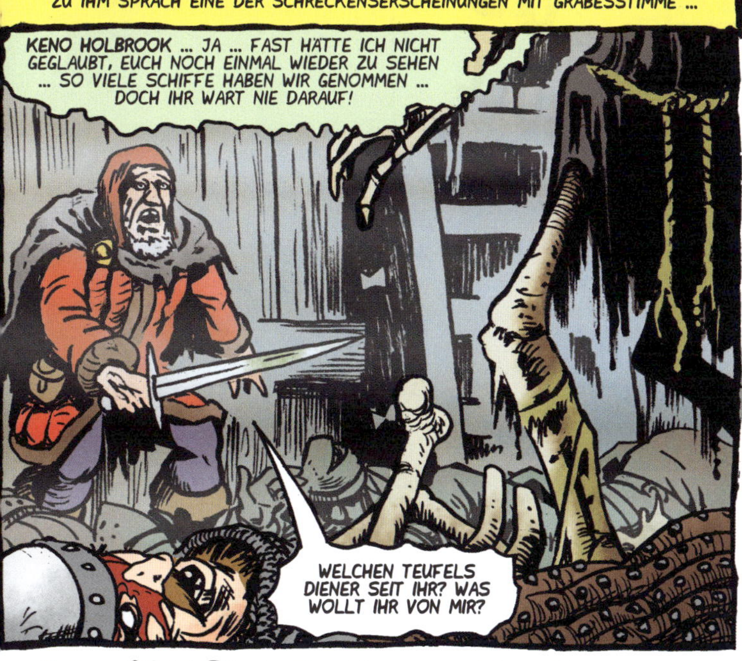
VERGEBENS, SCHLIESSLICH STAND NUR NOCH DER ALTE KENO HOLBROOK. ZU IHM SPRACH EINE DER SCHRECKENSERSCHEINUNGEN MIT GRABESSTIMME ...
KENO HOLBROOK ... JA ... FAST HÄTTE ICH NICHT GEGLAUBT, EUCH NOCH EINMAL WIEDER ZU SEHEN ... SO VIELE SCHIFFE HABEN WIR GENOMMEN ... DOCH IHR WART NIE DARAUF!
WELCHEN TEUFELS DIENER SEIT IHR? WAS WOLLT IHR VON MIR?

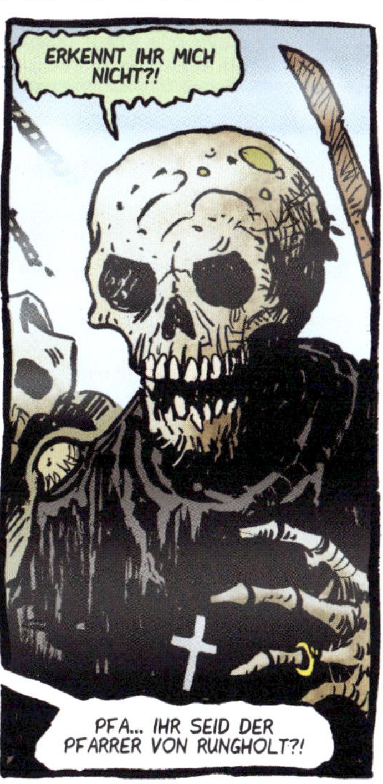
ERKENNT IHR MICH NICHT?!
PFA... IHR SEID DER PFARRER VON RUNGHOLT?!

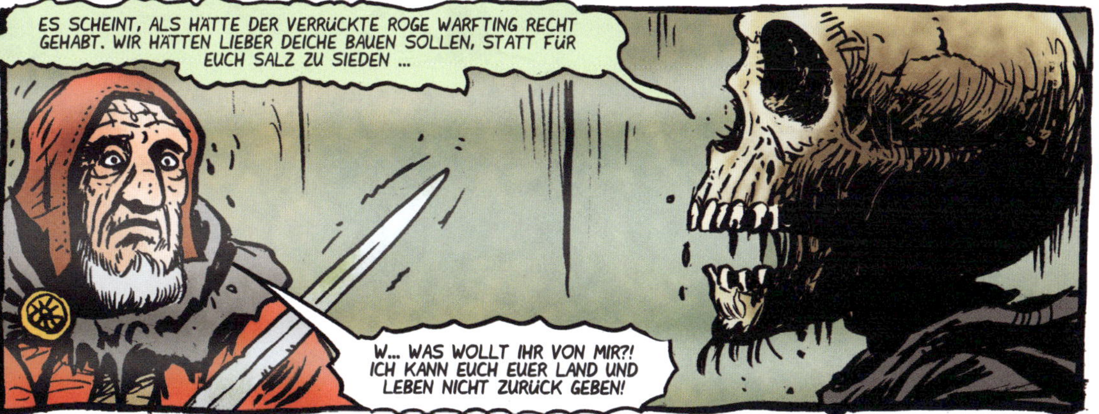
ES SCHEINT, ALS HÄTTE DER VERRÜCKTE ROGE WARFTING RECHT GEHABT. WIR HÄTTEN LIEBER DEICHE BAUEN SOLLEN, STATT FÜR EUCH SALZ ZU SIEDEN ...
W... WAS WOLLT IHR VON MIR?! ICH KANN EUCH EUER LAND UND LEBEN NICHT ZURÜCK GEBEN!

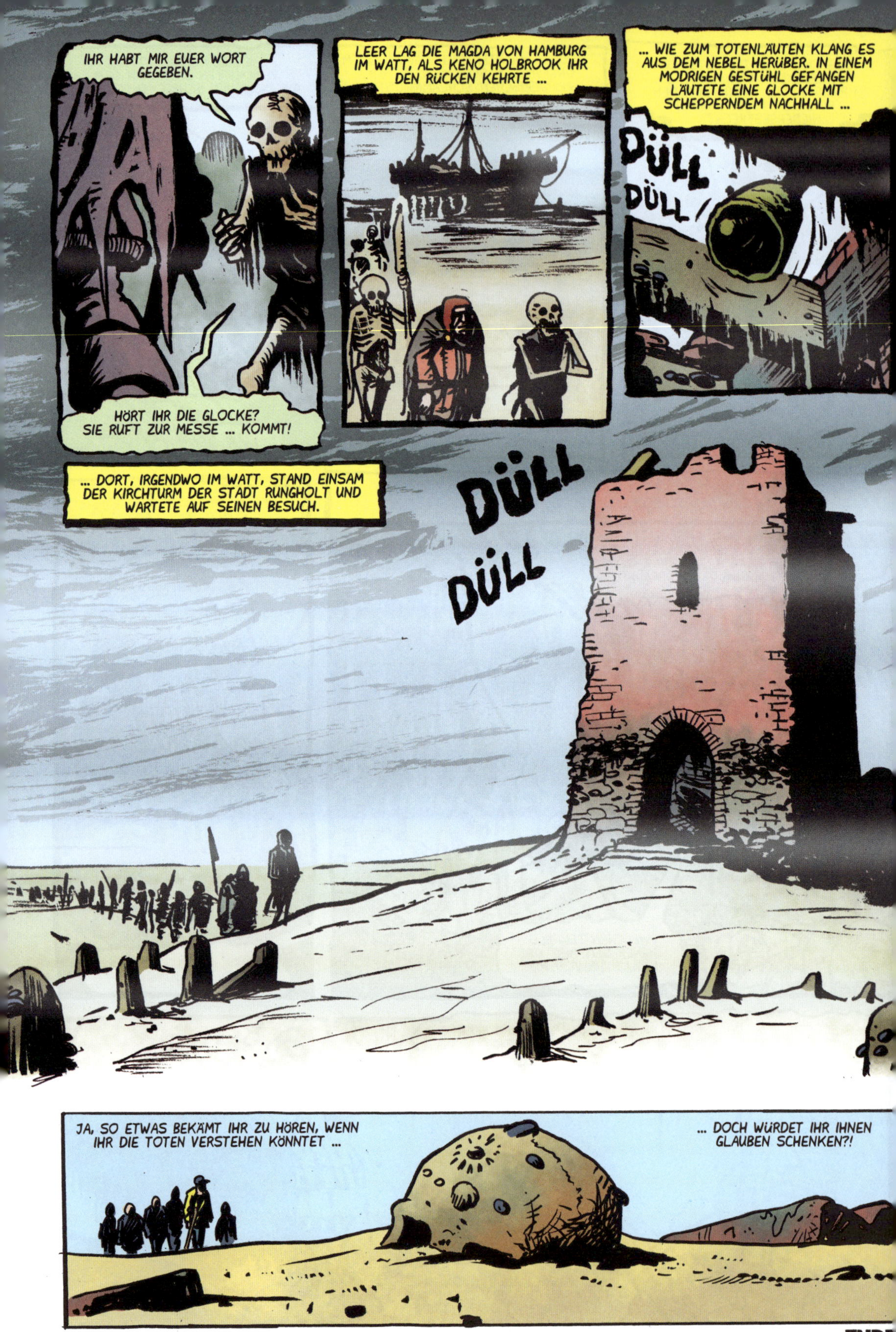

IHR HABT MIR EUER WORT GEGEBEN.

HÖRT IHR DIE GLOCKE? SIE RUFT ZUR MESSE ... KOMMT!

LEER LAG DIE MAGDA VON HAMBURG IM WATT, ALS KENO HOLBROOK IHR DEN RÜCKEN KEHRTE ...

... WIE ZUM TOTENLÄUTEN KLANG ES AUS DEM NEBEL HERÜBER. IN EINEM MODRIGEN GESTÜHL GEFANGEN LÄUTETE EINE GLOCKE MIT SCHEPPERNDEM NACHHALL ...

DÜLL
DÜLL

... DORT, IRGENDWO IM WATT, STAND EINSAM DER KIRCHTURM DER STADT RUNGHOLT UND WARTETE AUF SEINEN BESUCH.

DÜLL
DÜLL

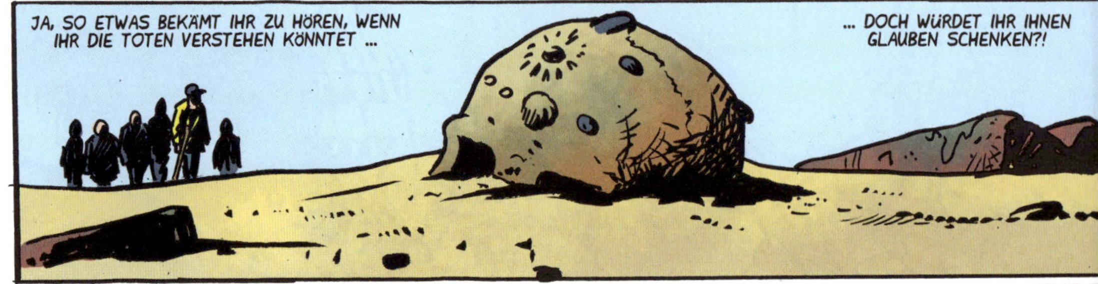

ENDE

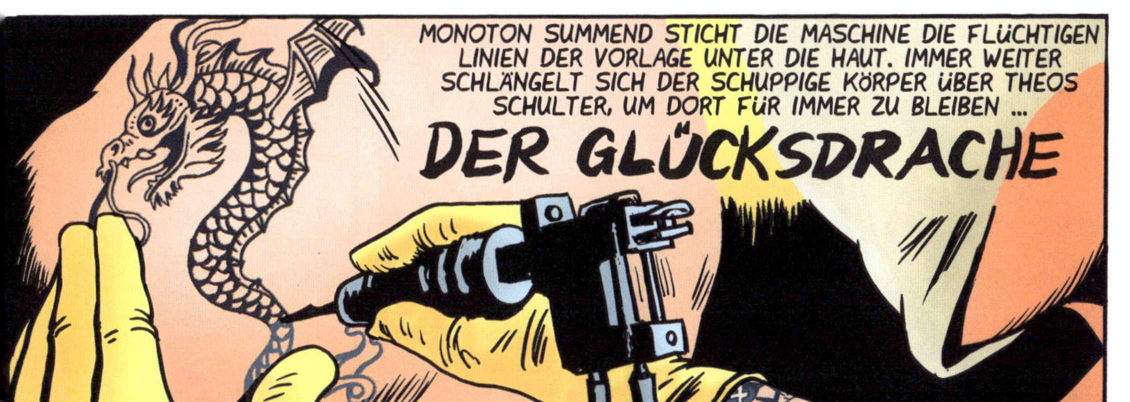

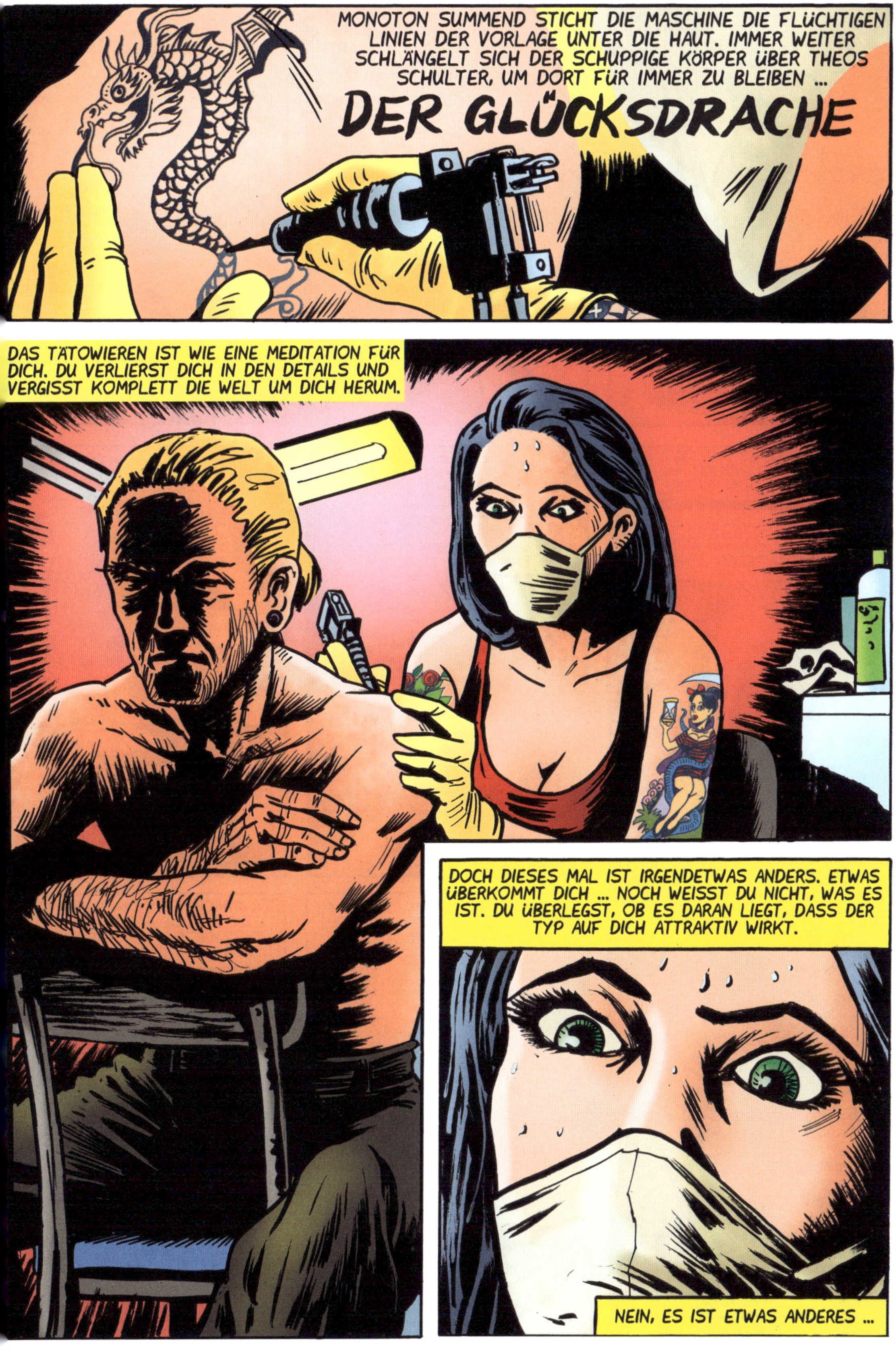

DAS TÄTOWIEREN IST WIE EINE MEDITATION FÜR DICH. DU VERLIERST DICH IN DEN DETAILS UND VERGISST KOMPLETT DIE WELT UM DICH HERUM.

DOCH DIESES MAL IST IRGENDETWAS ANDERS. ETWAS ÜBERKOMMT DICH ... NOCH WEISST DU NICHT, WAS ES IST. DU ÜBERLEGST, OB ES DARAN LIEGT, DASS DER TYP AUF DICH ATTRAKTIV WIRKT.

NEIN, ES IST ETWAS ANDERES ...

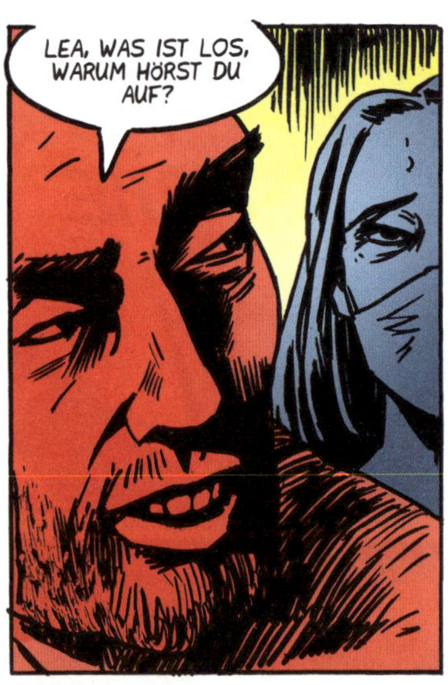
LEA, WAS IST LOS, WARUM HÖRST DU AUF?

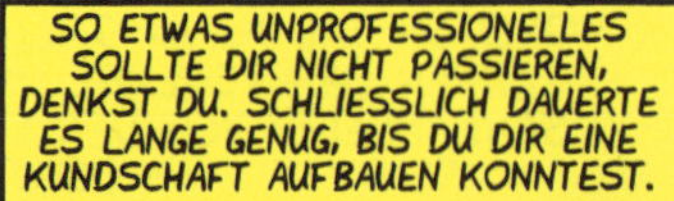
SO ETWAS UNPROFESSIONELLES SOLLTE DIR NICHT PASSIEREN, DENKST DU. SCHLIESSLICH DAUERTE ES LANGE GENUG, BIS DU DIR EINE KUNDSCHAFT AUFBAUEN KONNTEST.

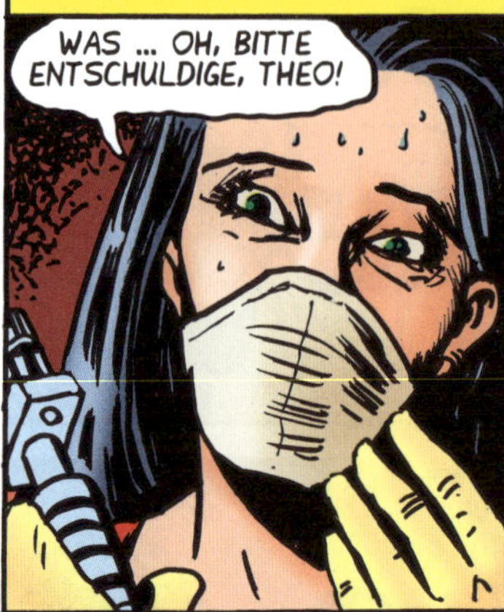
WAS ... OH, BITTE ENTSCHULDIGE, THEO!

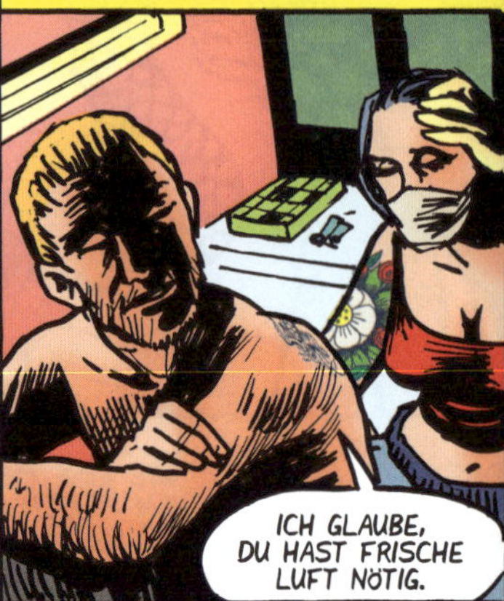
UND NOCH IMMER WEISST DU NICHT, OB DIE TYPEN ZU DIR KOMMEN, WEIL DU IN DEINEM JOB GUT BIST ODER NUR, WEIL SIE ES SO BEI DIR VERSUCHEN KÖNNEN ...
ICH GLAUBE, DU HAST FRISCHE LUFT NÖTIG.

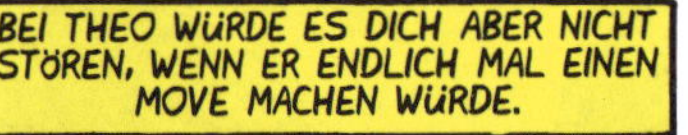
BEI THEO WÜRDE ES DICH ABER NICHT STÖREN, WENN ER ENDLICH MAL EINEN MOVE MACHEN WÜRDE.

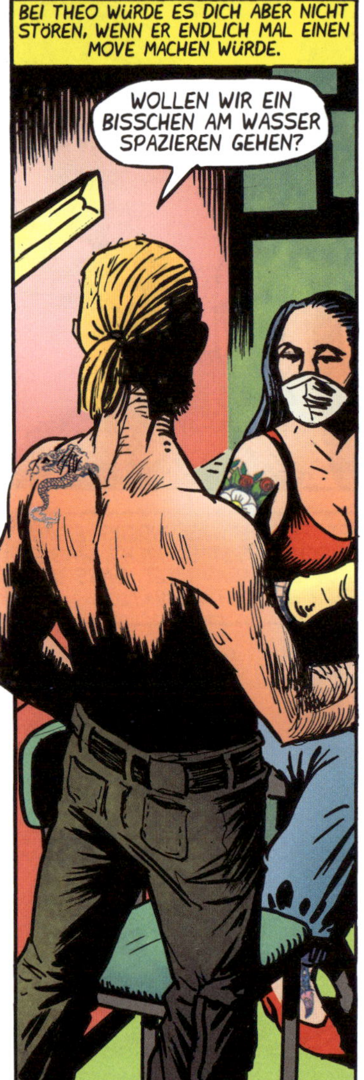
WOLLEN WIR EIN BISSCHEN AM WASSER SPAZIEREN GEHEN?

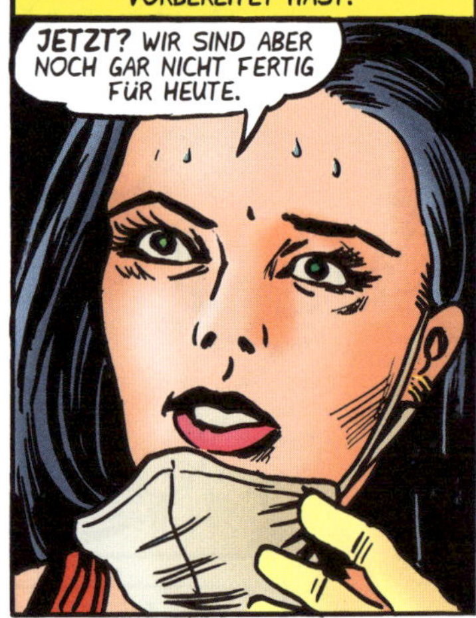
SCHLIESSLICH HAST DU BEMERKT, WIE LANGE ER IMMER IN DEINE AUGEN SCHAUTE, WENN DU DIE SITZUNGEN VORBEREITET HAST.
JETZT? WIR SIND ABER NOCH GAR NICHT FERTIG FÜR HEUTE.
NA UND?! DER DRACHE KANN WARTEN.

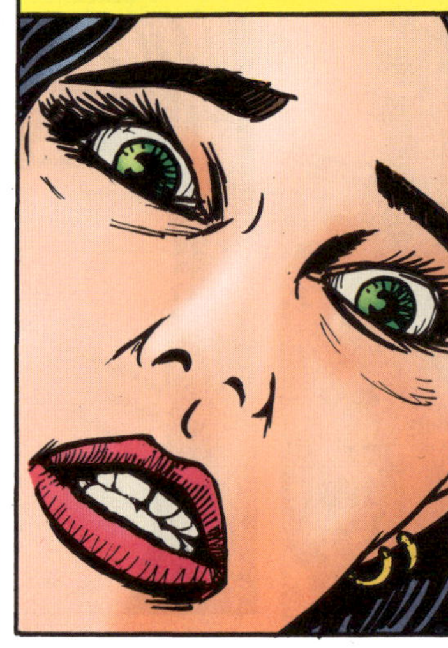
DRACHE! BEI DEM WORT HORCHST DU AUF, UND VORHER VERSCHWOMMENE BILDER WERDEN KLARER ...

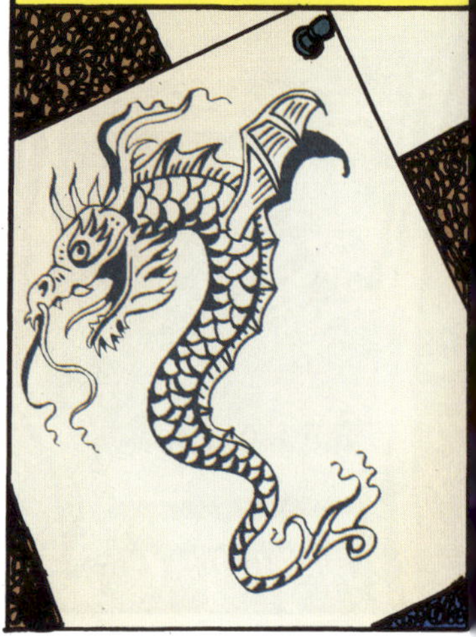
DER DRACHE! DER DRACHE IST ES ... DIE VORLAGE DAFÜR IST ALT, THEO HAT SIE DIR MITGEBRACHT. UND DOCH KENNST DU SIE ...

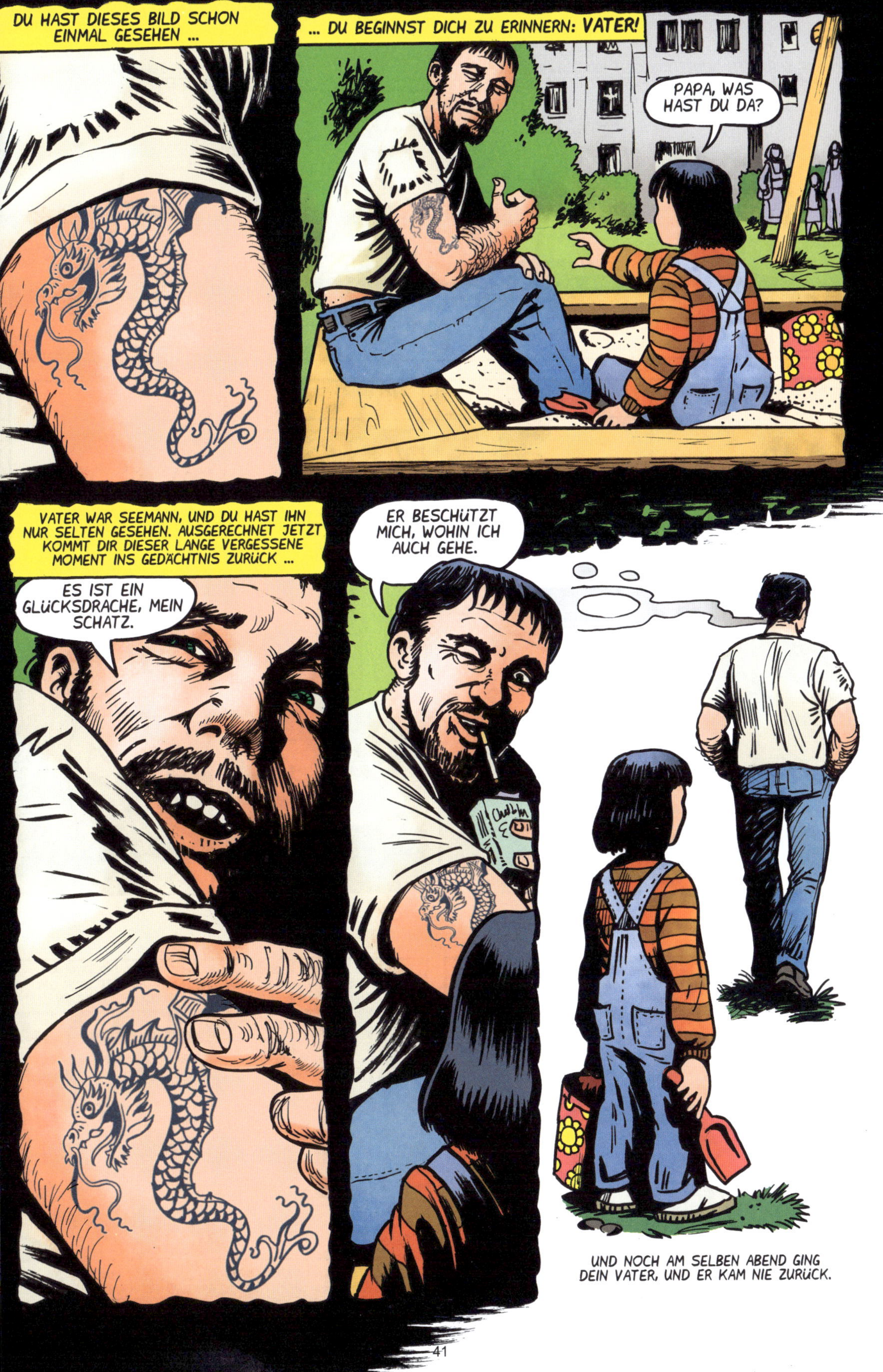
DU HAST DIESES BILD SCHON EINMAL GESEHEN ...
... DU BEGINNST DICH ZU ERINNERN: VATER!
PAPA, WAS HAST DU DA?
VATER WAR SEEMANN, UND DU HAST IHN NUR SELTEN GESEHEN. AUSGERECHNET JETZT KOMMT DIR DIESER LANGE VERGESSENE MOMENT INS GEDÄCHTNIS ZURÜCK ...
ES IST EIN GLÜCKSDRACHE, MEIN SCHATZ.
ER BESCHÜTZT MICH, WOHIN ICH AUCH GEHE.
UND NOCH AM SELBEN ABEND GING DEIN VATER, UND ER KAM NIE ZURÜCK.

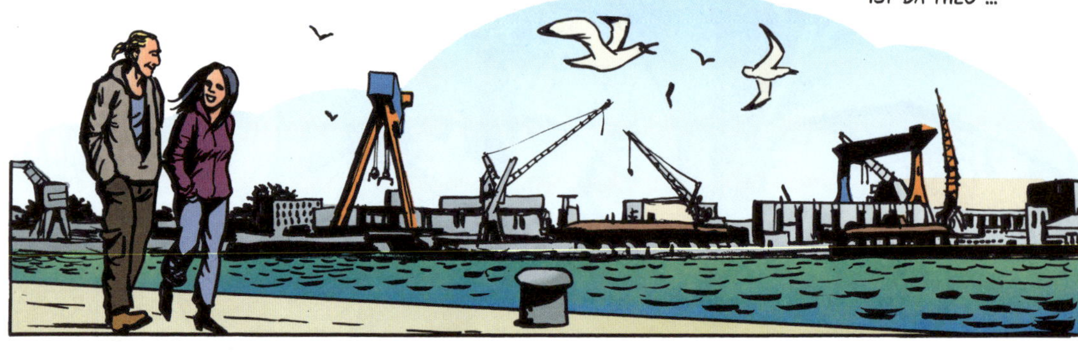
DIE SCHATTEN DEINER KINDHEIT VERSCHWINDEN SCHNELL, ALS IHR AN DER FÖRDE ENTLANG GEHT.
DER SEEWIND HAT SIE WEGGEBLASEN. UND DANN IST DA THEO ...

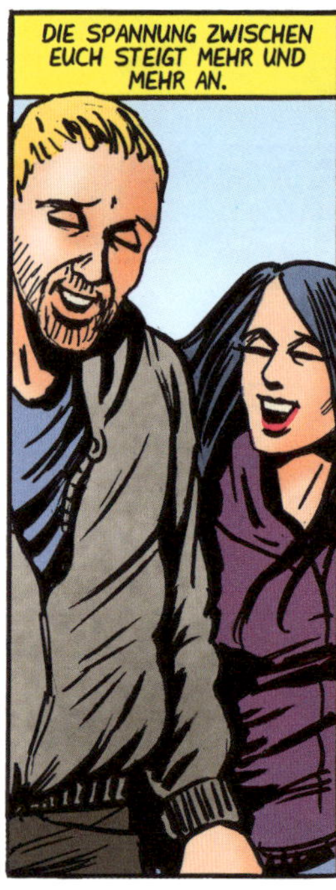
DIE SPANNUNG ZWISCHEN EUCH STEIGT MEHR UND MEHR AN.

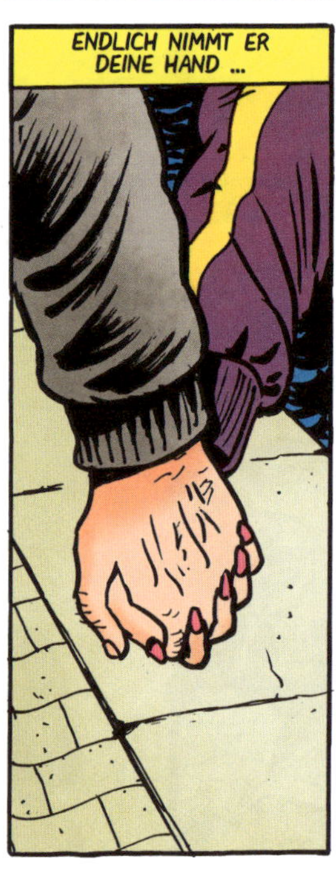
ENDLICH NIMMT ER DEINE HAND ...

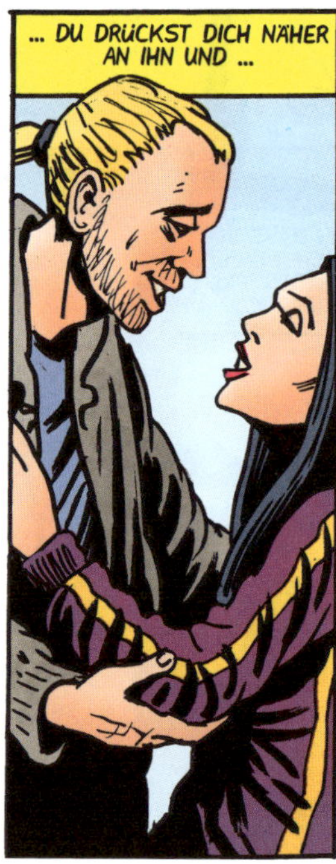
... DU DRÜCKST DICH NÄHER AN IHN UND ...

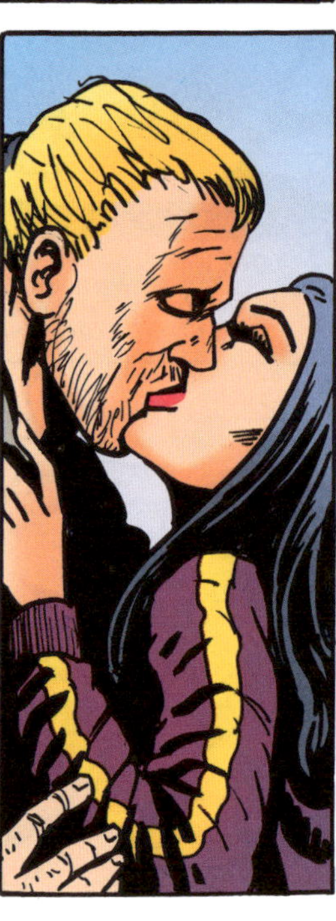

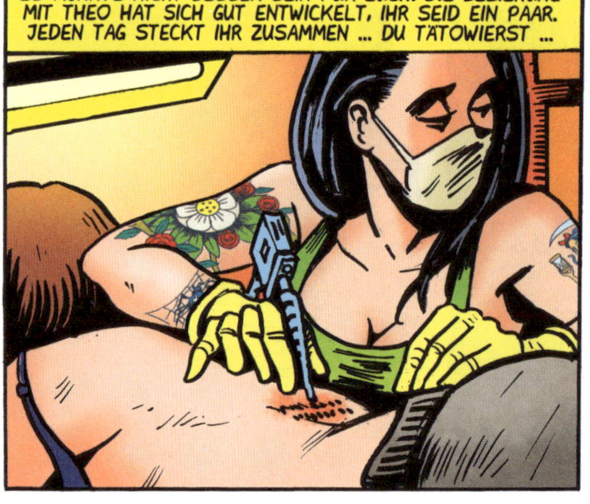
ES KÖNNTE NICHT BESSER SEIN FÜR EUCH. DIE BEZIEHUNG MIT THEO HAT SICH GUT ENTWICKELT, IHR SEID EIN PAAR. JEDEN TAG STECKT IHR ZUSAMMEN ... DU TÄTOWIERST ...

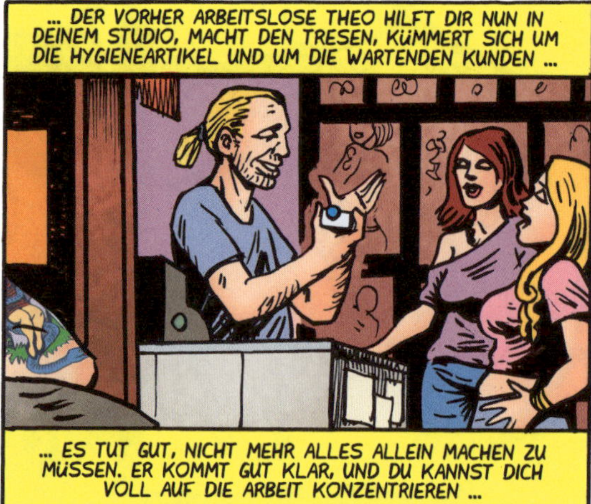
... DER VORHER ARBEITSLOSE THEO HILFT DIR NUN IN DEINEM STUDIO, MACHT DEN TRESEN, KÜMMERT SICH UM DIE HYGIENEARTIKEL UND UM DIE WARTENDEN KUNDEN ...
... ES TUT GUT, NICHT MEHR ALLES ALLEIN MACHEN ZU MÜSSEN. ER KOMMT GUT KLAR, UND DU KANNST DICH VOLL AUF DIE ARBEIT KONZENTRIEREN ...

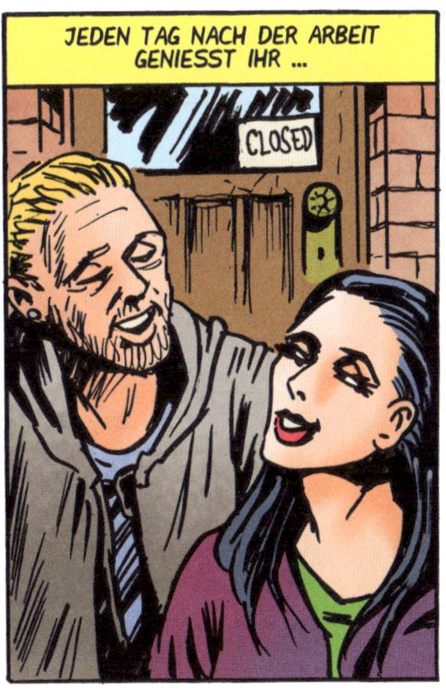
JEDEN TAG NACH DER ARBEIT GENIESST IHR ...
CLOSED

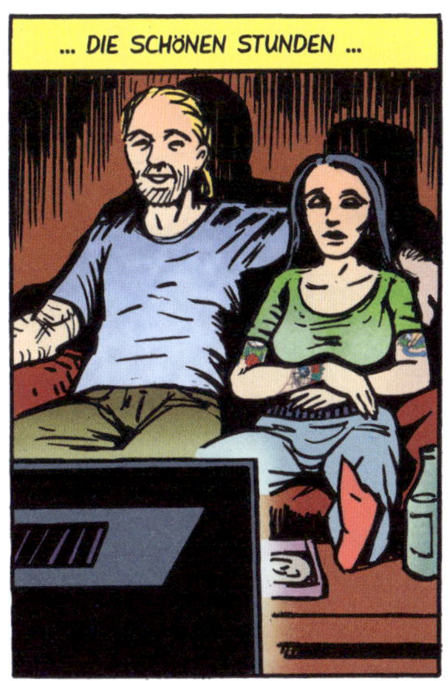
... DIE SCHÖNEN STUNDEN ...

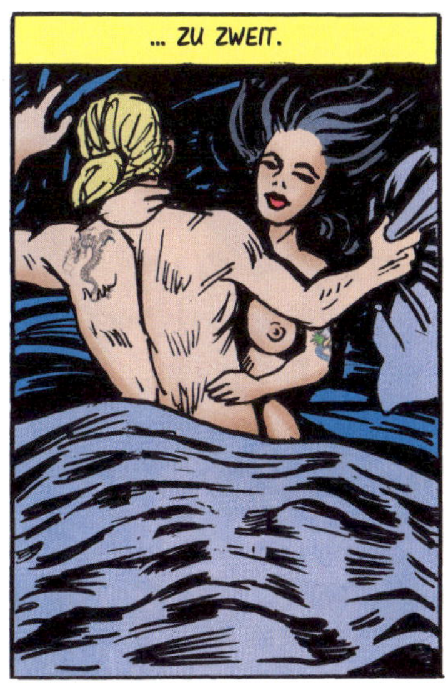
... ZU ZWEIT.

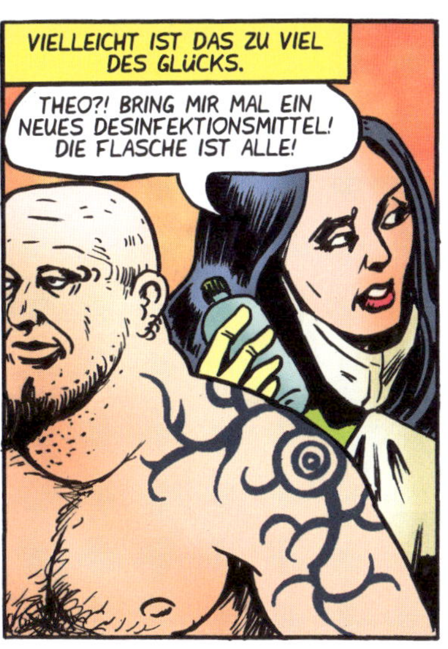
VIELLEICHT IST DAS ZU VIEL DES GLÜCKS.
THEO?! BRING MIR MAL EIN NEUES DESINFEKTIONSMITTEL! DIE FLASCHE IST ALLE!

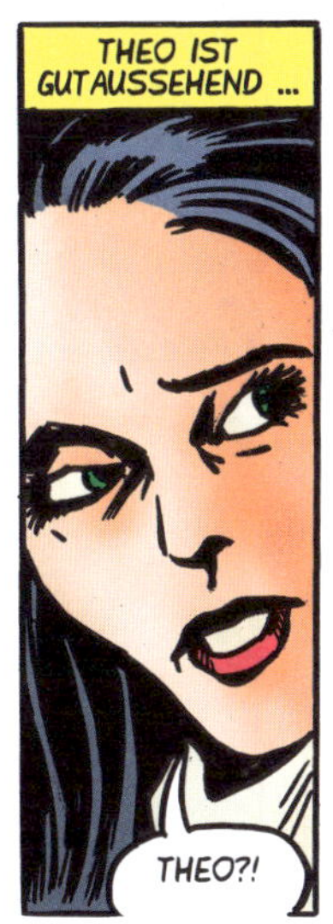
THEO IST GUTAUSSEHEND ...
THEO?!

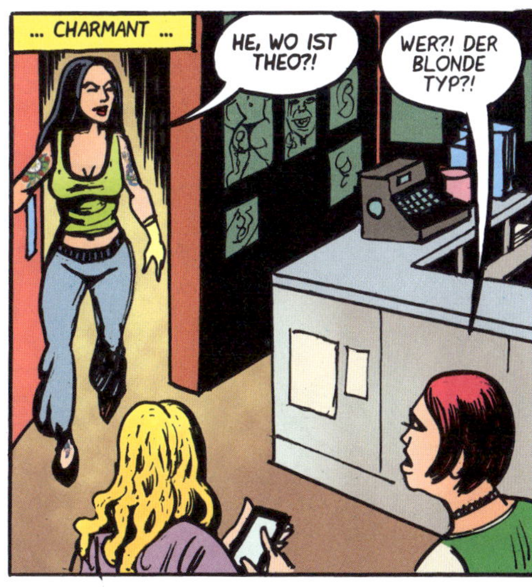
... CHARMANT ...
HE, WO IST THEO?!
WER?! DER BLONDE TYP?!

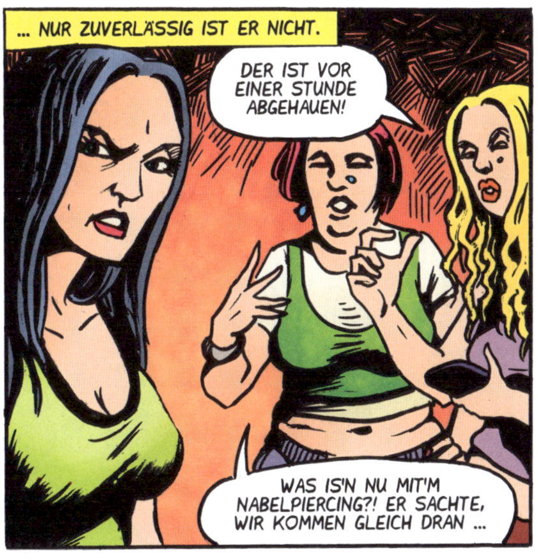
... NUR ZUVERLÄSSIG IST ER NICHT.
DER IST VOR EINER STUNDE ABGEHAUEN!
WAS IS'N NU MIT'M NABELPIERCING?! ER SACHTE, WIR KOMMEN GLEICH DRAN ...

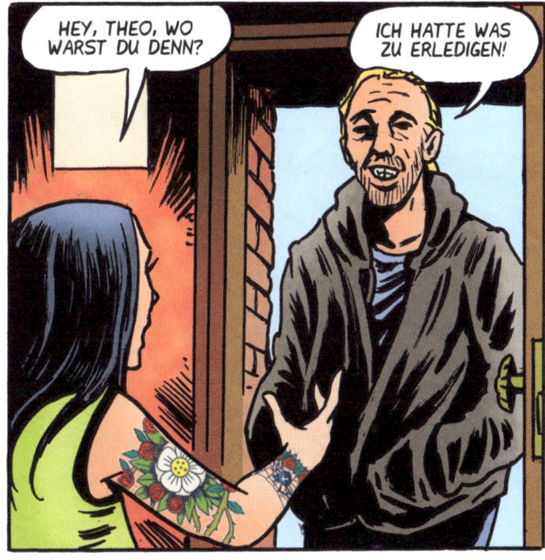
HEY, THEO, WO WARST DU DENN?
ICH HATTE WAS ZU ERLEDIGEN!

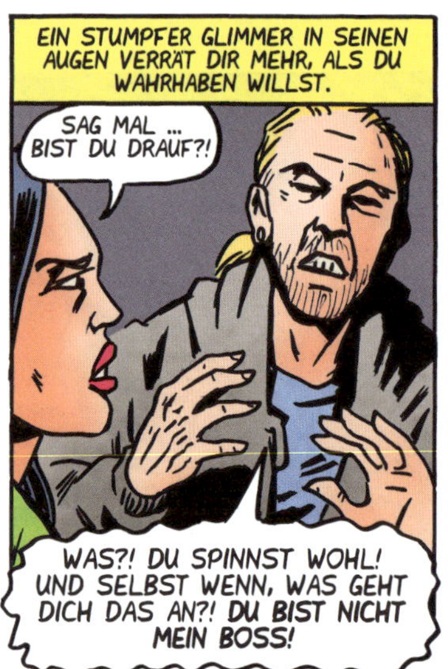
EIN STUMPFER GLIMMER IN SEINEN AUGEN VERRÄT DIR MEHR, ALS DU WAHRHABEN WILLST.
SAG MAL ... BIST DU DRAUF?!
WAS?! DU SPINNST WOHL! UND SELBST WENN, WAS GEHT DICH DAS AN?! DU BIST NICHT MEIN BOSS!

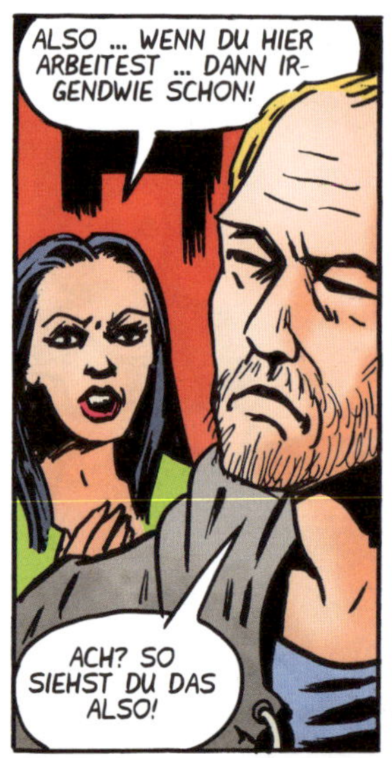
ALSO ... WENN DU HIER ARBEITEST ... DANN IRGENDWIE SCHON!
ACH? SO SIEHST DU DAS ALSO!

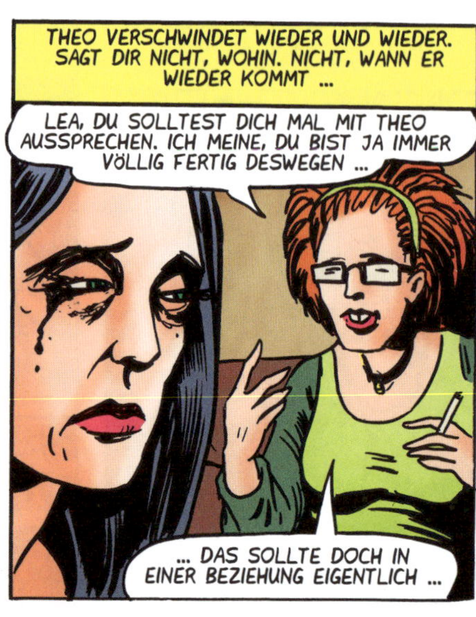
THEO VERSCHWINDET WIEDER UND WIEDER. SAGT DIR NICHT, WOHIN. NICHT, WANN ER WIEDER KOMMT ...
LEA, DU SOLLTEST DICH MAL MIT THEO AUSSPRECHEN. ICH MEINE, DU BIST JA IMMER VÖLLIG FERTIG DESWEGEN ...
... DAS SOLLTE DOCH IN EINER BEZIEHUNG EIGENTLICH ...

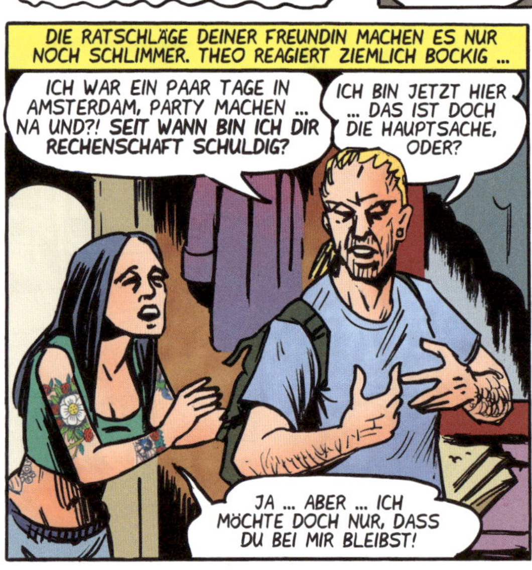
DIE RATSCHLÄGE DEINER FREUNDIN MACHEN ES NUR NOCH SCHLIMMER. THEO REAGIERT ZIEMLICH BOCKIG ...
ICH WAR EIN PAAR TAGE IN AMSTERDAM, PARTY MACHEN ... NA UND?! SEIT WANN BIN ICH DIR RECHENSCHAFT SCHULDIG?
ICH BIN JETZT HIER ... DAS IST DOCH DIE HAUPTSACHE, ODER?
JA ... ABER ... ICH MÖCHTE DOCH NUR, DASS DU BEI MIR BLEIBST!

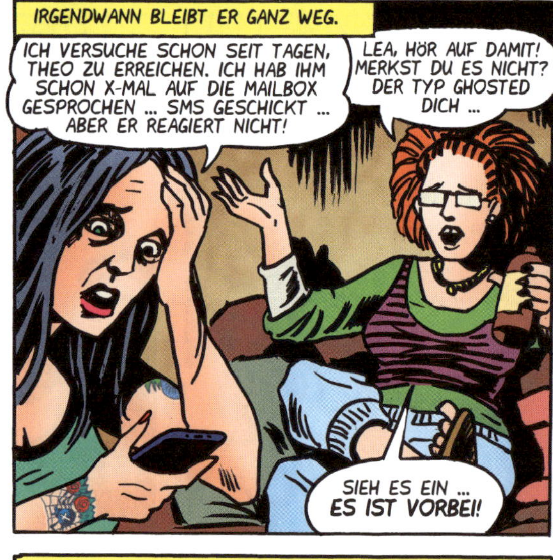
IRGENDWANN BLEIBT ER GANZ WEG.
ICH VERSUCHE SCHON SEIT TAGEN, THEO ZU ERREICHEN. ICH HAB IHM SCHON X-MAL AUF DIE MAILBOX GESPROCHEN ... SMS GESCHICKT ... ABER ER REAGIERT NICHT!
LEA, HÖR AUF DAMIT! MERKST DU ES NICHT? DER TYP GHOSTED DICH ...
SIEH ES EIN ... ES IST VORBEI!

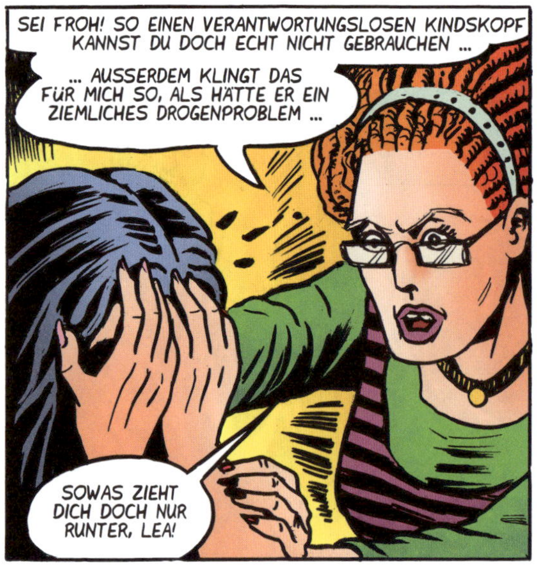
SEI FROH! SO EINEN VERANTWORTUNGSLOSEN KINDSKOPF KANNST DU DOCH ECHT NICHT GEBRAUCHEN ...
... AUSSERDEM KLINGT DAS FÜR MICH SO, ALS HÄTTE ER EIN ZIEMLICHES DROGENPROBLEM ...
SOWAS ZIEHT DICH DOCH NUR RUNTER, LEA!

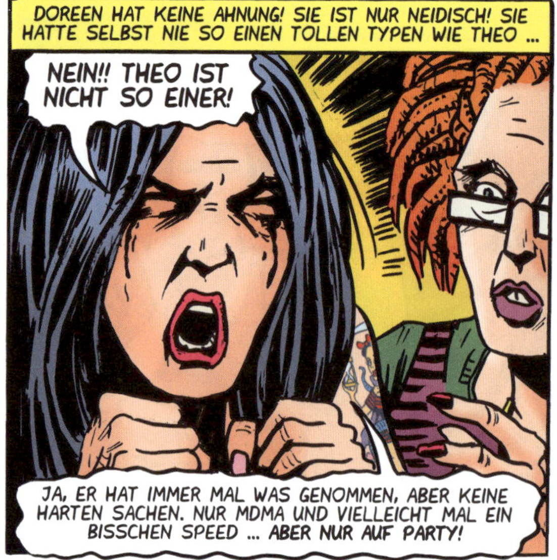
DOREEN HAT KEINE AHNUNG! SIE IST NUR NEIDISCH! SIE HATTE SELBST NIE SO EINEN TOLLEN TYPEN WIE THEO ...
NEIN!! THEO IST NICHT SO EINER!
JA, ER HAT IMMER MAL WAS GENOMMEN, ABER KEINE HARTEN SACHEN. NUR MDMA UND VIELLEICHT MAL EIN BISSCHEN SPEED ... ABER NUR AUF PARTY!

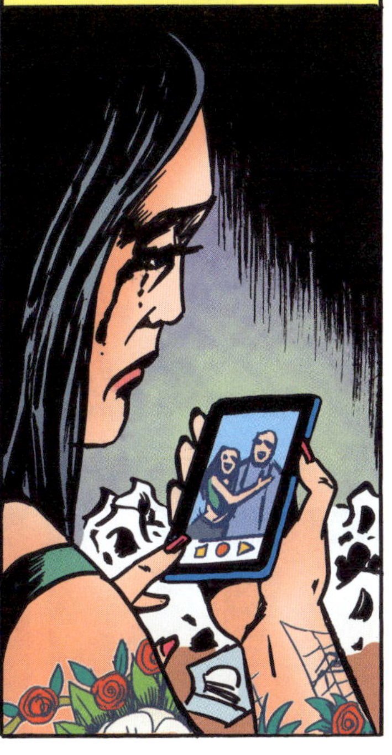
DU KANNST ES NICHT FASSEN, DU WILLST ES NICHT GLAUBEN. ALLE DEINE GLIEDER SIND WIE GELÄHMT. IN DIR IST EINE SCHWERE, DIE DIR DEN ATEM RAUBT ... ER FEHLT DIR SO SEHR.

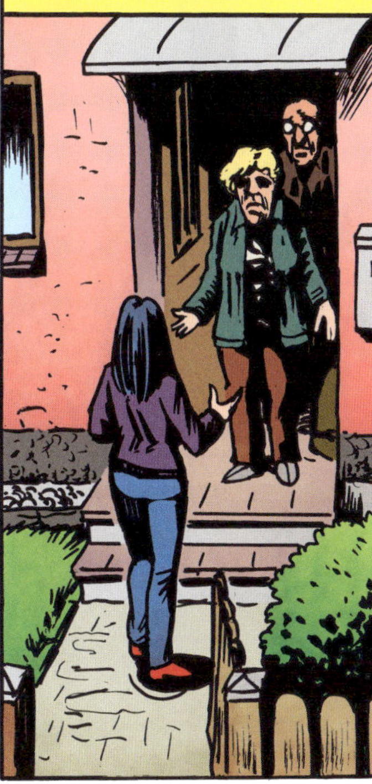
DU HAST SEINE ELTERN AUSFINDIG GEMACHT, UND DIE HABEN ES DIR GESAGT. THEO KONNTE NICHTS DAFÜR.

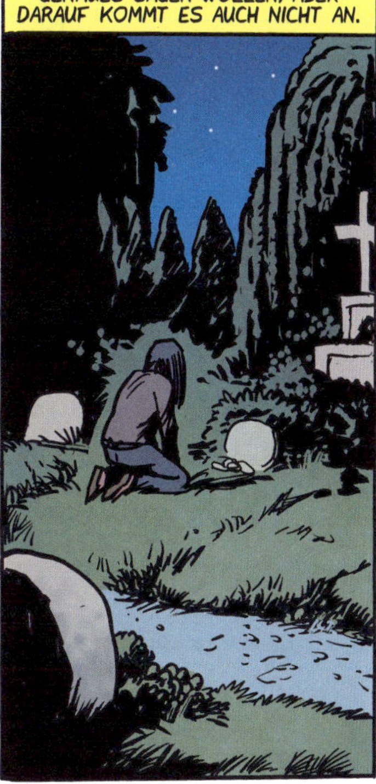
ALS DU IHM NOCH SMS GESCHICKT HAST, LAG ER SCHON UNTER DER ERDE. DIE ELTERN HABEN DIR NICHTS GENAUES SAGEN WOLLEN, ABER DARAUF KOMMT ES AUCH NICHT AN.

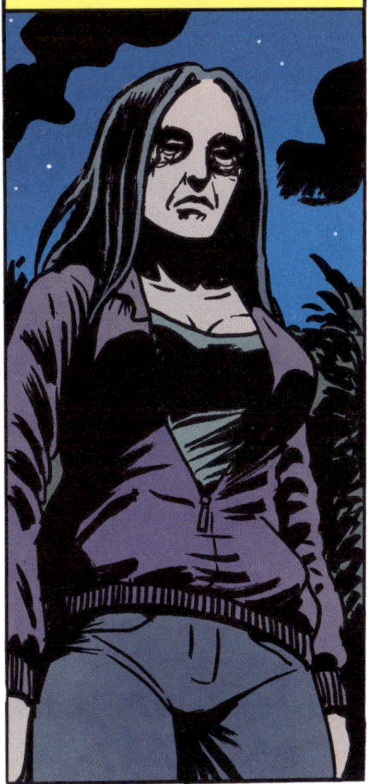
DU HAST ES GEWUSST. ER WOLLTE DICH NICHT ALLEINE LASSEN, DOCH EIN UNGNÄDIGES SCHICKSAL HATTE ETWAS ANDERES IM SINN.

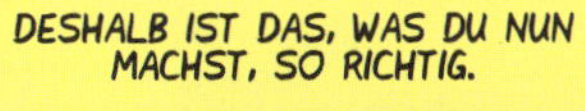
DESHALB IST DAS, WAS DU NUN MACHST, SO RICHTIG.

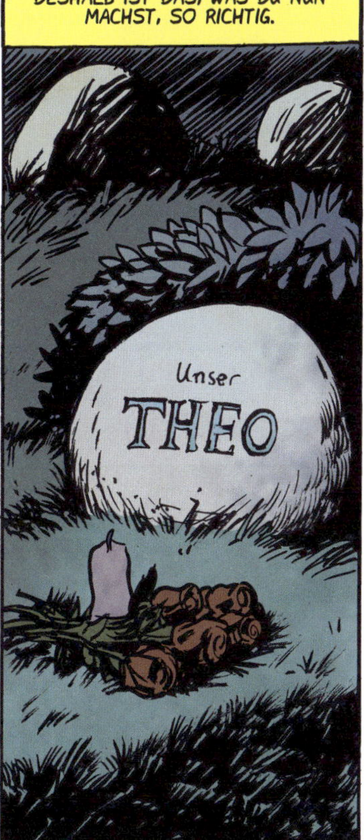
Unser
THEO

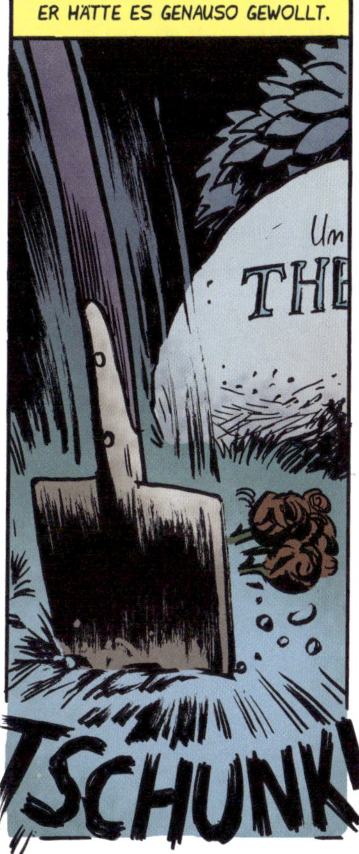
ER HÄTTE ES GENAUSO GEWOLLT.
TSCHUNK!

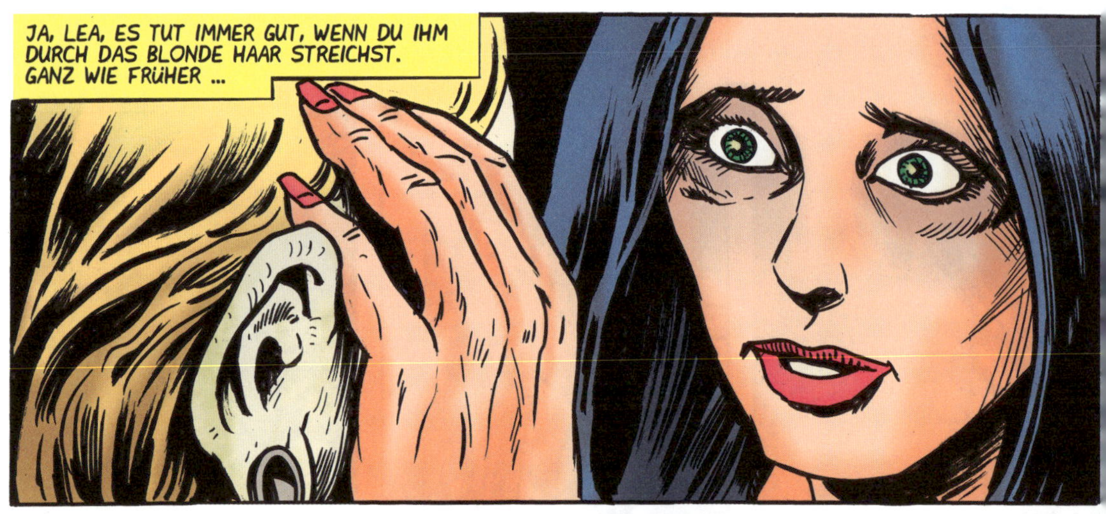

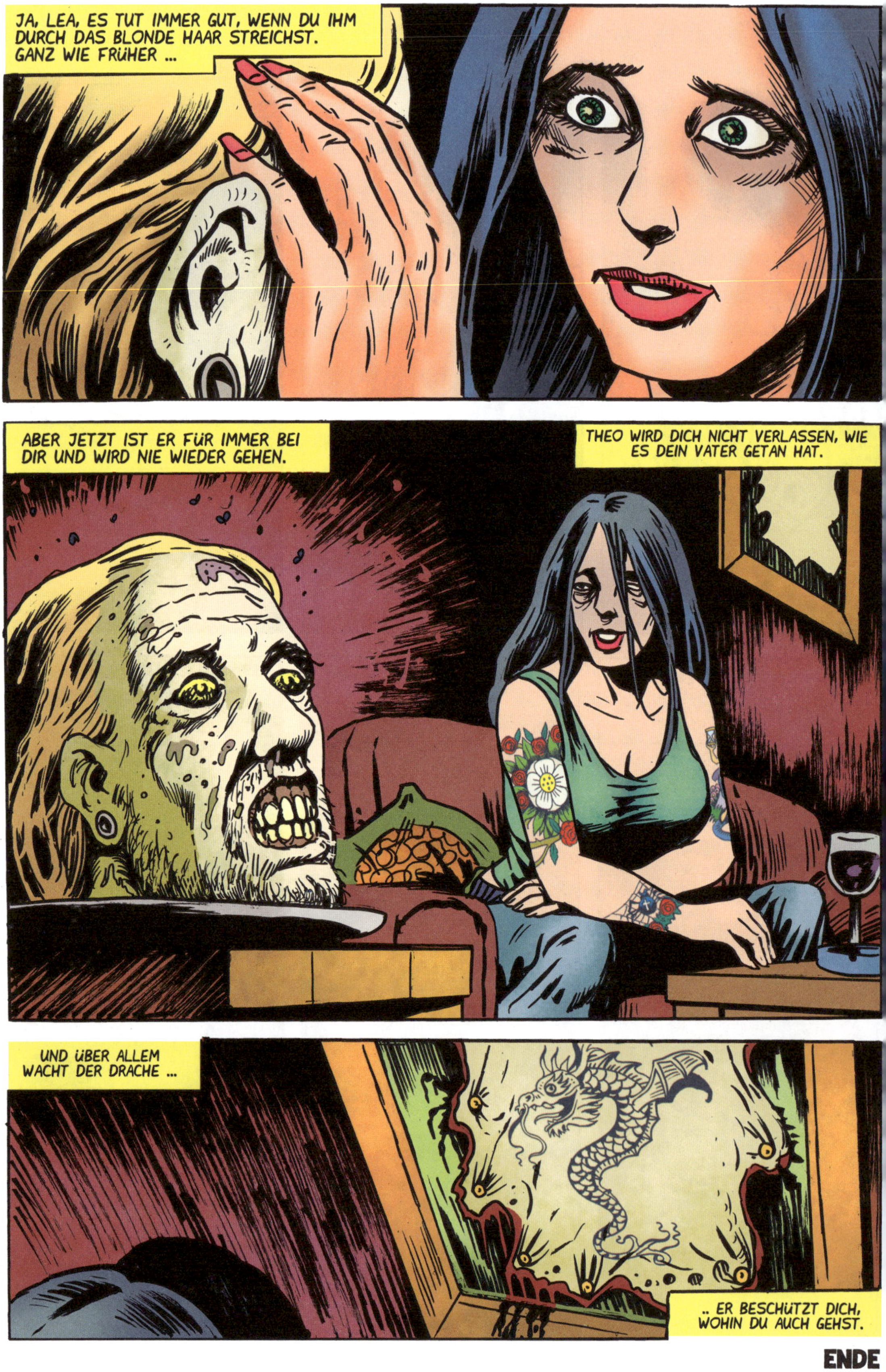

ABER JETZT IST ER FÜR IMMER BEI DIR UND WIRD NIE WIEDER GEHEN.

THEO WIRD DICH NICHT VERLASSEN, WIE ES DEIN VATER GETAN HAT.

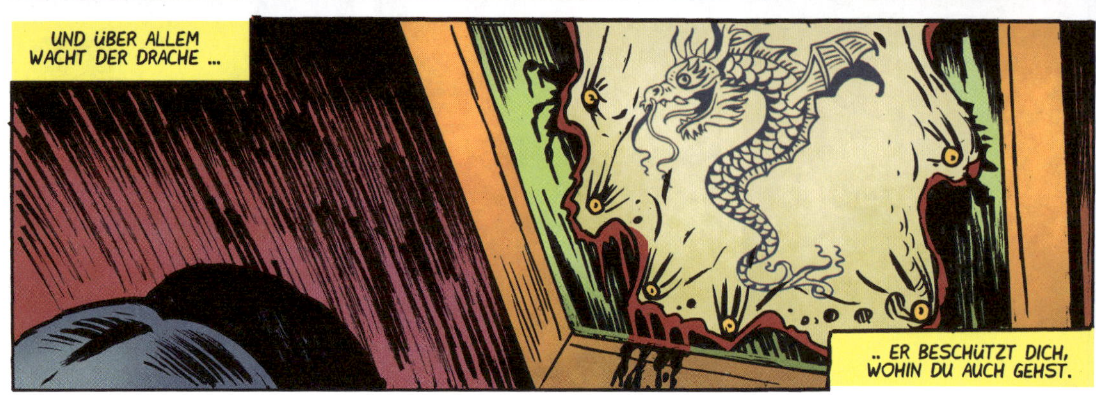

ENDE

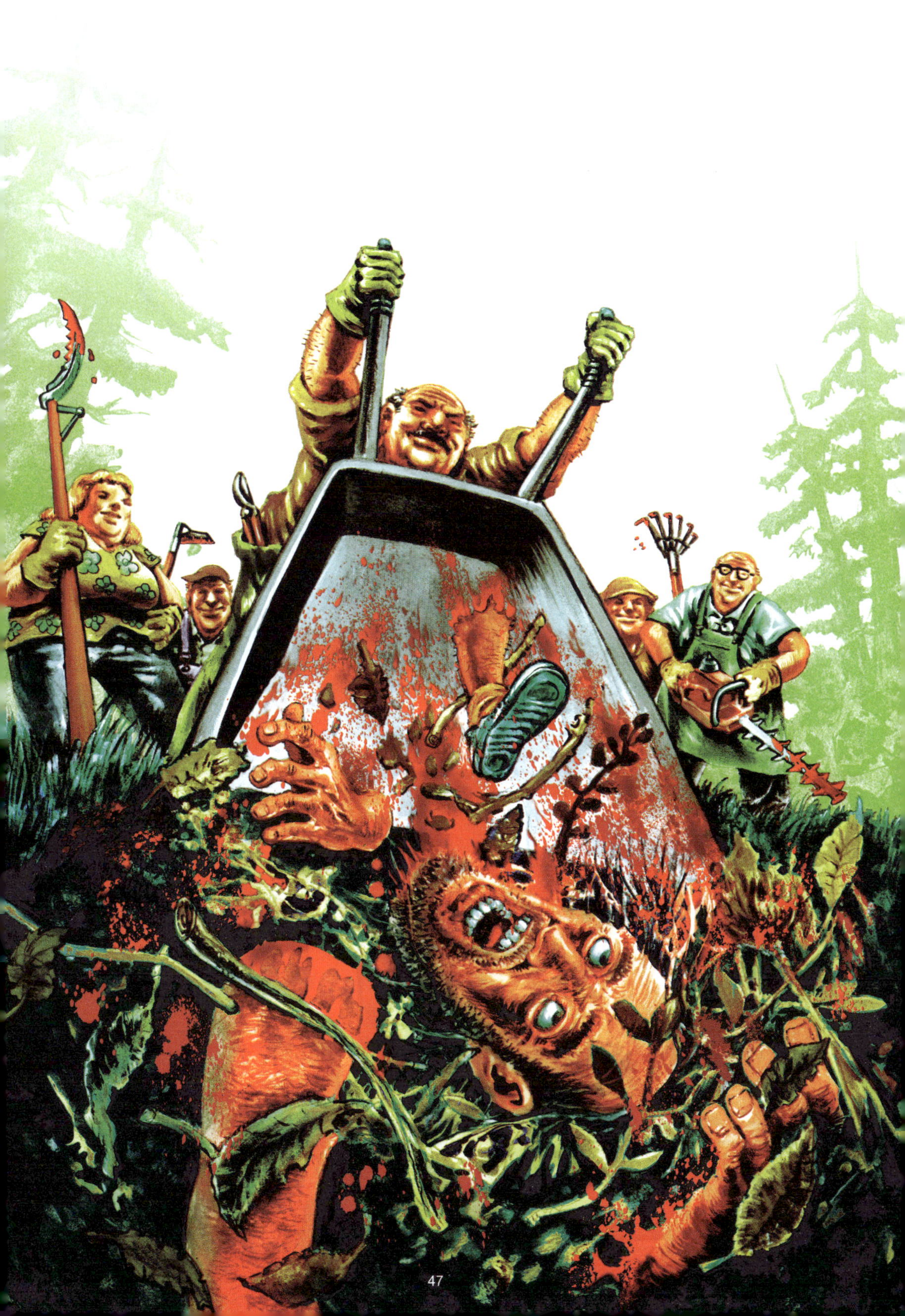

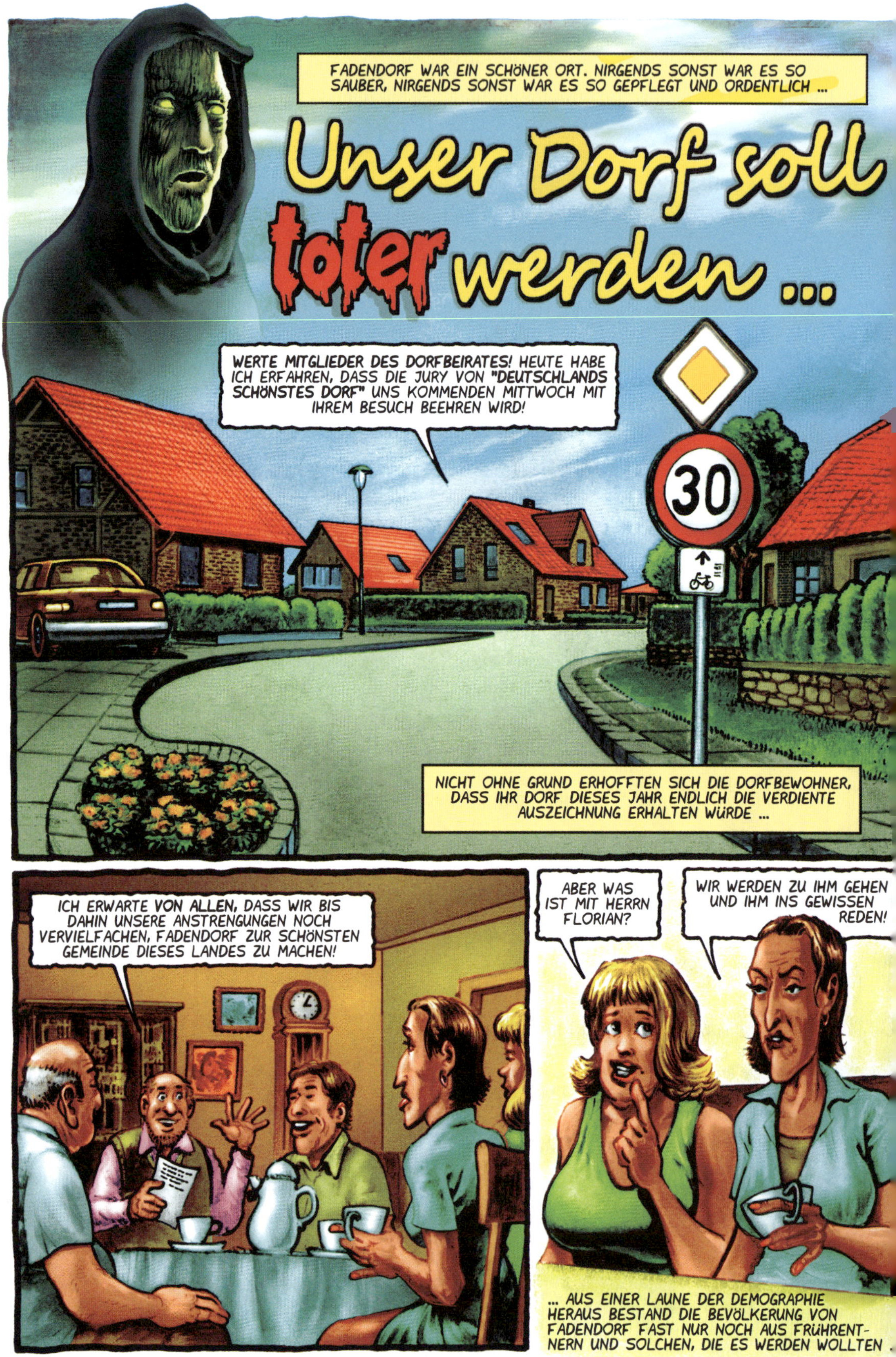

FADENDORF WAR EIN SCHÖNER ORT. NIRGENDS SONST WAR ES SO SAUBER, NIRGENDS SONST WAR ES SO GEPFLEGT UND ORDENTLICH ...

Unser Dorf soll toter werden ...

WERTE MITGLIEDER DES DORFBEIRATES! HEUTE HABE ICH ERFAHREN, DASS DIE JURY VON "DEUTSCHLANDS SCHÖNSTES DORF" UNS KOMMENDEN MITTWOCH MIT IHREM BESUCH BEEHREN WIRD!

30

NICHT OHNE GRUND ERHOFFTEN SICH DIE DORFBEWOHNER, DASS IHR DORF DIESES JAHR ENDLICH DIE VERDIENTE AUSZEICHNUNG ERHALTEN WÜRDE ...

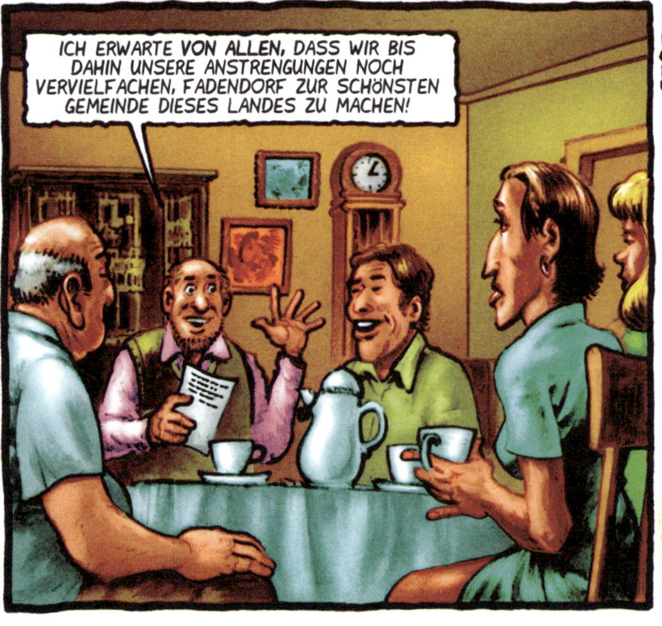

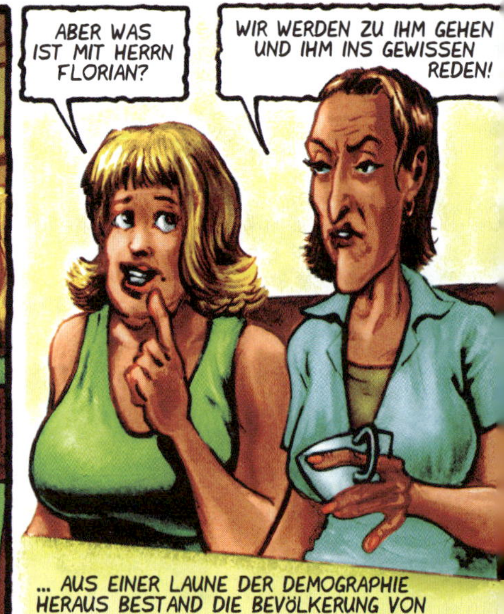

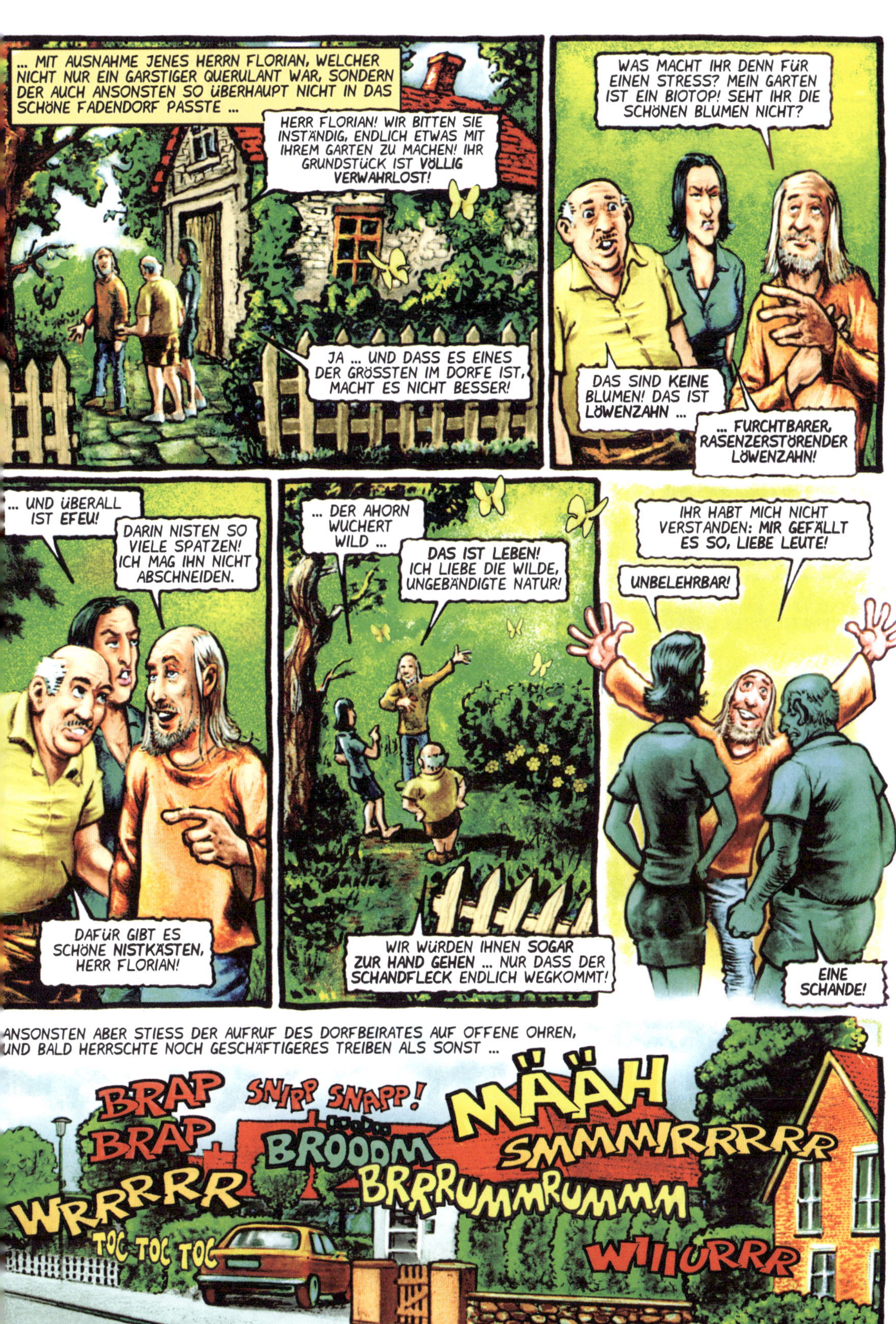

... MIT AUSNAHME JENES HERRN FLORIAN, WELCHER NICHT NUR EIN GARSTIGER QUERULANT WAR, SONDERN DER AUCH ANSONSTEN SO ÜBERHAUPT NICHT IN DAS SCHÖNE FADENDORF PASSTE ...
HERR FLORIAN! WIR BITTEN SIE INSTÄNDIG, ENDLICH ETWAS MIT IHREM GARTEN ZU MACHEN! IHR GRUNDSTÜCK IST VÖLLIG VERWAHRLOST!
JA ... UND DASS ES EINES DER GRÖSSTEN IM DORFE IST, MACHT ES NICHT BESSER!
WAS MACHT IHR DENN FÜR EINEN STRESS? MEIN GARTEN IST EIN BIOTOP! SEHT IHR DIE SCHÖNEN BLUMEN NICHT?
DAS SIND KEINE BLUMEN! DAS IST LÖWENZAHN ...
... FURCHTBARER, RASENZERSTÖRENDER LÖWENZAHN!
... UND ÜBERALL IST EFEU!
DARIN NISTEN SO VIELE SPATZEN! ICH MAG IHN NICHT ABSCHNEIDEN.
DAFÜR GIBT ES SCHÖNE NISTKÄSTEN, HERR FLORIAN!
... DER AHORN WUCHERT WILD ...
DAS IST LEBEN! ICH LIEBE DIE WILDE, UNGEBÄNDIGTE NATUR!
WIR WÜRDEN IHNEN SOGAR ZUR HAND GEHEN ... NUR DASS DER SCHANDFLECK ENDLICH WEGKOMMT!
IHR HABT MICH NICHT VERSTANDEN: MIR GEFÄLLT ES SO, LIEBE LEUTE!
UNBELEHRBAR!
EINE SCHANDE!
ANSONSTEN ABER STIESS DER AUFRUF DES DORFBEIRATES AUF OFFENE OHREN, UND BALD HERRSCHTE NOCH GESCHÄFTIGERES TREIBEN ALS SONST ...
BRAP BRAP
SNIPP SNAPP!
MÄÄH
SMMMRRRRRR
BROOOM
WRRRRR
BRRRUMMRUMMM
TOC TOC TOC
WIIIURRR

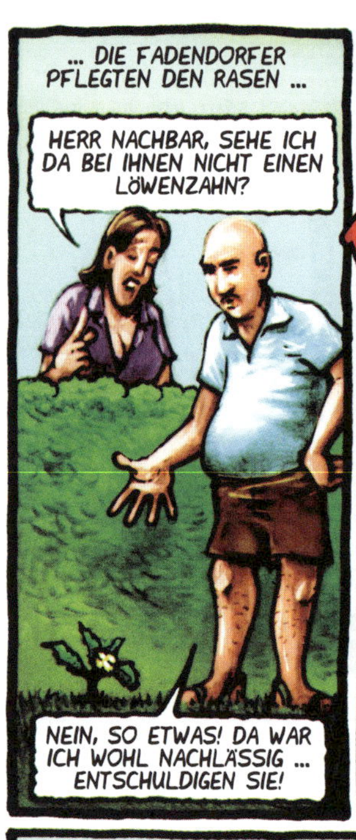
... DIE FADENDORFER PFLEGTEN DEN RASEN ...
HERR NACHBAR, SEHE ICH DA BEI IHNEN NICHT EINEN LÖWENZAHN?
NEIN, SO ETWAS! DA WAR ICH WOHL NACHLÄSSIG ... ENTSCHULDIGEN SIE!

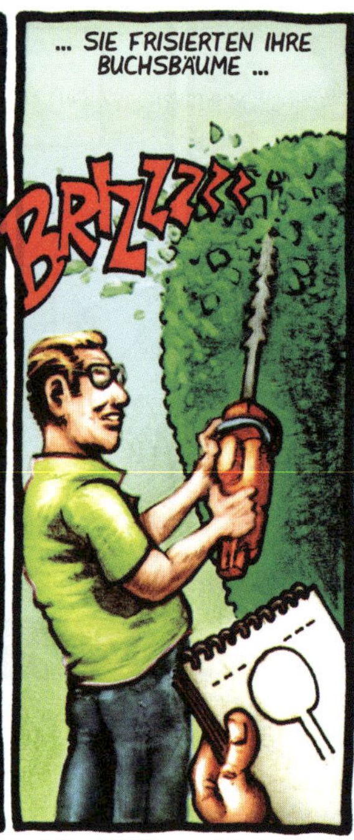
... SIE FRISIERTEN IHRE BUCHSBÄUME ...
BRRZZZZZ

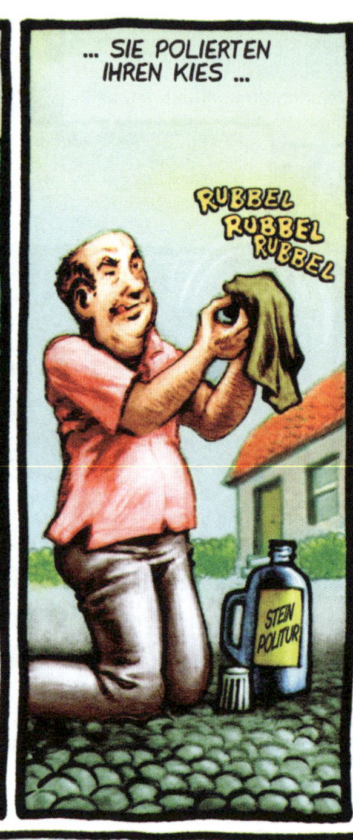
... SIE POLIERTEN IHREN KIES ...
RUBBEL RUBBEL RUBBEL
STEIN POLITUR

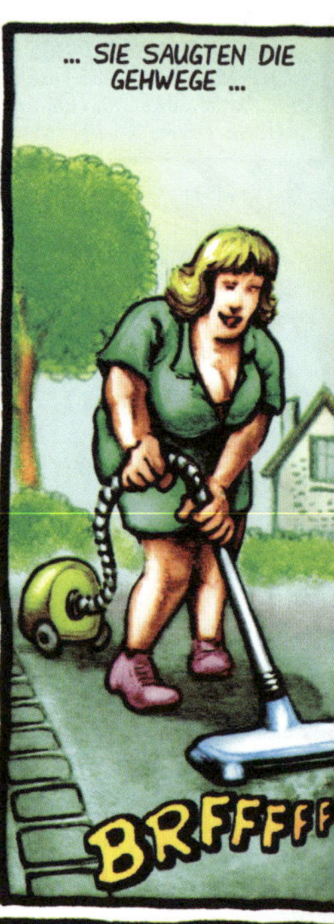
... SIE SAUGTEN DIE GEHWEGE ...
BRFFFFF

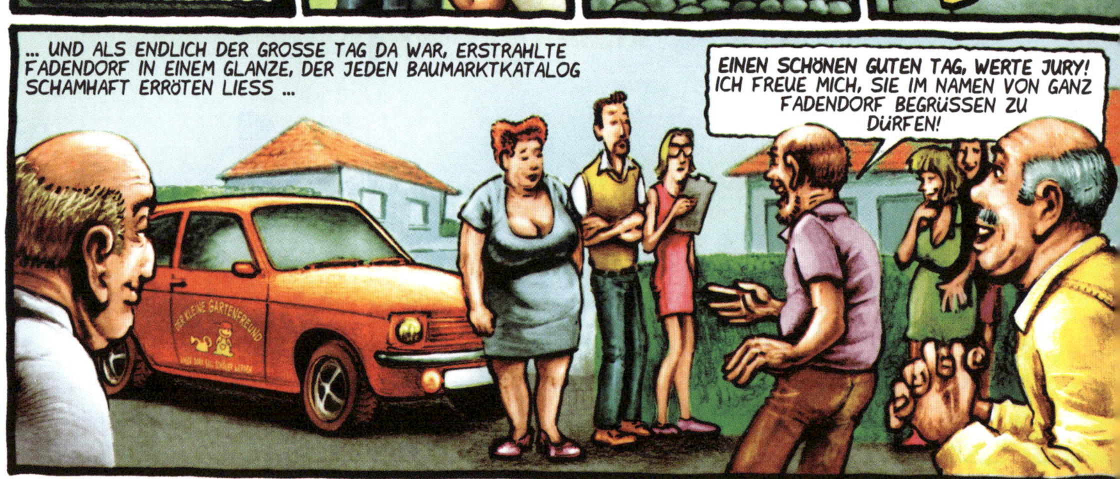
... UND ALS ENDLICH DER GROSSE TAG DA WAR, ERSTRAHLTE FADENDORF IN EINEM GLANZE, DER JEDEN BAUMARKTKATALOG SCHAMHAFT ERRÖTEN LIESS ...
EINEN SCHÖNEN GUTEN TAG, WERTE JURY! ICH FREUE MICH, SIE IM NAMEN VON GANZ FADENDORF BEGRÜSSEN ZU DÜRFEN!
DER KLEINE GARTENFREUND

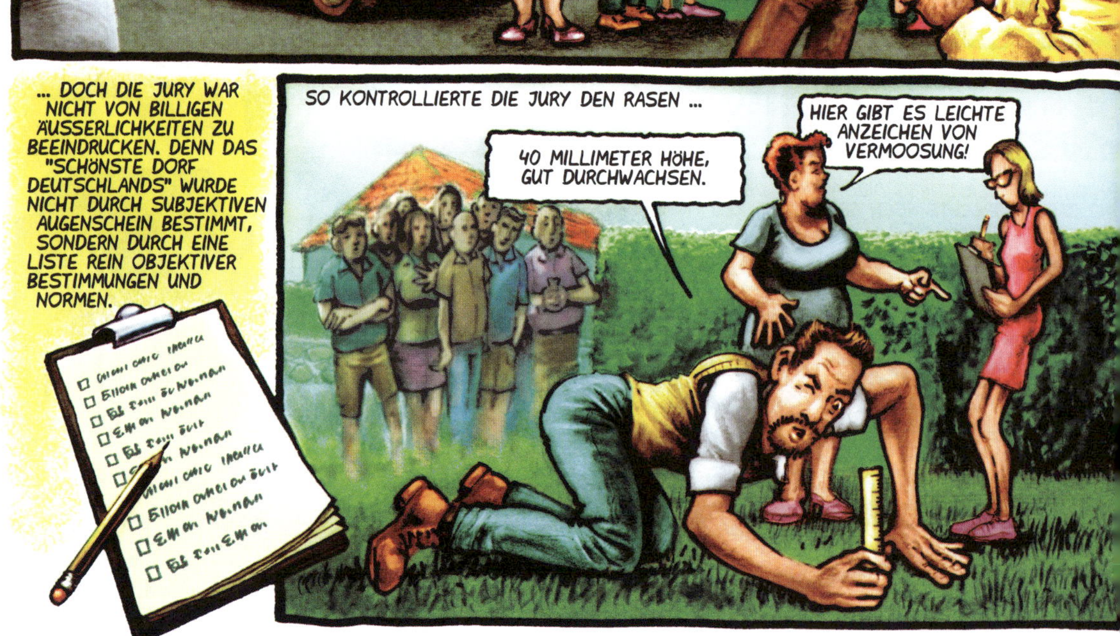
... DOCH DIE JURY WAR NICHT VON BILLIGEN ÄUSSERLICHKEITEN ZU BEEINDRUCKEN. DENN DAS "SCHÖNSTE DORF DEUTSCHLANDS" WURDE NICHT DURCH SUBJEKTIVEN AUGENSCHEIN BESTIMMT, SONDERN DURCH EINE LISTE REIN OBJEKTIVER BESTIMMUNGEN UND NORMEN.
SO KONTROLLIERTE DIE JURY DEN RASEN ...
40 MILLIMETER HÖHE, GUT DURCHWACHSEN.
HIER GIBT ES LEICHTE ANZEICHEN VON VERMOOSUNG!

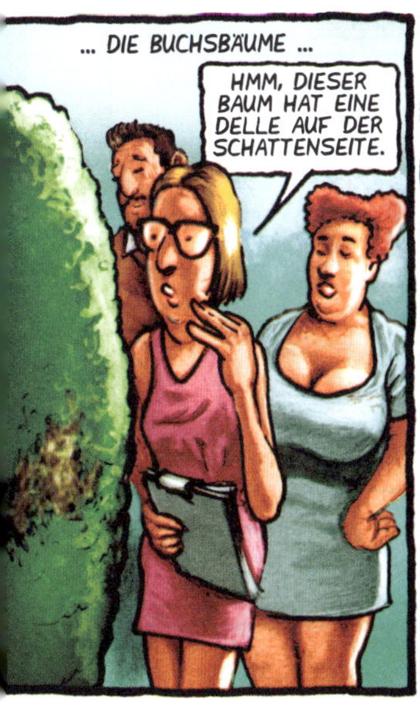
... DIE BUCHSBÄUME ...
HMM, DIESER BAUM HAT EINE DELLE AUF DER SCHATTENSEITE.

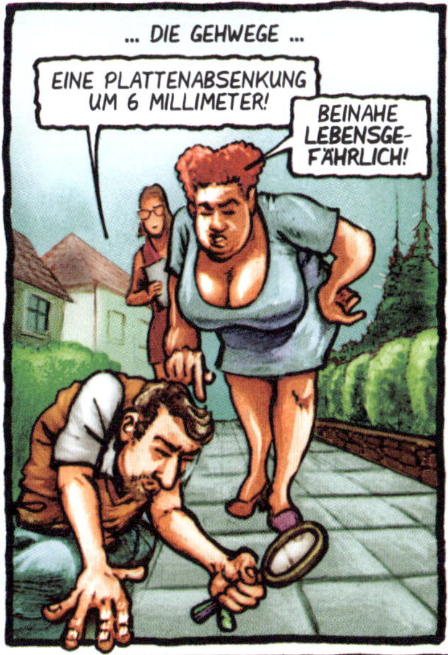
... DIE GEHWEGE ...
EINE PLATTENABSENKUNG UM 6 MILLIMETER!
BEINAHE LEBENSGE-FÄHRLICH!

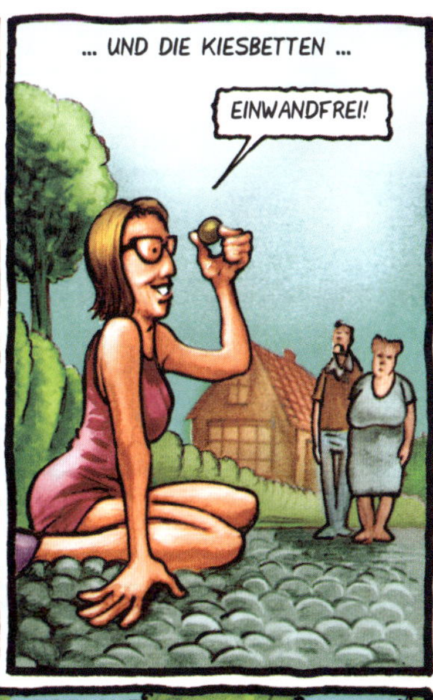
... UND DIE KIESBETTEN ...
EINWANDFREI!

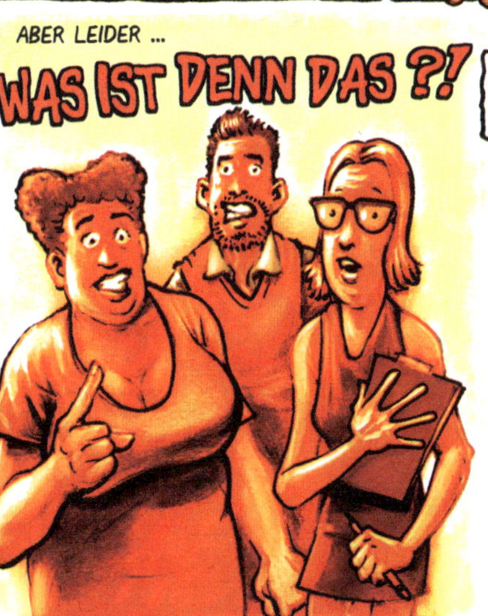
ABER LEIDER ...
WAS IST DENN DAS ?!

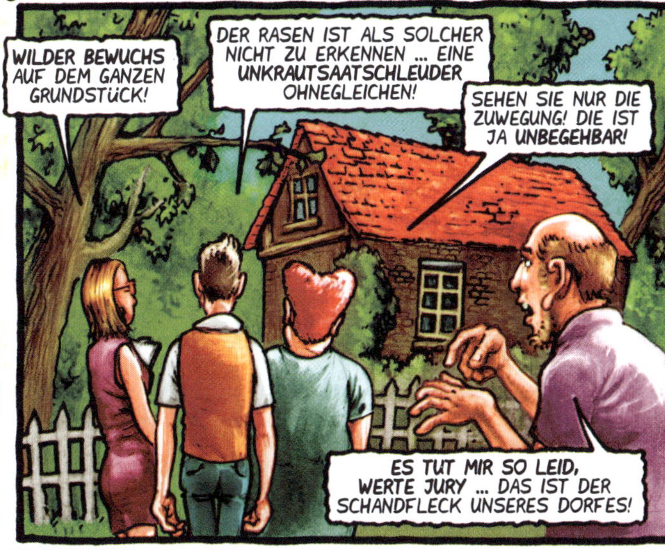
WILDER BEWUCHS AUF DEM GANZEN GRUNDSTÜCK!
DER RASEN IST ALS SOLCHER NICHT ZU ERKENNEN ... EINE UNKRAUTSAATSCHLEUDER OHNEGLEICHEN!
SEHEN SIE NUR DIE ZUWEGUNG! DIE IST JA UNBEGEHBAR!
ES TUT MIR SO LEID, WERTE JURY ... DAS IST DER SCHANDFLECK UNSERES DORFES!

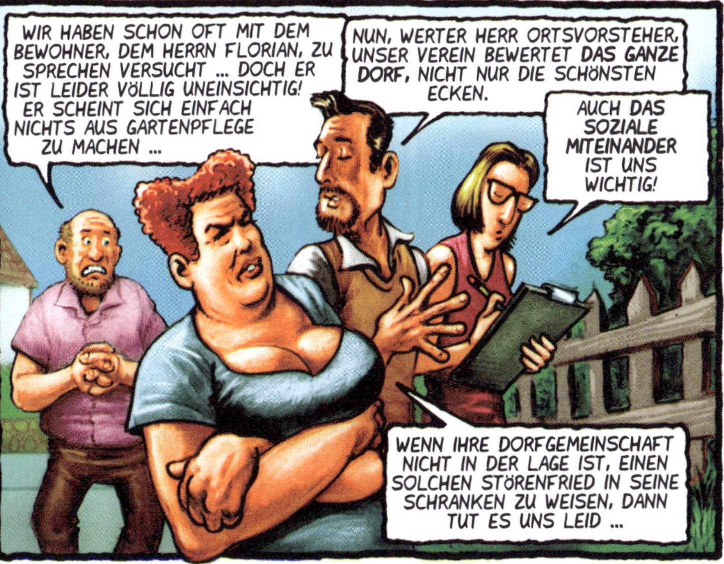
WIR HABEN SCHON OFT MIT DEM BEWOHNER, DEM HERRN FLORIAN, ZU SPRECHEN VERSUCHT ... DOCH ER IST LEIDER VÖLLIG UNEINSICHTIG! ER SCHEINT SICH EINFACH NICHTS AUS GARTENPFLEGE ZU MACHEN ...
NUN, WERTER HERR ORTSVORSTEHER, UNSER VEREIN BEWERTET DAS GANZE DORF, NICHT NUR DIE SCHÖNSTEN ECKEN.
AUCH DAS SOZIALE MITEINANDER IST UNS WICHTIG!
WENN IHRE DORFGEMEINSCHAFT NICHT IN DER LAGE IST, EINEN SOLCHEN STÖRENFRIED IN SEINE SCHRANKEN ZU WEISEN, DANN TUT ES UNS LEID ...

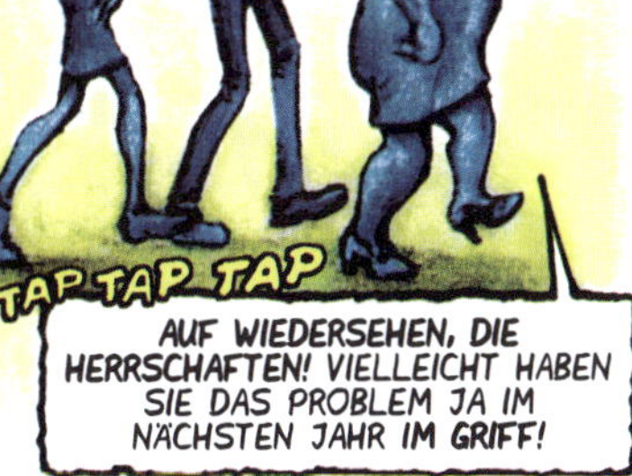
MIT SO EINEM SCHANDFLECK BRAUCHEN WIR SIE GAR NICHT ERST IN UNSERE KANDIDATENLISTE AUFZUNEHMEN!
TAP TAP TAP
AUF WIEDERSEHEN, DIE HERRSCHAFTEN! VIELLEICHT HABEN SIE DAS PROBLEM JA IM NÄCHSTEN JAHR IM GRIFF!

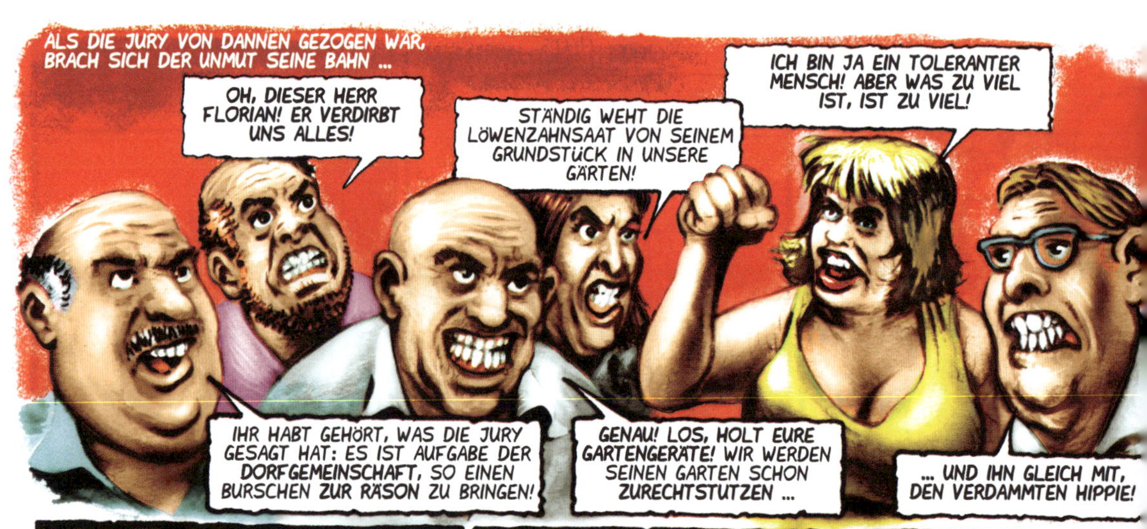
ALS DIE JURY VON DANNEN GEZOGEN WAR, BRACH SICH DER UNMUT SEINE BAHN ...
OH, DIESER HERR FLORIAN! ER VERDIRBT UNS ALLES!
STÄNDIG WEHT DIE LÖWENZAHNSAAT VON SEINEM GRUNDSTÜCK IN UNSERE GÄRTEN!
ICH BIN JA EIN TOLERANTER MENSCH! ABER WAS ZU VIEL IST, IST ZU VIEL!
IHR HABT GEHÖRT, WAS DIE JURY GESAGT HAT: ES IST AUFGABE DER DORFGEMEINSCHAFT, SO EINEN BURSCHEN ZUR RÄSON ZU BRINGEN!
GENAU! LOS, HOLT EURE GARTENGERÄTE! WIR WERDEN SEINEN GARTEN SCHON ZURECHTSTUTZEN ...
... UND IHN GLEICH MIT, DEN VERDAMMTEN HIPPIE!

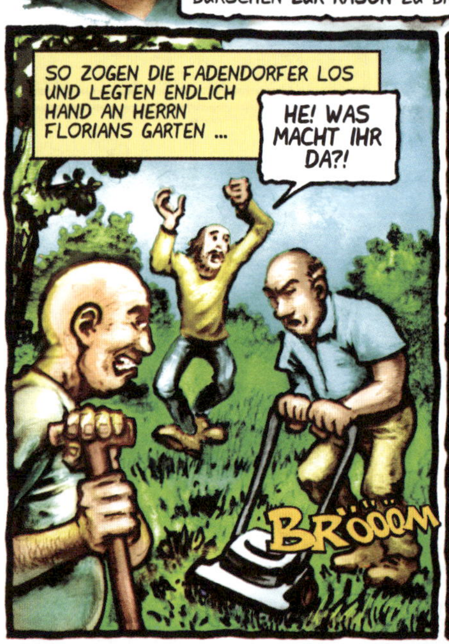
SO ZOGEN DIE FADENDORFER LOS UND LEGTEN ENDLICH HAND AN HERRN FLORIANS GARTEN ...
HE! WAS MACHT IHR DA?!
BRÖÖOM

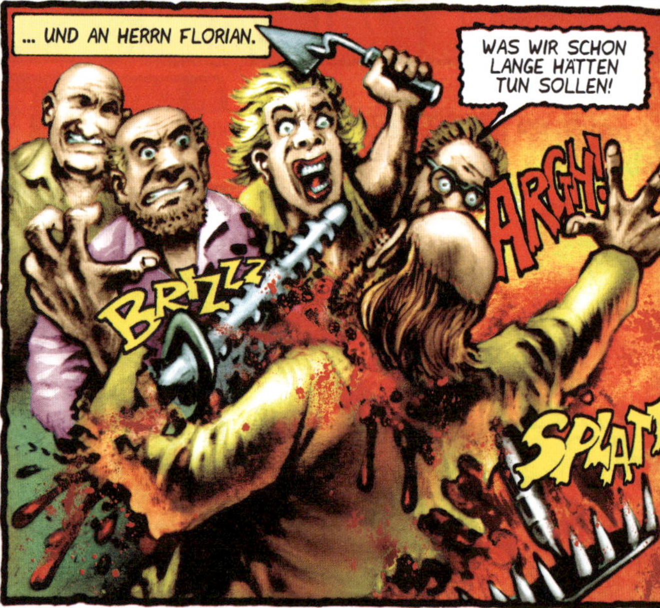
... UND AN HERRN FLORIAN.
WAS WIR SCHON LANGE HÄTTEN TUN SOLLEN!
ARGH!
BRIZZZ
SPLATT

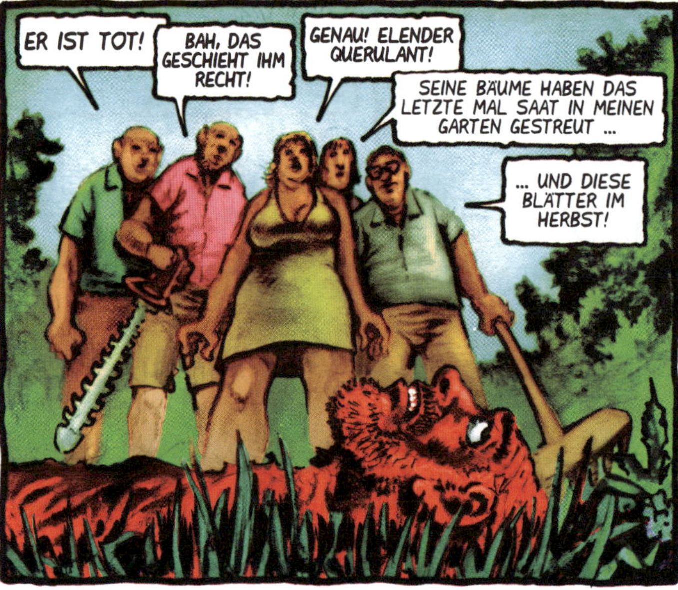
ER IST TOT!
BAH, DAS GESCHIEHT IHM RECHT!
GENAU! ELENDER QUERULANT!
SEINE BÄUME HABEN DAS LETZTE MAL SAAT IN MEINEN GARTEN GESTREUT ...
... UND DIESE BLÄTTER IM HERBST!

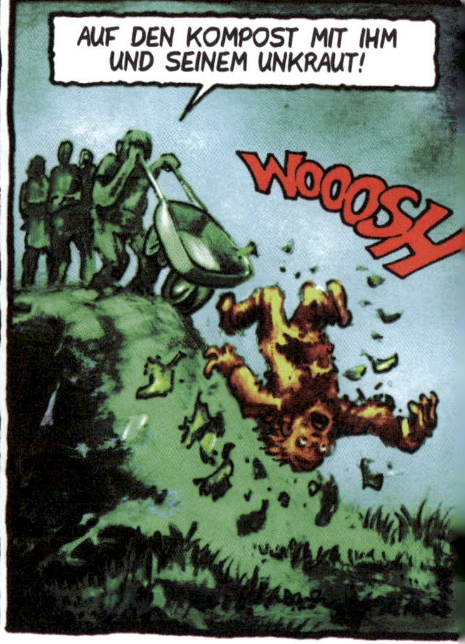
AUF DEN KOMPOST MIT IHM UND SEINEM UNKRAUT!
WOOOSH

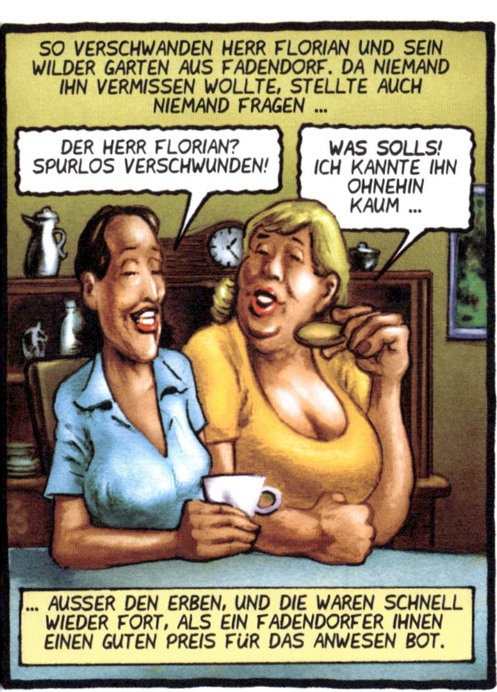

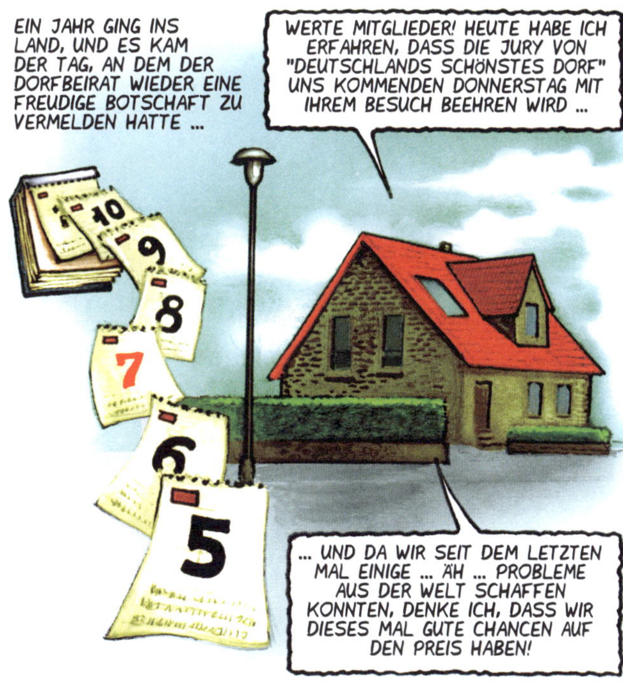

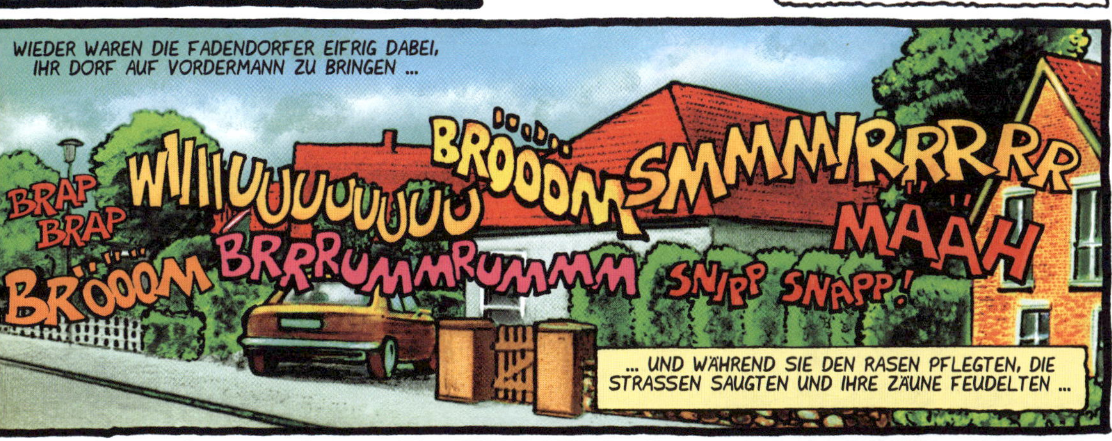

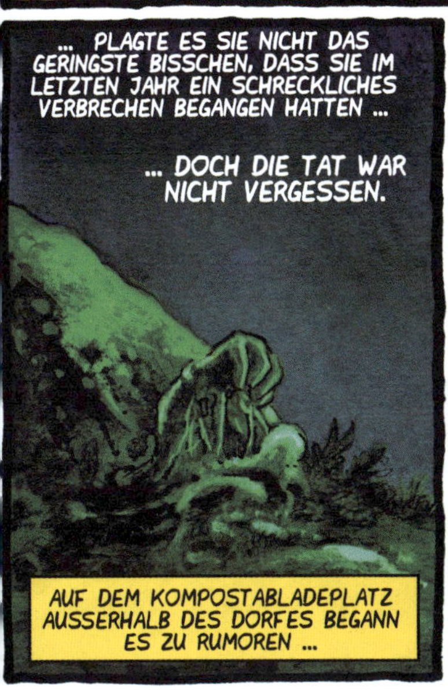

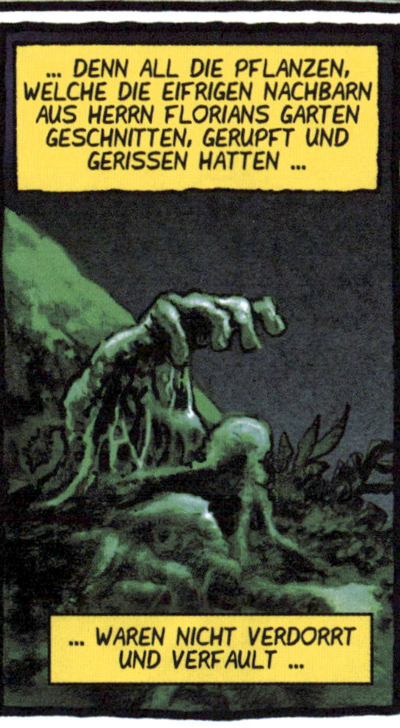

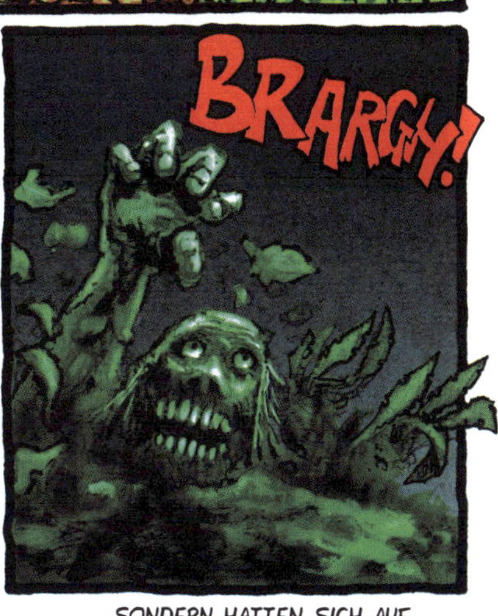

... SONDERN HATTEN SICH AUF WUNDERSAME WEISE MIT DEM LEICHNAM JENES MENSCHEN VERBUNDEN, DER SIE EINST SO LIEBEVOLL HATTE WACHSEN LASSEN ...

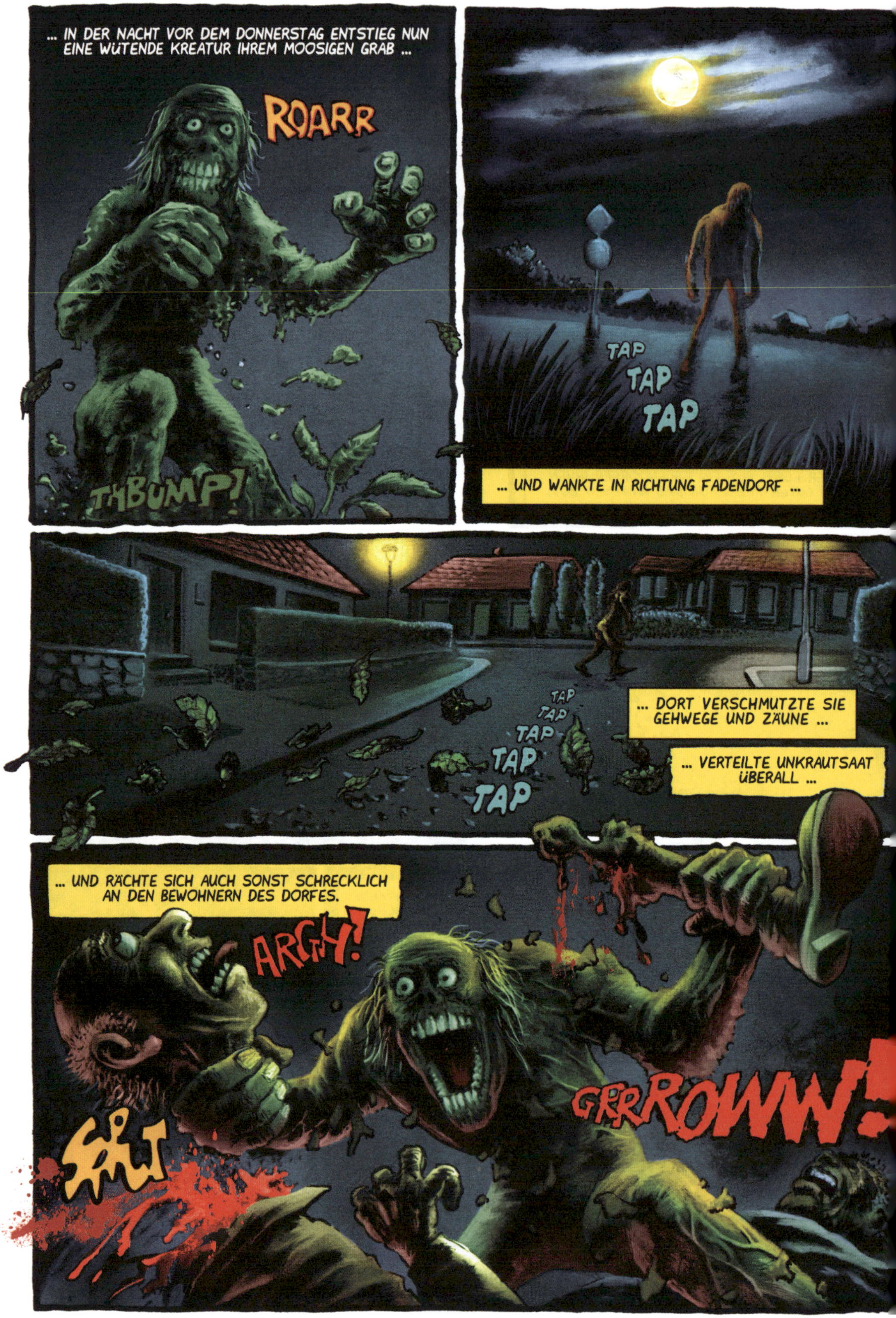

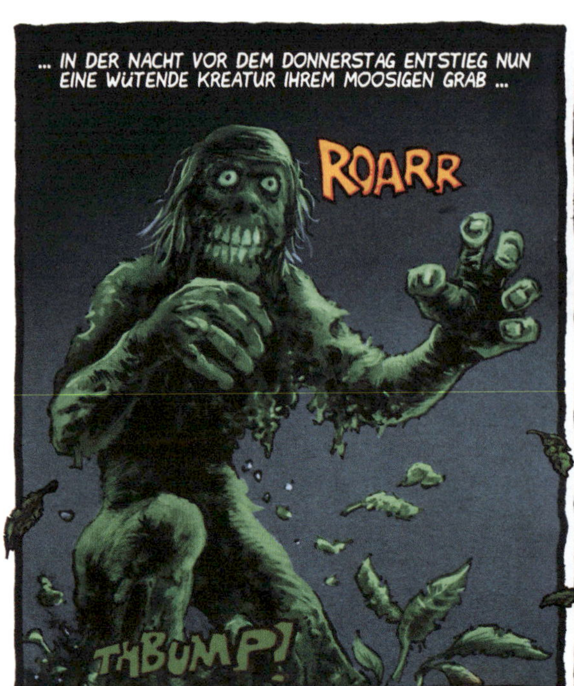

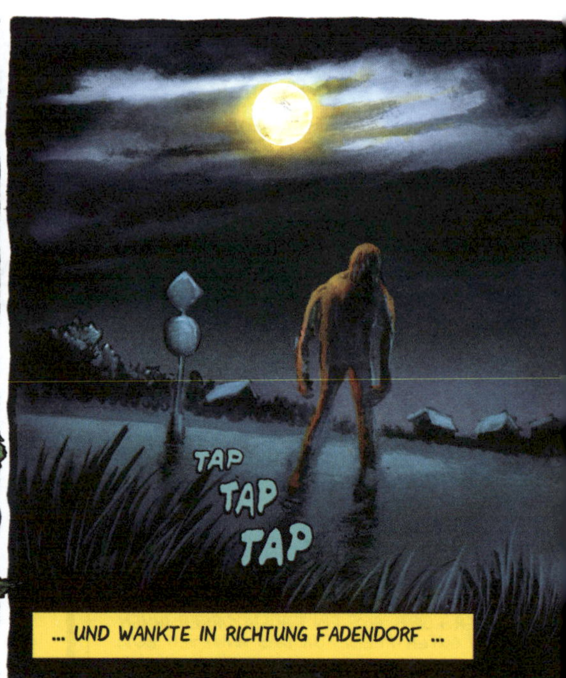

TAP
TAP
TAP
TAP
TAP

... DORT VERSCHMUTZTE SIE GEHWEGE UND ZÄUNE ...

... VERTEILTE UNKRAUTSAAT ÜBERALL ...

... UND RÄCHTE SICH AUCH SONST SCHRECKLICH AN DEN BEWOHNERN DES DORFES.

ARGH!

GRRROWW!

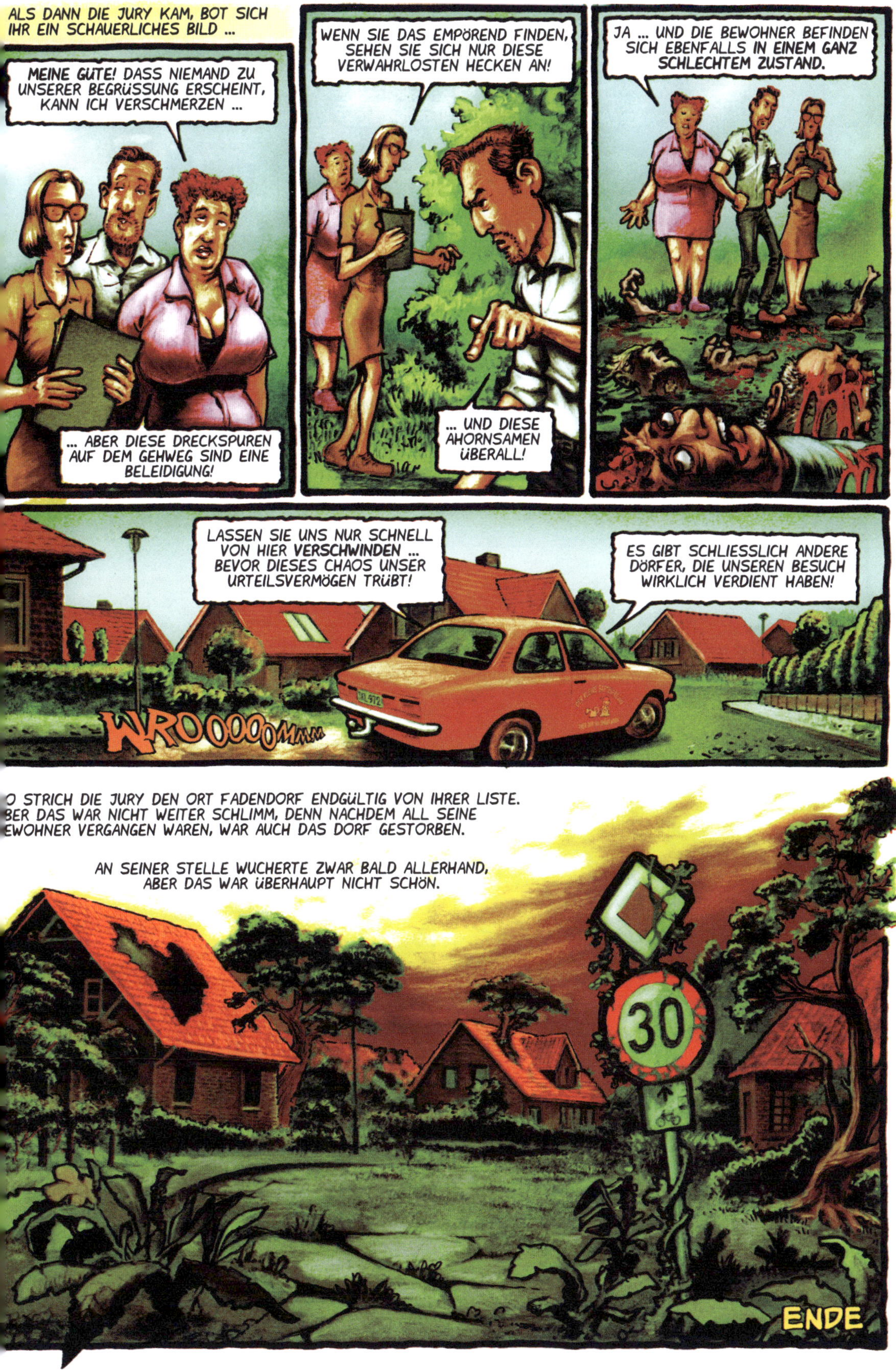

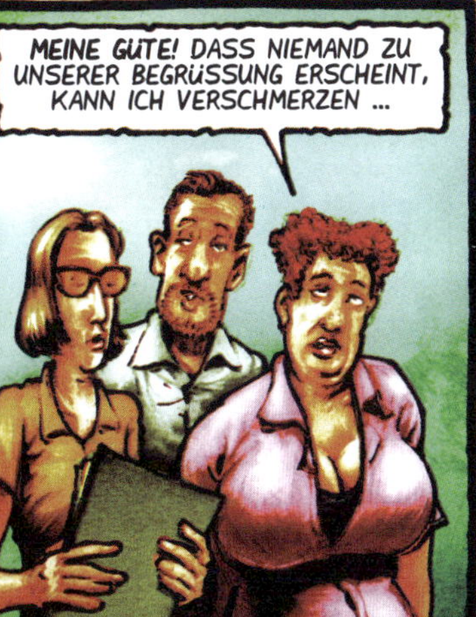

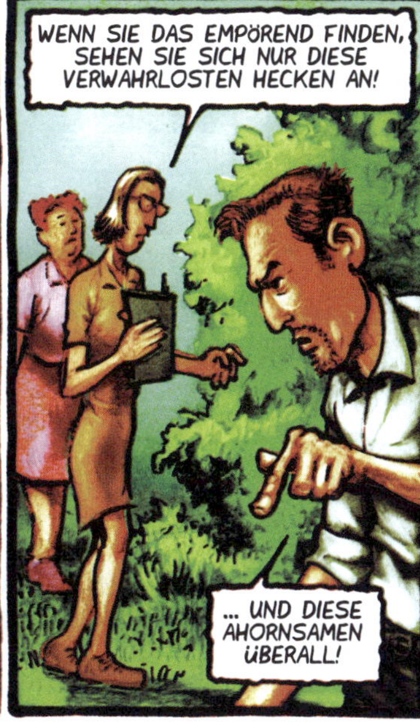

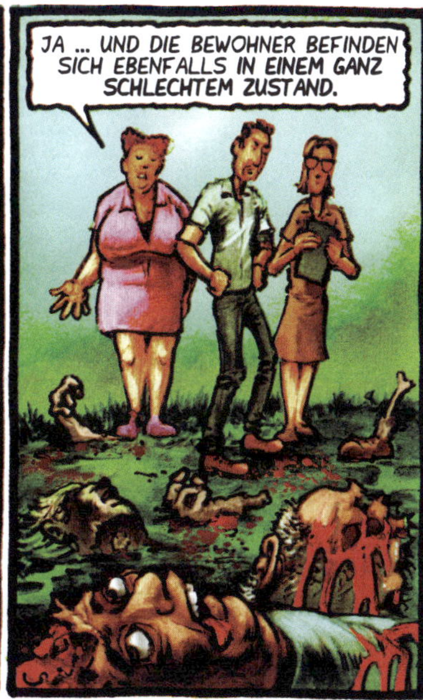

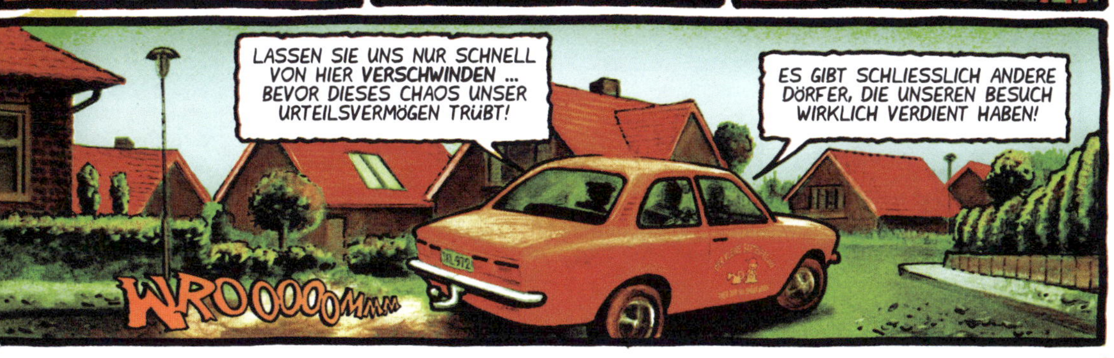

O STRICH DIE JURY DEN ORT FADENDORF ENDGÜLTIG VON IHRER LISTE. BER DAS WAR NICHT WEITER SCHLIMM, DENN NACHDEM ALL SEINE EWOHNER VERGANGEN WAREN, WAR AUCH DAS DORF GESTORBEN.

AN SEINER STELLE WUCHERTE ZWAR BALD ALLERHAND, ABER DAS WAR ÜBERHAUPT NICHT SCHÖN.

30

ENDE

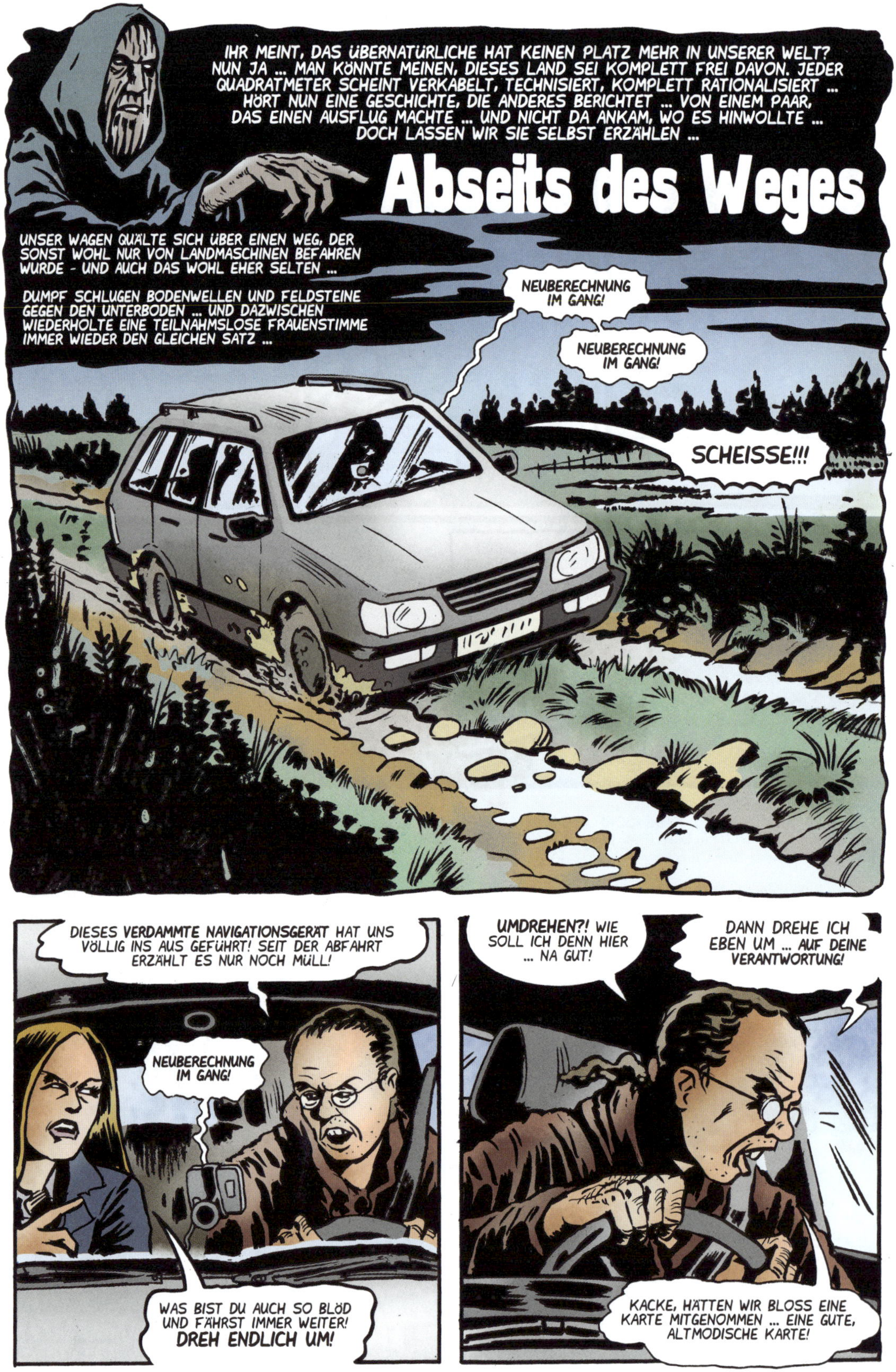

IHR MEINT, DAS ÜBERNATÜRLICHE HAT KEINEN PLATZ MEHR IN UNSERER WELT? NUN JA ... MAN KÖNNTE MEINEN, DIESES LAND SEI KOMPLETT FREI DAVON. JEDER QUADRATMETER SCHEINT VERKABELT, TECHNISIERT, KOMPLETT RATIONALISIERT ... HÖRT NUN EINE GESCHICHTE, DIE ANDERES BERICHTET ... VON EINEM PAAR, DAS EINEN AUSFLUG MACHTE ... UND NICHT DA ANKAM, WO ES HINWOLLTE ... DOCH LASSEN WIR SIE SELBST ERZÄHLEN ...

Abseits des Weges

UNSER WAGEN QUÄLTE SICH ÜBER EINEN WEG, DER SONST WOHL NUR VON LANDMASCHINEN BEFAHREN WURDE - UND AUCH DAS WOHL EHER SELTEN ...

DUMPF SCHLUGEN BODENWELLEN UND FELDSTEINE GEGEN DEN UNTERBODEN ... UND DAZWISCHEN WIEDERHOLTE EINE TEILNAHMSLOSE FRAUENSTIMME IMMER WIEDER DEN GLEICHEN SATZ ...

NEUBERECHNUNG IM GANG!

NEUBERECHNUNG IM GANG!

SCHEISSE!!!

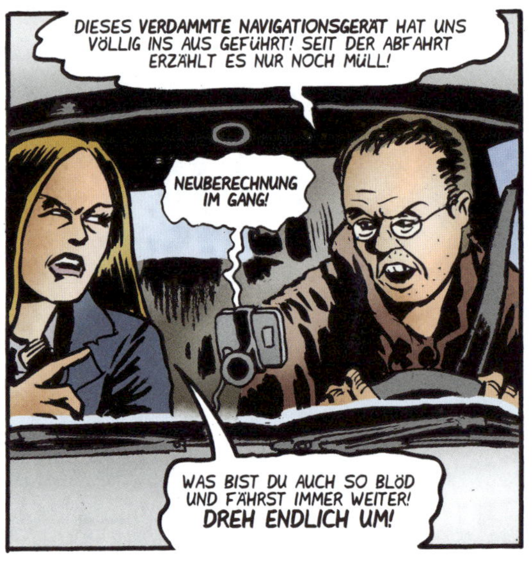

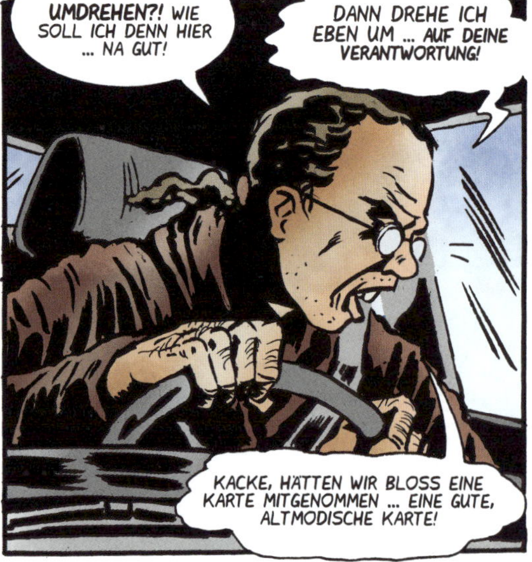

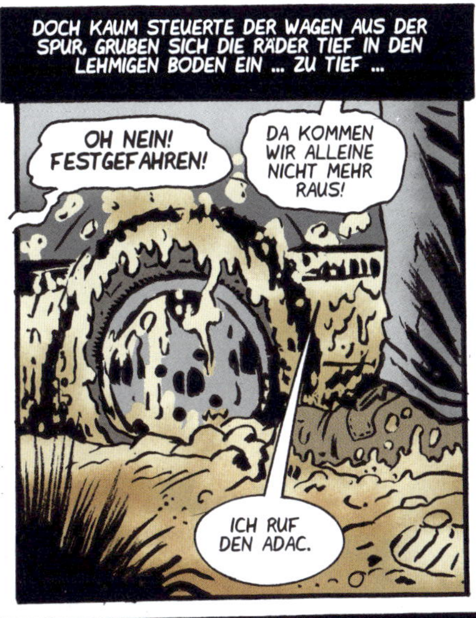
DOCH KAUM STEUERTE DER WAGEN AUS DER SPUR, GRUBEN SICH DIE RÄDER TIEF IN DEN LEHMIGEN BODEN EIN ... ZU TIEF ...
OH NEIN! FESTGEFAHREN!
DA KOMMEN WIR ALLEINE NICHT MEHR RAUS!
ICH RUF DEN ADAC.

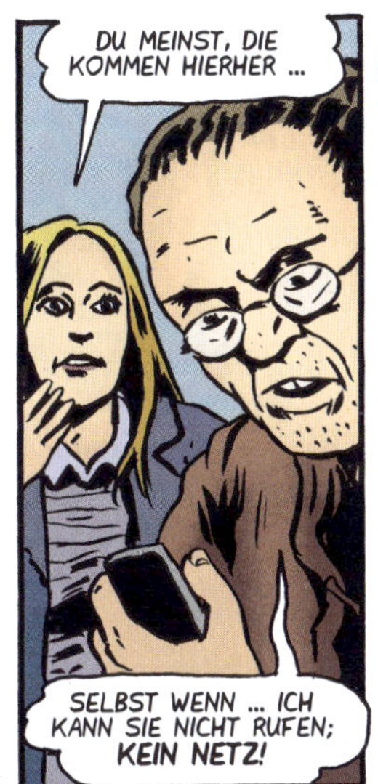
DU MEINST, DIE KOMMEN HIERHER ...
SELBST WENN ... ICH KANN SIE NICHT RUFEN; KEIN NETZ!

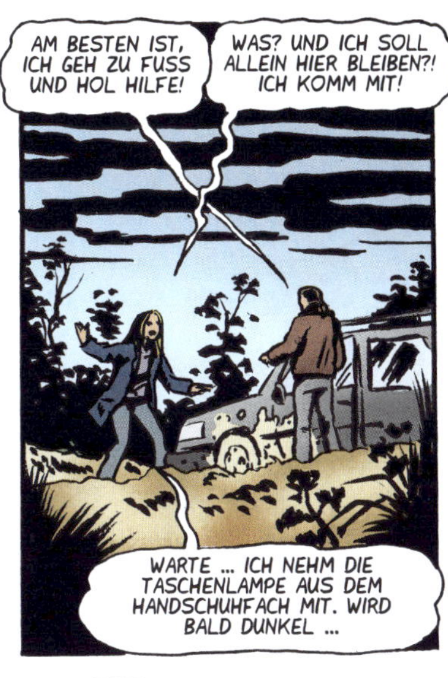
AM BESTEN IST, ICH GEH ZU FUSS UND HOL HILFE!
WAS? UND ICH SOLL ALLEIN HIER BLEIBEN?! ICH KOMM MIT!
WARTE ... ICH NEHM DIE TASCHENLAMPE AUS DEM HANDSCHUHFACH MIT. WIRD BALD DUNKEL ...

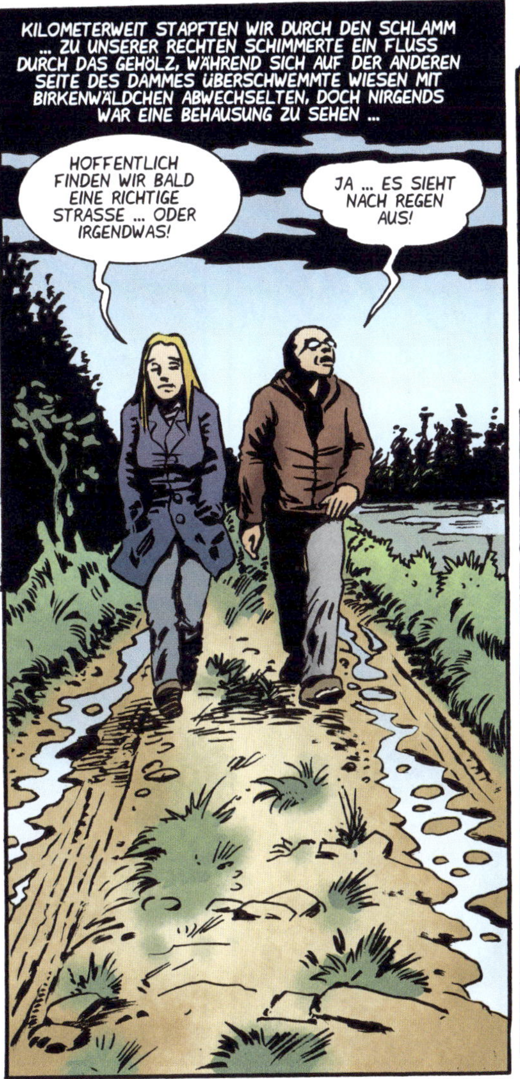
KILOMETERWEIT STAPFTEN WIR DURCH DEN SCHLAMM ... ZU UNSERER RECHTEN SCHIMMERTE EIN FLUSS DURCH DAS GEHÖLZ, WÄHREND SICH AUF DER ANDEREN SEITE DES DAMMES ÜBERSCHWEMMTE WIESEN MIT BIRKENWÄLDCHEN ABWECHSELTEN, DOCH NIRGENDS WAR EINE BEHAUSUNG ZU SEHEN ...
HOFFENTLICH FINDEN WIR BALD EINE RICHTIGE STRASSE ... ODER IRGENDWAS!
JA ... ES SIEHT NACH REGEN AUS!

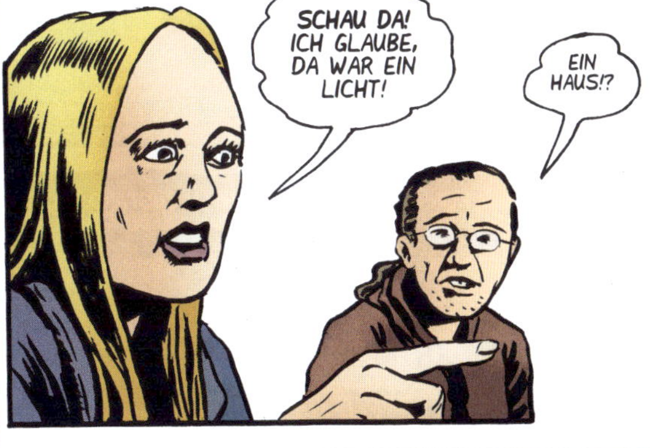
SCHAU DA! ICH GLAUBE, DA WAR EIN LICHT!
EIN HAUS!?

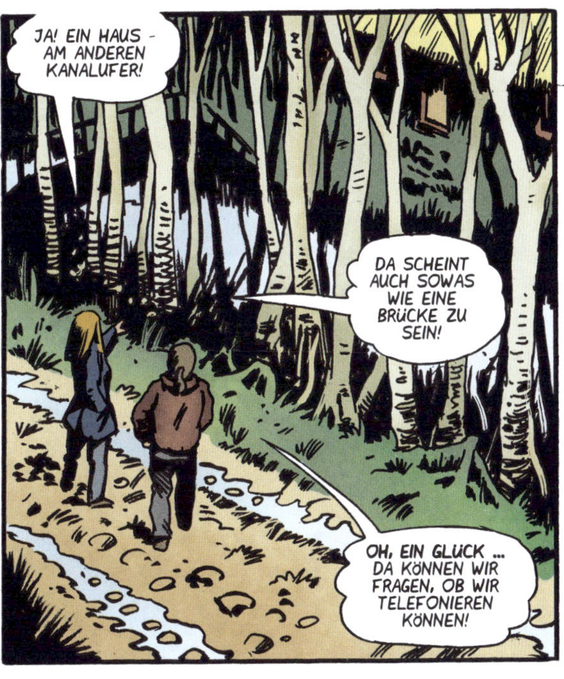
JA! EIN HAUS - AM ANDEREN KANALUFER!
DA SCHEINT AUCH SOWAS WIE EINE BRÜCKE ZU SEIN!
OH, EIN GLÜCK ... DA KÖNNEN WIR FRAGEN, OB WIR TELEFONIEREN KÖNNEN!

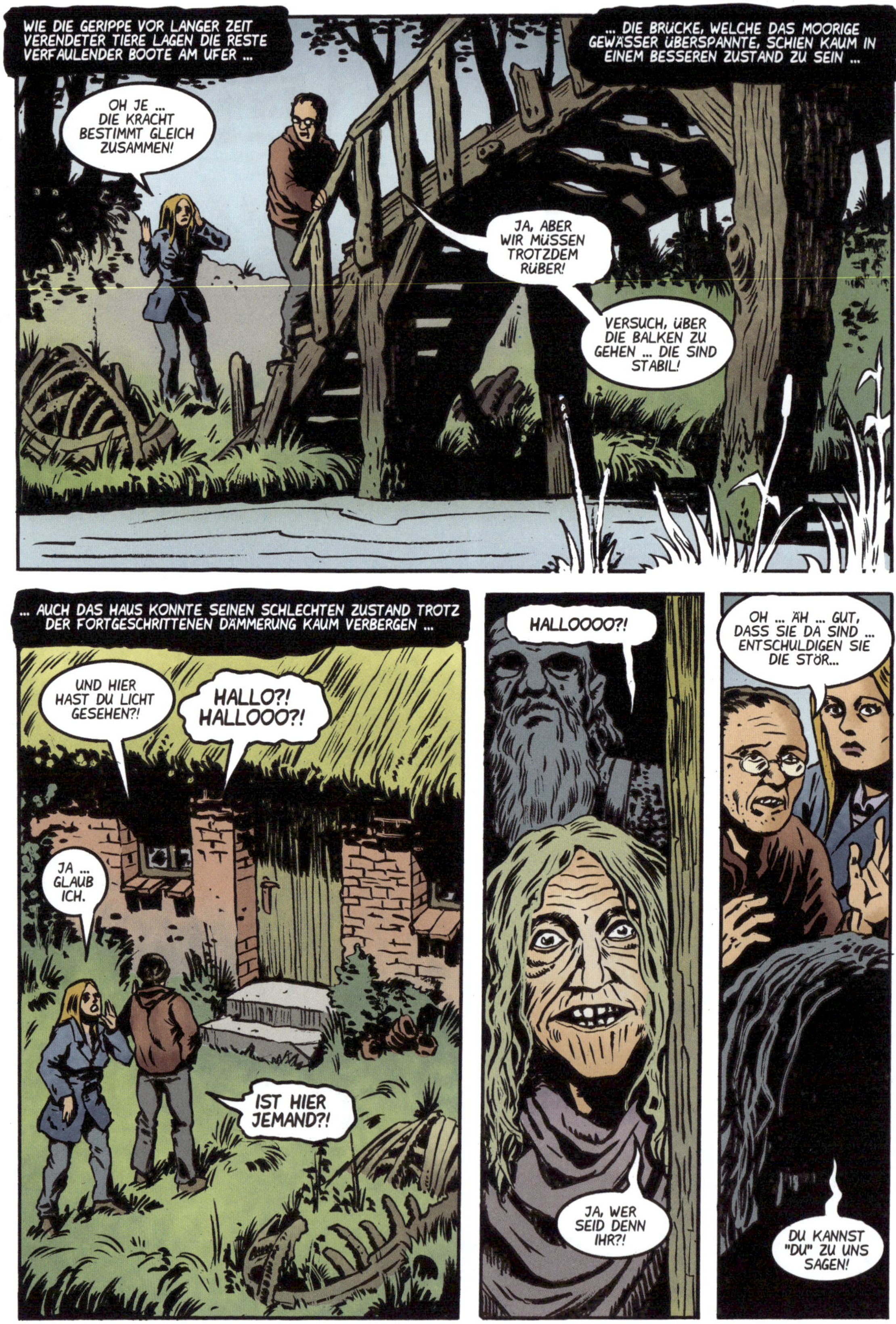

WIE DIE GERIPPE VOR LANGER ZEIT VERENDETER TIERE LAGEN DIE RESTE VERFAULENDER BOOTE AM UFER ...

... DIE BRÜCKE, WELCHE DAS MOORIGE GEWÄSSER ÜBERSPANNTE, SCHIEN KAUM IN EINEM BESSEREN ZUSTAND ZU SEIN ...

OH JE ... DIE KRACHT BESTIMMT GLEICH ZUSAMMEN!

JA, ABER WIR MÜSSEN TROTZDEM RÜBER!

VERSUCH, ÜBER DIE BALKEN ZU GEHEN ... DIE SIND STABIL!

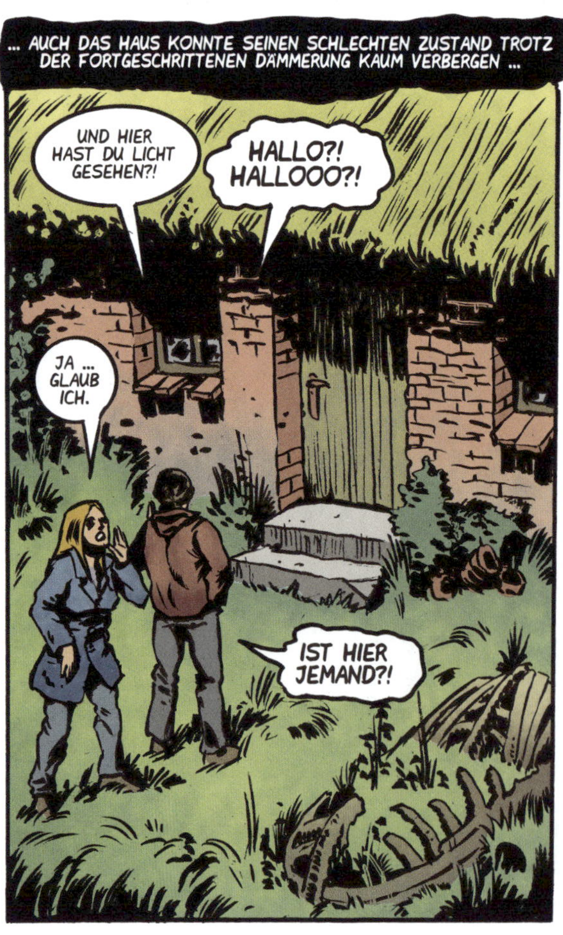

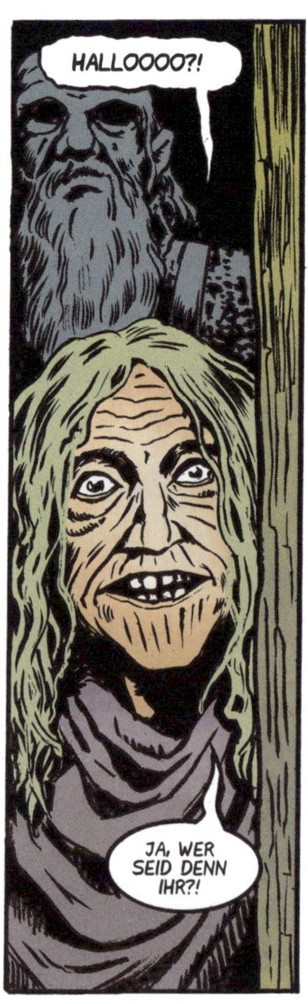

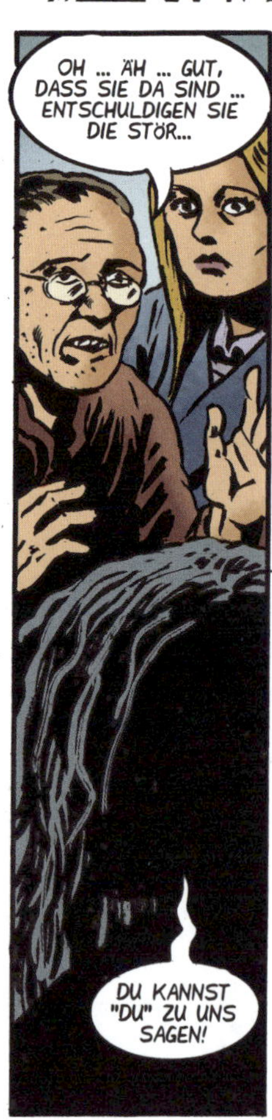

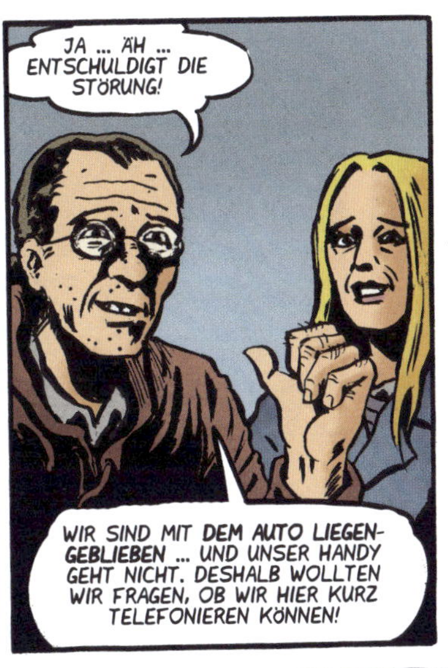
JA ... ÄH ... ENTSCHULDIGT DIE STÖRUNG!
WIR SIND MIT DEM AUTO LIEGENGEBLIEBEN ... UND UNSER HANDY GEHT NICHT. DESHALB WOLLTEN WIR FRAGEN, OB WIR HIER KURZ TELEFONIEREN KÖNNEN!

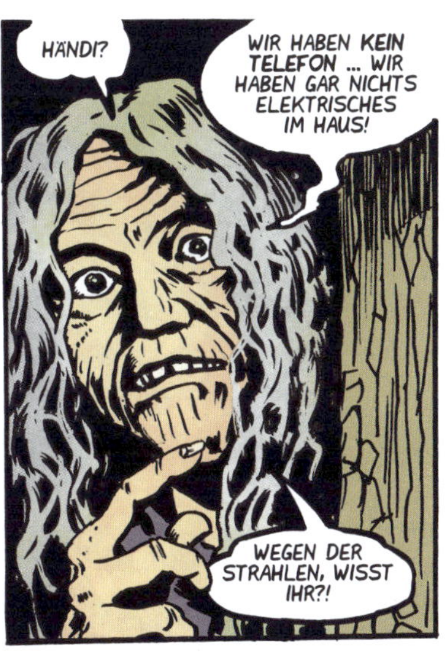
HÄNDI?
WIR HABEN KEIN TELEFON ... WIR HABEN GAR NICHTS ELEKTRISCHES IM HAUS!
WEGEN DER STRAHLEN, WISST IHR?!

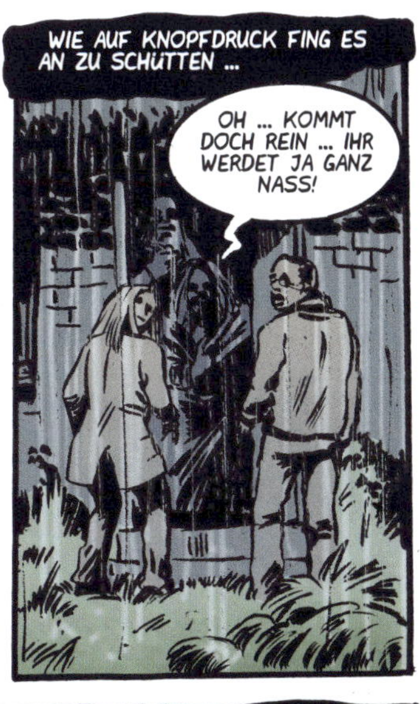
WIE AUF KNOPFDRUCK FING ES AN ZU SCHÜTTEN ...
OH ... KOMMT DOCH REIN ... IHR WERDET JA GANZ NASS!

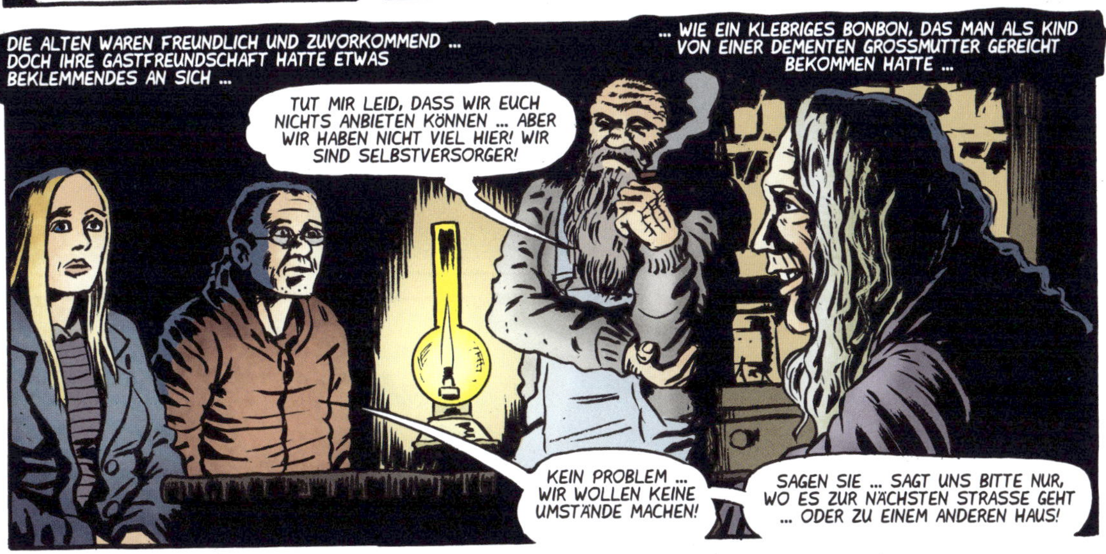
DIE ALTEN WAREN FREUNDLICH UND ZUVORKOMMEND ... DOCH IHRE GASTFREUNDSCHAFT HATTE ETWAS BEKLEMMENDES AN SICH ...
... WIE EIN KLEBRIGES BONBON, DAS MAN ALS KIND VON EINER DEMENTEN GROSSMUTTER GEREICHT BEKOMMEN HATTE ...
TUT MIR LEID, DASS WIR EUCH NICHTS ANBIETEN KÖNNEN ... ABER WIR HABEN NICHT VIEL HIER! WIR SIND SELBSTVERSORGER!
KEIN PROBLEM ... WIR WOLLEN KEINE UMSTÄNDE MACHEN!
SAGEN SIE ... SAGT UNS BITTE NUR, WO ES ZUR NÄCHSTEN STRASSE GEHT ... ODER ZU EINEM ANDEREN HAUS!

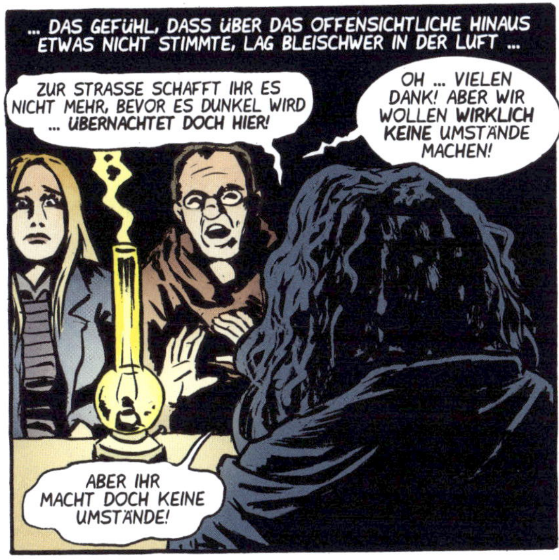
... DAS GEFÜHL, DASS ÜBER DAS OFFENSICHTLICHE HINAUS ETWAS NICHT STIMMTE, LAG BLEISCHWER IN DER LUFT ...
ZUR STRASSE SCHAFFT IHR ES NICHT MEHR, BEVOR ES DUNKEL WIRD ... ÜBERNACHTET DOCH HIER!
OH ... VIELEN DANK! ABER WIR WOLLEN WIRKLICH KEINE UMSTÄNDE MACHEN!
ABER IHR MACHT DOCH KEINE UMSTÄNDE!

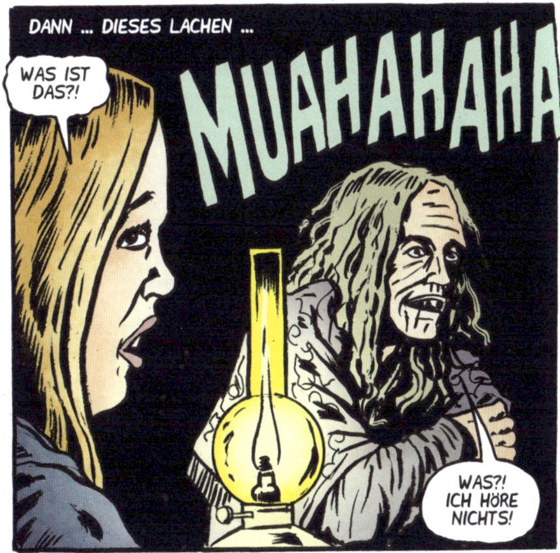
DANN ... DIESES LACHEN ...
WAS IST DAS?!
MUAHAHAHA
WAS?! ICH HÖRE NICHTS!

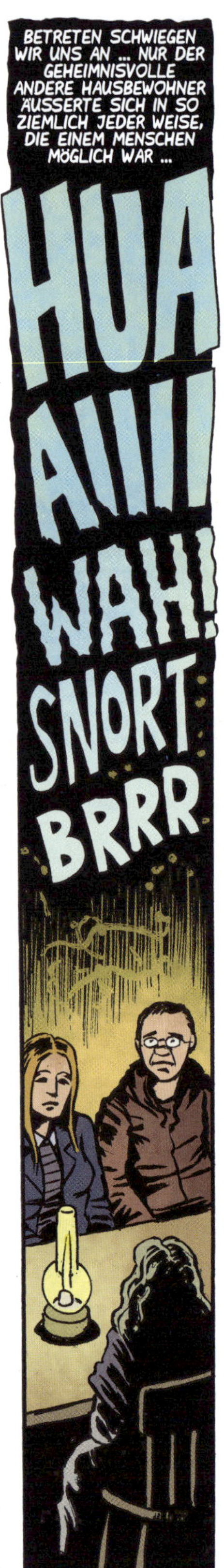
BETRETEN SCHWIEGEN WIR UNS AN ... NUR DER GEHEIMNISVOLLE ANDERE HAUSBEWOHNER ÄUSSERTE SICH IN SO ZIEMLICH JEDER WEISE, DIE EINEM MENSCHEN MÖGLICH WAR ...
HUA
AIIII
WAH!
SNORT
BRRR

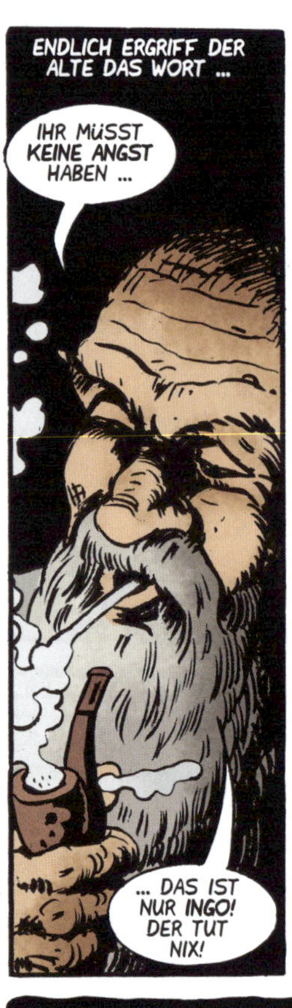
ENDLICH ERGRIFF DER ALTE DAS WORT ...
IHR MÜSST KEINE ANGST HABEN ...
... DAS IST NUR INGO! DER TUT NIX!

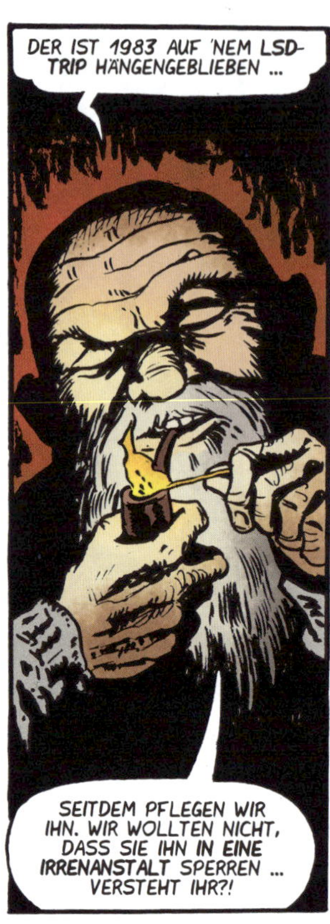
DER IST 1983 AUF 'NEM LSD-TRIP HÄNGENGEBLIEBEN ...
SEITDEM PFLEGEN WIR IHN. WIR WOLLTEN NICHT, DASS SIE IHN IN EINE IRRENANSTALT SPERREN ... VERSTEHT IHR?!

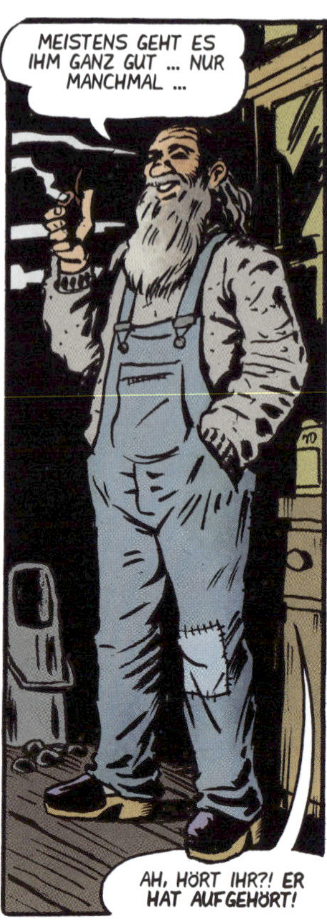
MEISTENS GEHT ES IHM GANZ GUT ... NUR MANCHMAL ...
AH, HÖRT IHR?! ER HAT AUFGEHÖRT!

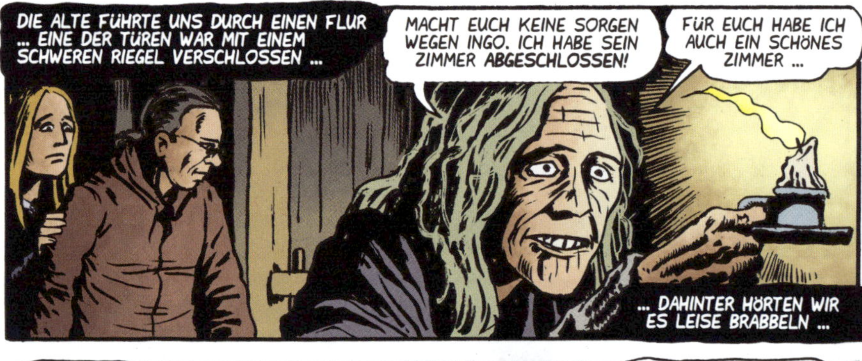
DIE ALTE FÜHRTE UNS DURCH EINEN FLUR ... EINE DER TÜREN WAR MIT EINEM SCHWEREN RIEGEL VERSCHLOSSEN ...
MACHT EUCH KEINE SORGEN WEGEN INGO. ICH HABE SEIN ZIMMER ABGESCHLOSSEN!
FÜR EUCH HABE ICH AUCH EIN SCHÖNES ZIMMER ...
... DAHINTER HÖRTEN WIR ES LEISE BRABBELN ...

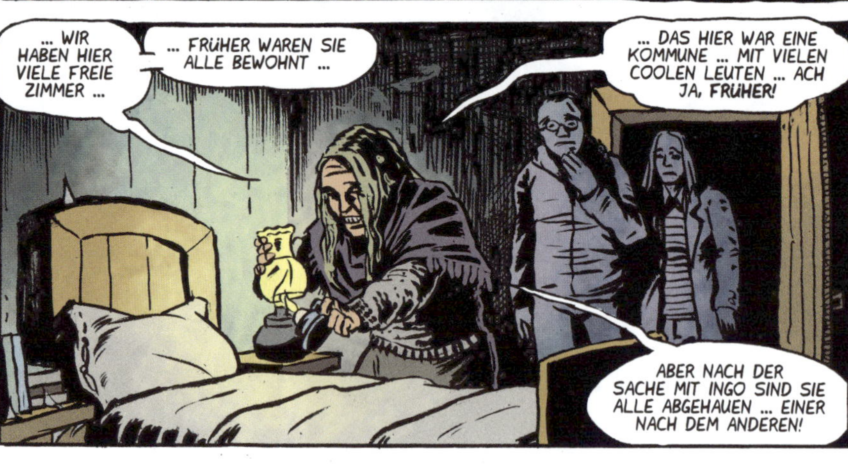
... WIR HABEN HIER VIELE FREIE ZIMMER ...
... FRÜHER WAREN SIE ALLE BEWOHNT ...
... DAS HIER WAR EINE KOMMUNE ... MIT VIELEN COOLEN LEUTEN ... ACH JA, FRÜHER!
ABER NACH DER SACHE MIT INGO SIND SIE ALLE ABGEHAUEN ... EINER NACH DEM ANDEREN!

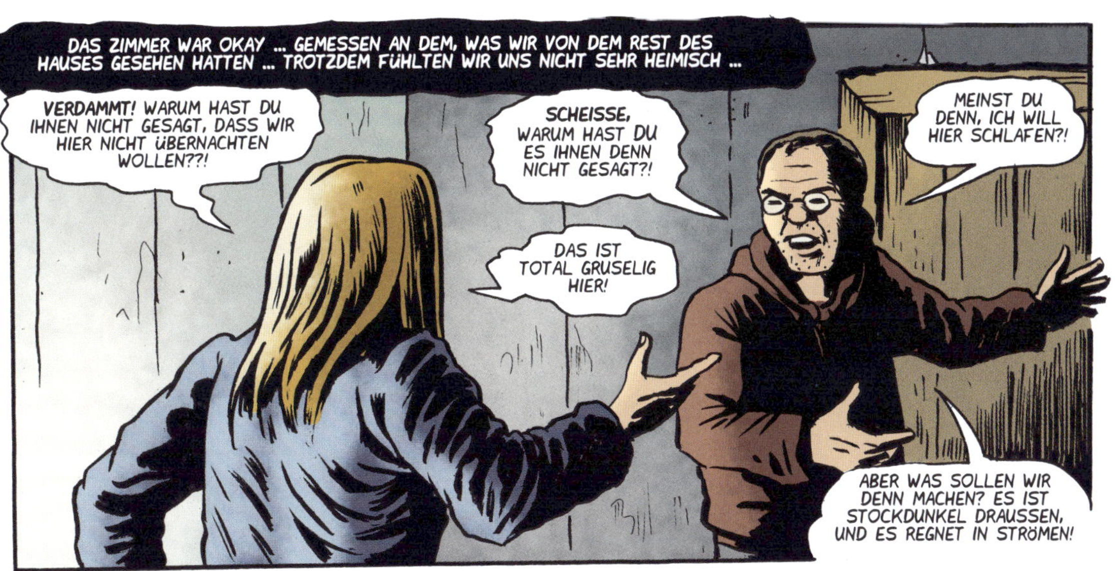
DAS ZIMMER WAR OKAY ... GEMESSEN AN DEM, WAS WIR VON DEM REST DES HAUSES GESEHEN HATTEN ... TROTZDEM FÜHLTEN WIR UNS NICHT SEHR HEIMISCH ...
VERDAMMT! WARUM HAST DU IHNEN NICHT GESAGT, DASS WIR HIER NICHT ÜBERNACHTEN WOLLEN??!
SCHEISSE, WARUM HAST DU ES IHNEN DENN NICHT GESAGT?!
MEINST DU DENN, ICH WILL HIER SCHLAFEN?!
DAS IST TOTAL GRUSELIG HIER!
ABER WAS SOLLEN WIR DENN MACHEN? ES IST STOCKDUNKEL DRAUSSEN, UND ES REGNET IN STRÖMEN!

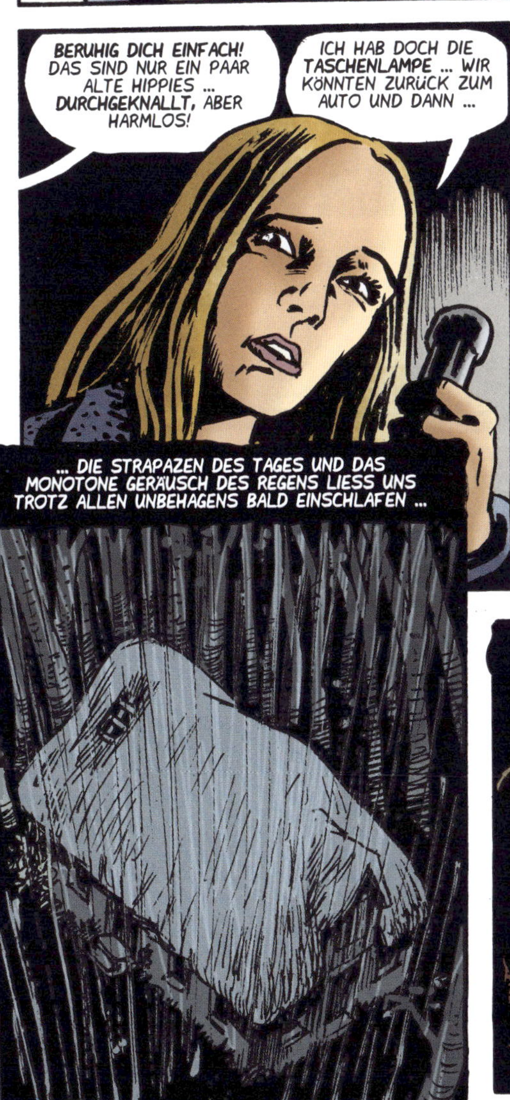
BERUHIG DICH EINFACH! DAS SIND NUR EIN PAAR ALTE HIPPIES ... DURCHGEKNALLT, ABER HARMLOS!
ICH HAB DOCH DIE TASCHENLAMPE ... WIR KÖNNTEN ZURÜCK ZUM AUTO UND DANN ...
... DIE STRAPAZEN DES TAGES UND DAS MONOTONE GERÄUSCH DES REGENS LIESS UNS TROTZ ALLEN UNBEHAGENS BALD EINSCHLAFEN ...

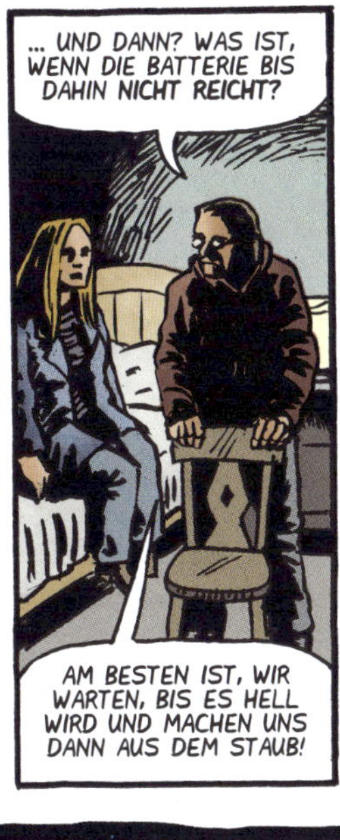
... UND DANN? WAS IST, WENN DIE BATTERIE BIS DAHIN NICHT REICHT?
AM BESTEN IST, WIR WARTEN, BIS ES HELL WIRD UND MACHEN UNS DANN AUS DEM STAUB!

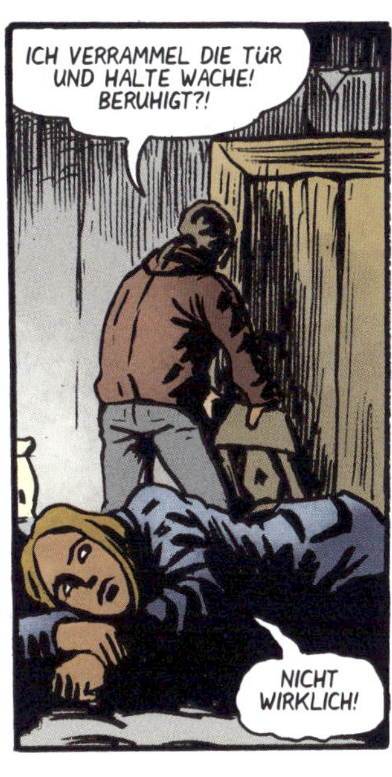
ICH VERRAMMEL DIE TÜR UND HALTE WACHE! BERUHIGT?!
NICHT WIRKLICH!

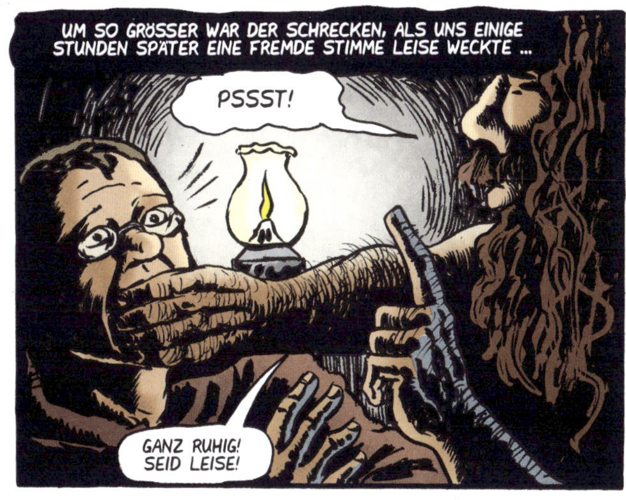
UM SO GRÖSSER WAR DER SCHRECKEN, ALS UNS EINIGE STUNDEN SPÄTER EINE FREMDE STIMME LEISE WECKTE ...
PSSST!
GANZ RUHIG! SEID LEISE!

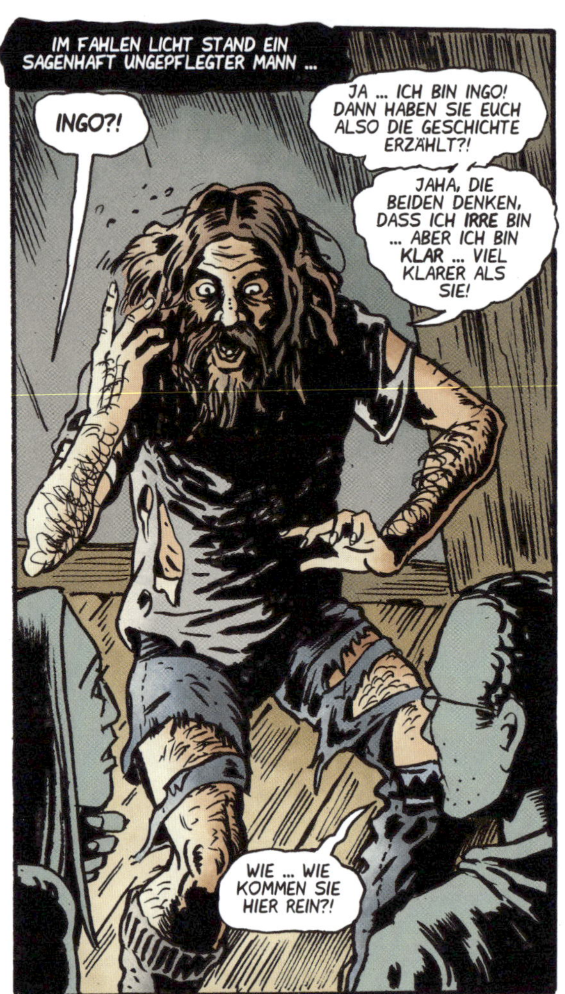
IM FAHLEN LICHT STAND EIN SAGENHAFT UNGEPFLEGTER MANN ...
INGO?!
JA ... ICH BIN INGO! DANN HABEN SIE EUCH ALSO DIE GESCHICHTE ERZÄHLT?!
JAHA, DIE BEIDEN DENKEN, DASS ICH IRRE BIN ... ABER ICH BIN KLAR ... VIEL KLARER ALS SIE!
WIE ... WIE KOMMEN SIE HIER REIN?!

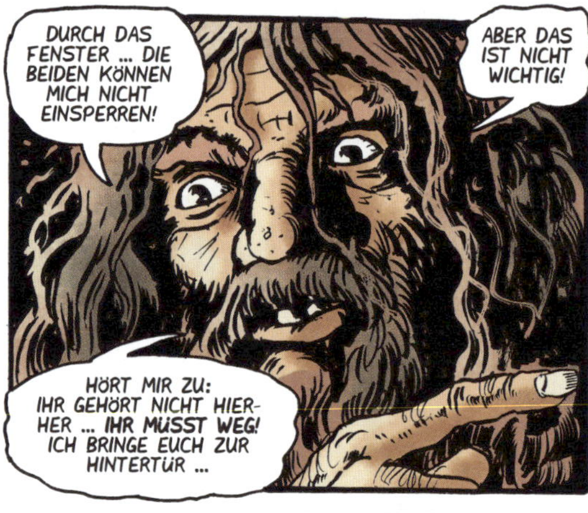
DURCH DAS FENSTER ... DIE BEIDEN KÖNNEN MICH NICHT EINSPERREN!
ABER DAS IST NICHT WICHTIG!
HÖRT MIR ZU: IHR GEHÖRT NICHT HIERHER ... IHR MÜSST WEG! ICH BRINGE EUCH ZUR HINTERTÜR ...

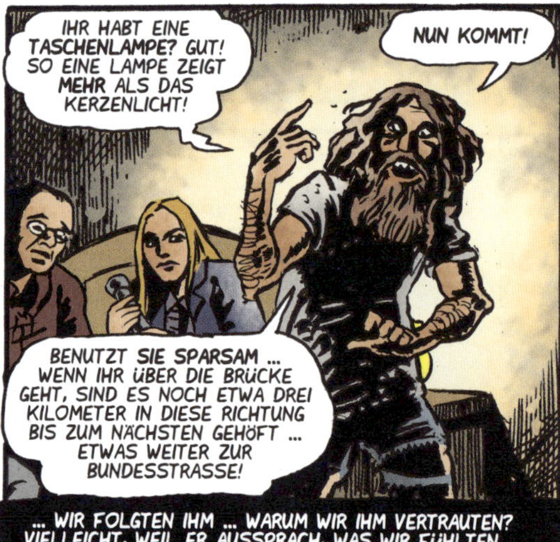
IHR HABT EINE TASCHENLAMPE? GUT! SO EINE LAMPE ZEIGT MEHR ALS DAS KERZENLICHT!
NUN KOMMT!
BENUTZT SIE SPARSAM ... WENN IHR ÜBER DIE BRÜCKE GEHT, SIND ES NOCH ETWA DREI KILOMETER IN DIESE RICHTUNG BIS ZUM NÄCHSTEN GEHÖFT ... ETWAS WEITER ZUR BUNDESSTRASSE!
... WIR FOLGTEN IHM ... WARUM WIR IHM VERTRAUTEN? VIELLEICHT, WEIL ER AUSSPRACH, WAS WIR FÜHLTEN ...

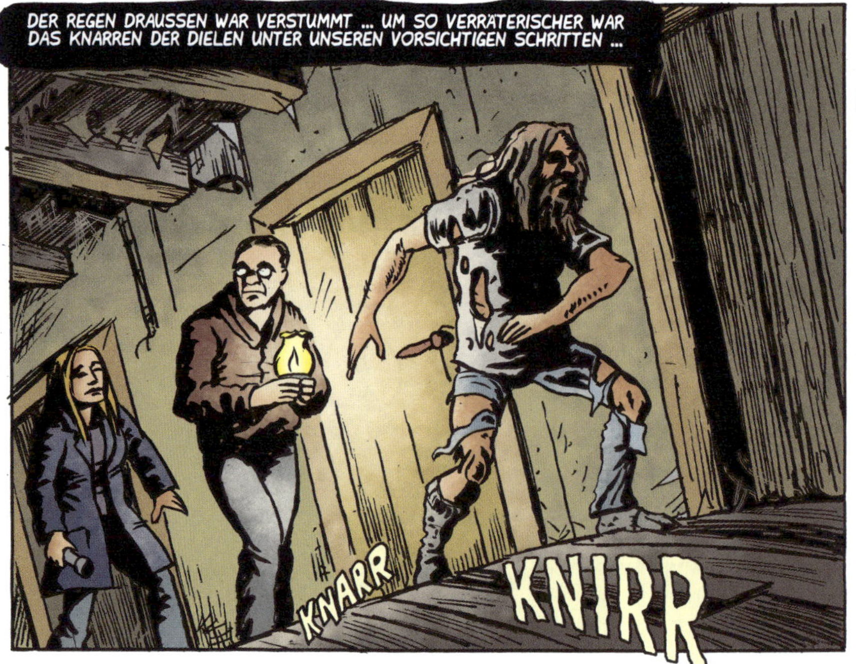
DER REGEN DRAUSSEN WAR VERSTUMMT ... UM SO VERRÄTERISCHER WAR DAS KNARREN DER DIELEN UNTER UNSEREN VORSICHTIGEN SCHRITTEN ...
KNARR
KNIRR

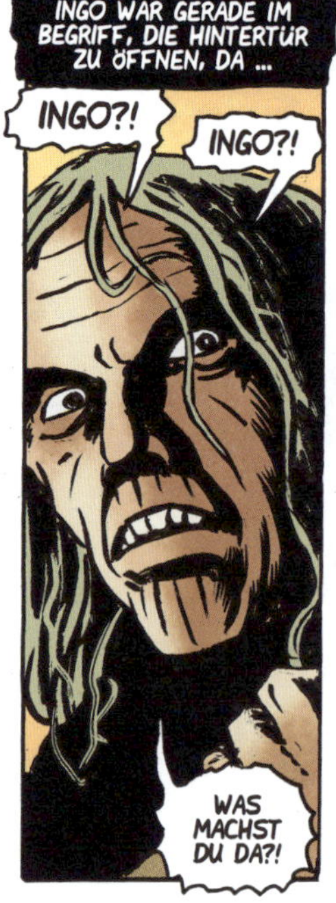
INGO WAR GERADE IM BEGRIFF, DIE HINTERTÜR ZU ÖFFNEN, DA ...
INGO?!
INGO?!
WAS MACHST DU DA?!

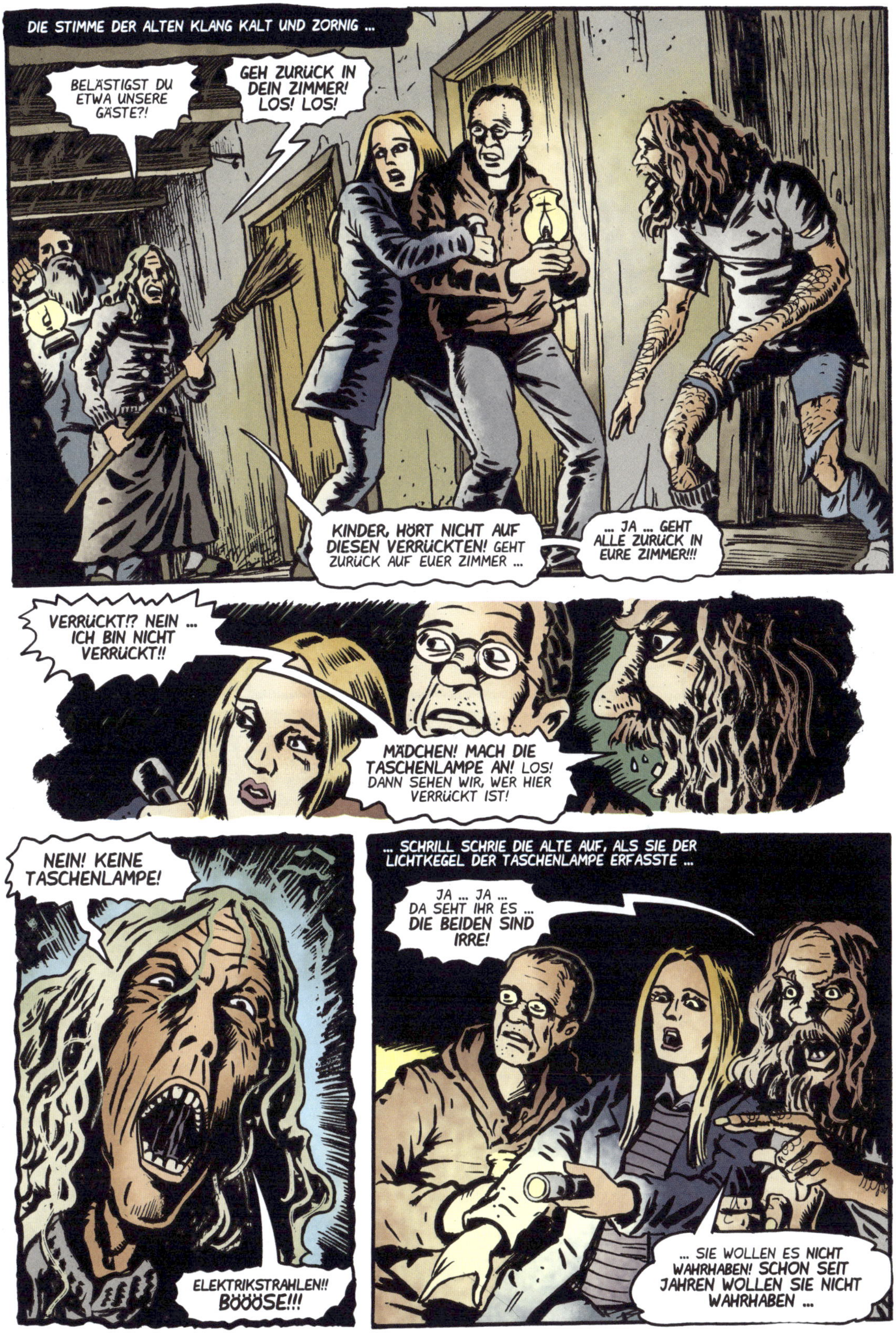

DIE STIMME DER ALTEN KLANG KALT UND ZORNIG ...

BELÄSTIGST DU ETWA UNSERE GÄSTE?!

GEH ZURÜCK IN DEIN ZIMMER! LOS! LOS!

KINDER, HÖRT NICHT AUF DIESEN VERRÜCKTEN! GEHT ZURÜCK AUF EUER ZIMMER ...

... JA ... GEHT ALLE ZURÜCK IN EURE ZIMMER!!!

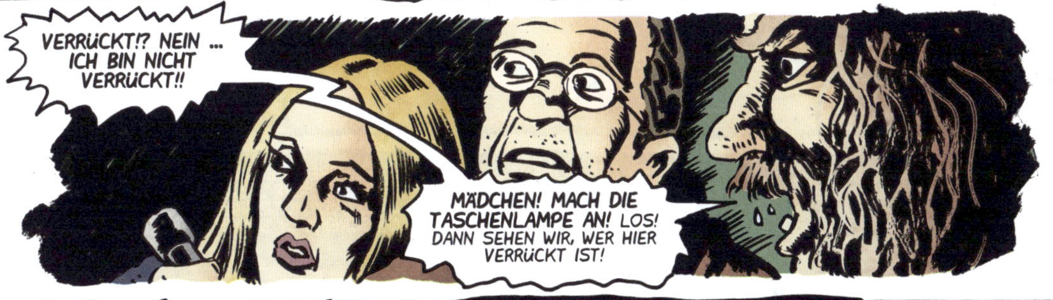

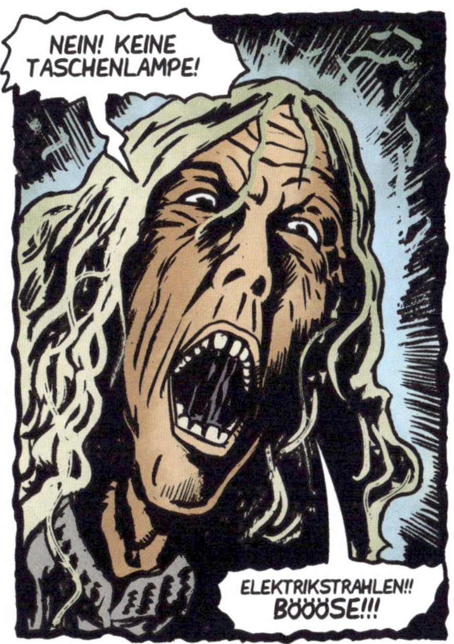

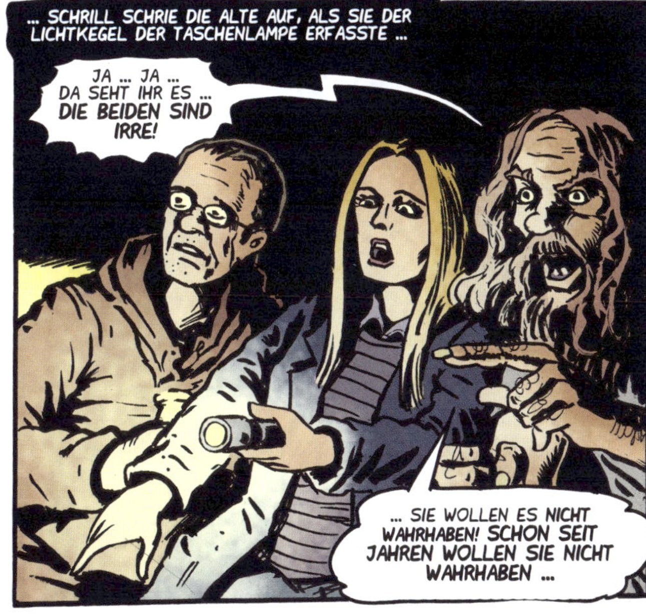

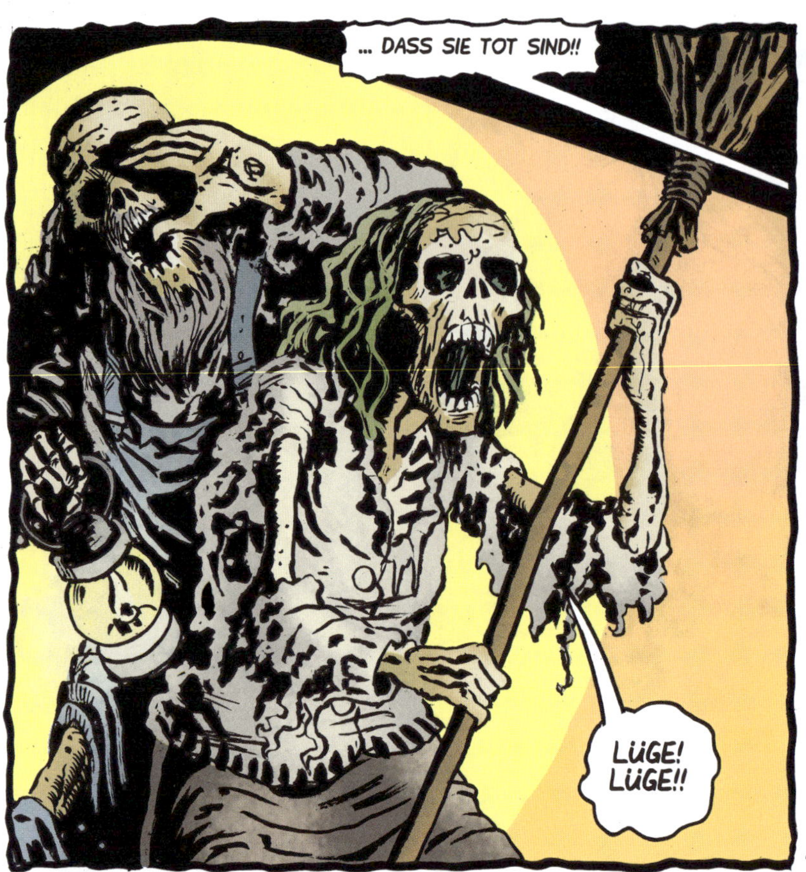
... DASS SIE TOT SIND!!
LÜGE! LÜGE!!

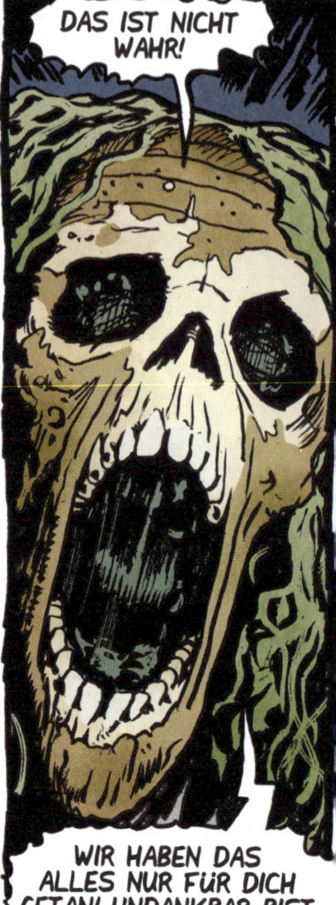
DAS IST NICHT WAHR!
WIR HABEN DAS ALLES NUR FÜR DICH GETAN! UNDANKBAR BIST DU! UNDANKBAR!

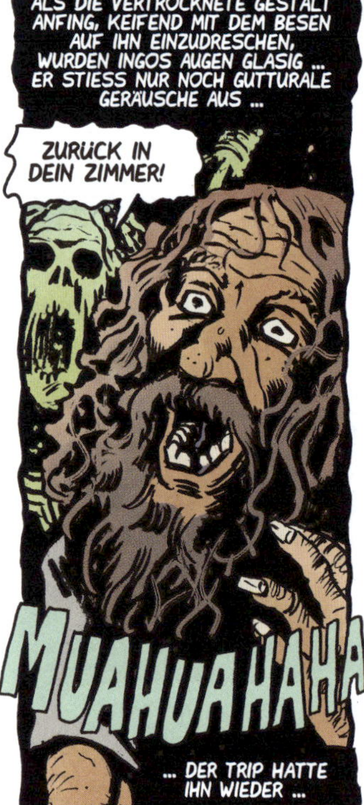
ALS DIE VERTROCKNETE GESTALT ANFING, KEIFEND MIT DEM BESEN AUF IHN EINZUDRESCHEN, WURDEN INGOS AUGEN GLASIG ... ER STIESS NUR NOCH GUTTURALE GERÄUSCHE AUS ...
ZURÜCK IN DEIN ZIMMER!
MUAHUAHAHA
... DER TRIP HATTE IHN WIEDER ...

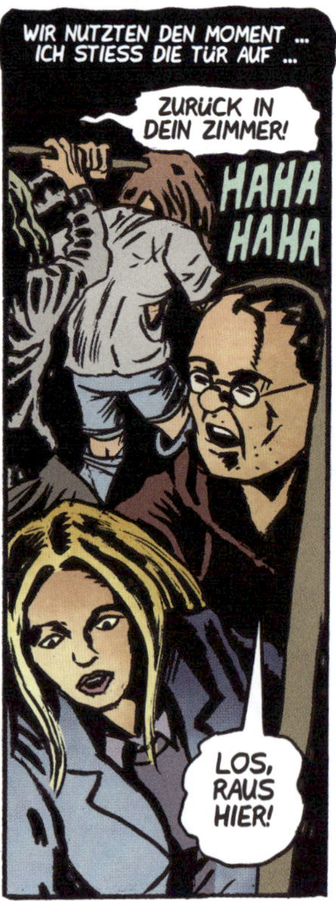
WIR NUTZTEN DEN MOMENT ... ICH STIESS DIE TÜR AUF ...
ZURÜCK IN DEIN ZIMMER!
HAHA HAHA
LOS, RAUS HIER!

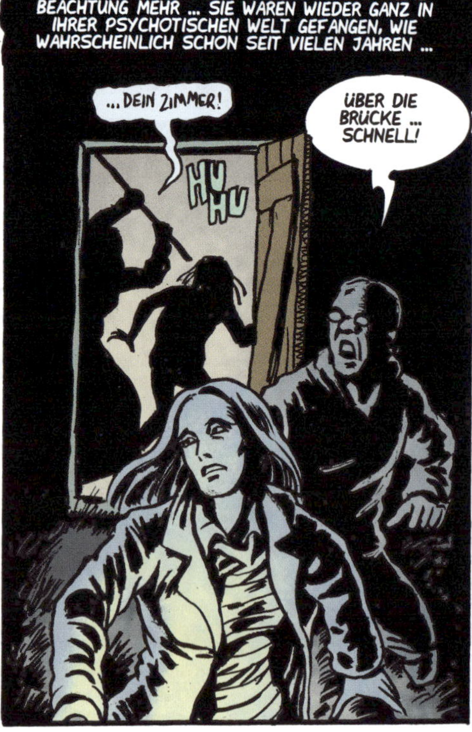
... DAS DREIERGESPANN SCHENKTE UNS KEINE BEACHTUNG MEHR ... SIE WAREN WIEDER GANZ IN IHRER PSYCHOTISCHEN WELT GEFANGEN, WIE WAHRSCHEINLICH SCHON SEIT VIELEN JAHREN ...
... DEIN ZIMMER!
HU HU
ÜBER DIE BRÜCKE ... SCHNELL!

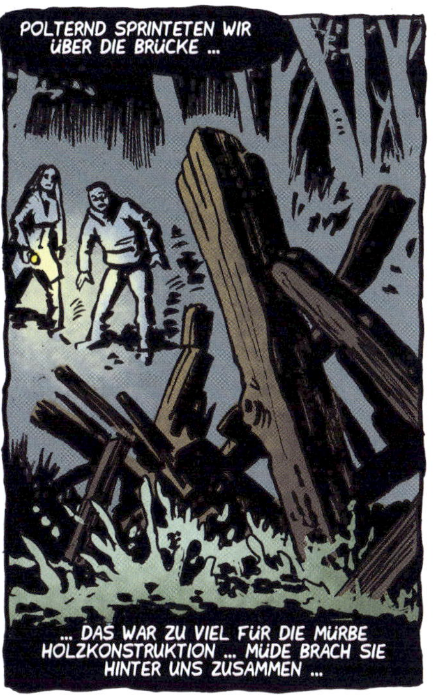
POLTERND SPRINTETEN WIR ÜBER DIE BRÜCKE ...
... DAS WAR ZU VIEL FÜR DIE MÜRBE HOLZKONSTRUKTION ... MÜDE BRACH SIE HINTER UNS ZUSAMMEN ...

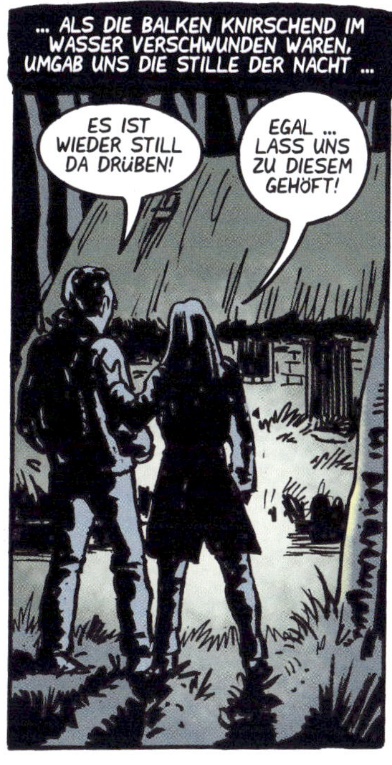
... ALS DIE BALKEN KNIRSCHEND IM WASSER VERSCHWUNDEN WAREN, UMGAB UNS DIE STILLE DER NACHT ...
ES IST WIEDER STILL DA DRÜBEN!
EGAL ... LASS UNS ZU DIESEM GEHÖFT!

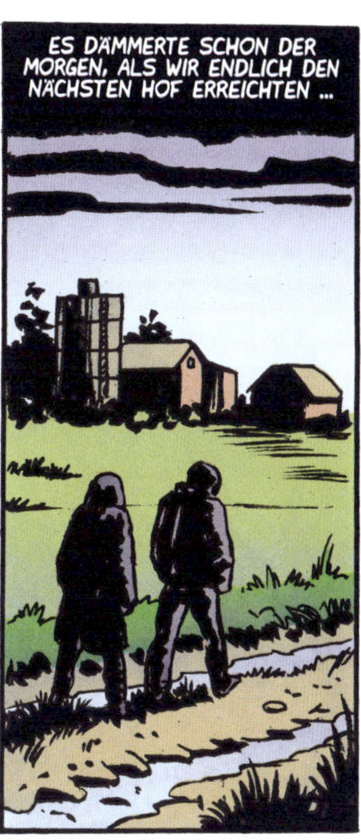
ES DÄMMERTE SCHON DER MORGEN, ALS WIR ENDLICH DEN NÄCHSTEN HOF ERREICHTEN ...

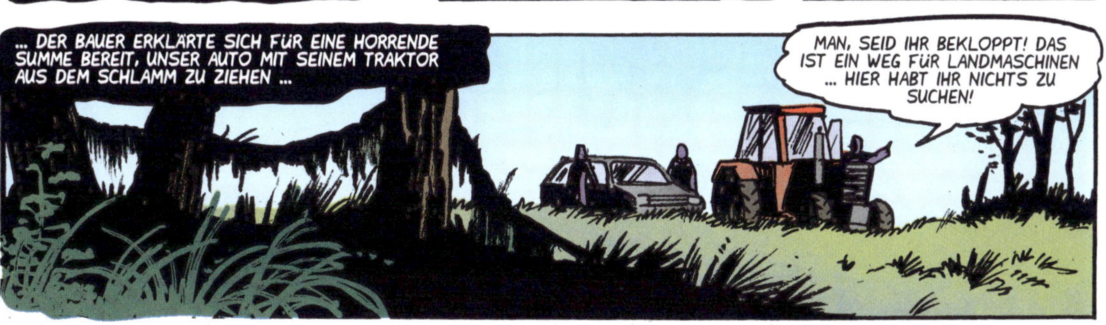
... DER BAUER ERKLÄRTE SICH FÜR EINE HORRENDE SUMME BEREIT, UNSER AUTO MIT SEINEM TRAKTOR AUS DEM SCHLAMM ZU ZIEHEN ...
MAN, SEID IHR BEKLOPPT! DAS IST EIN WEG FÜR LANDMASCHINEN ... HIER HABT IHR NICHTS ZU SUCHEN!

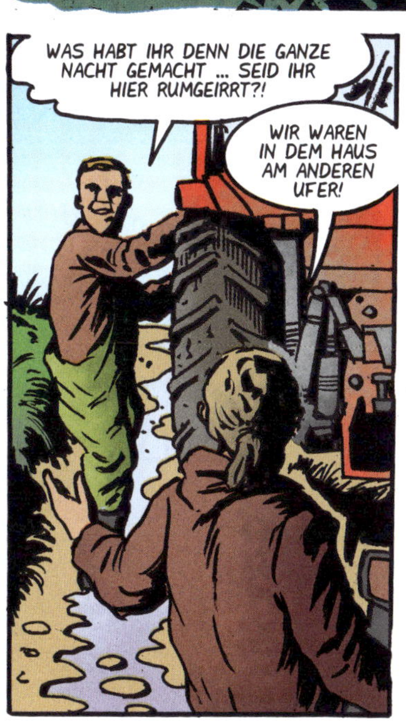
WAS HABT IHR DENN DIE GANZE NACHT GEMACHT ... SEID IHR HIER RUMGEIRRT?!
WIR WAREN IN DEM HAUS AM ANDEREN UFER!

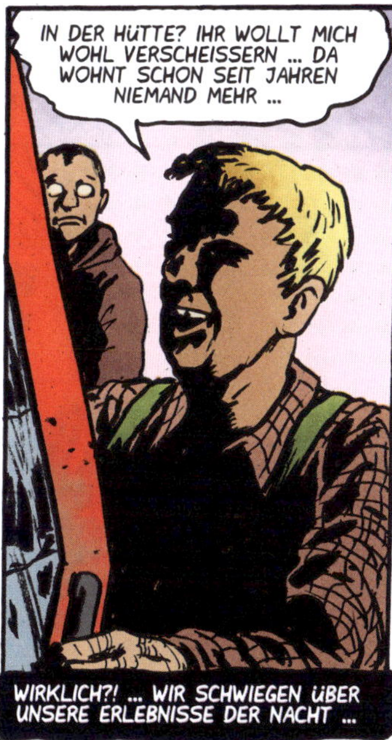
IN DER HÜTTE? IHR WOLLT MICH WOHL VERSCHEISSERN ... DA WOHNT SCHON SEIT JAHREN NIEMAND MEHR ...
WIRKLICH?! ... WIR SCHWIEGEN ÜBER UNSERE ERLEBNISSE DER NACHT ...

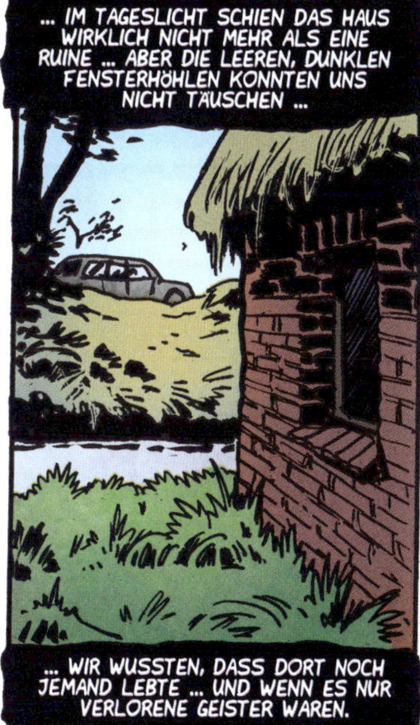
... IM TAGESLICHT SCHIEN DAS HAUS WIRKLICH NICHT MEHR ALS EINE RUINE ... ABER DIE LEEREN, DUNKLEN FENSTERHÖHLEN KONNTEN UNS NICHT TÄUSCHEN ...
... WIR WUSSTEN, DASS DORT NOCH JEMAND LEBTE ... UND WENN ES NUR VERLORENE GEISTER WAREN.

ENDE

Das Jubiläum

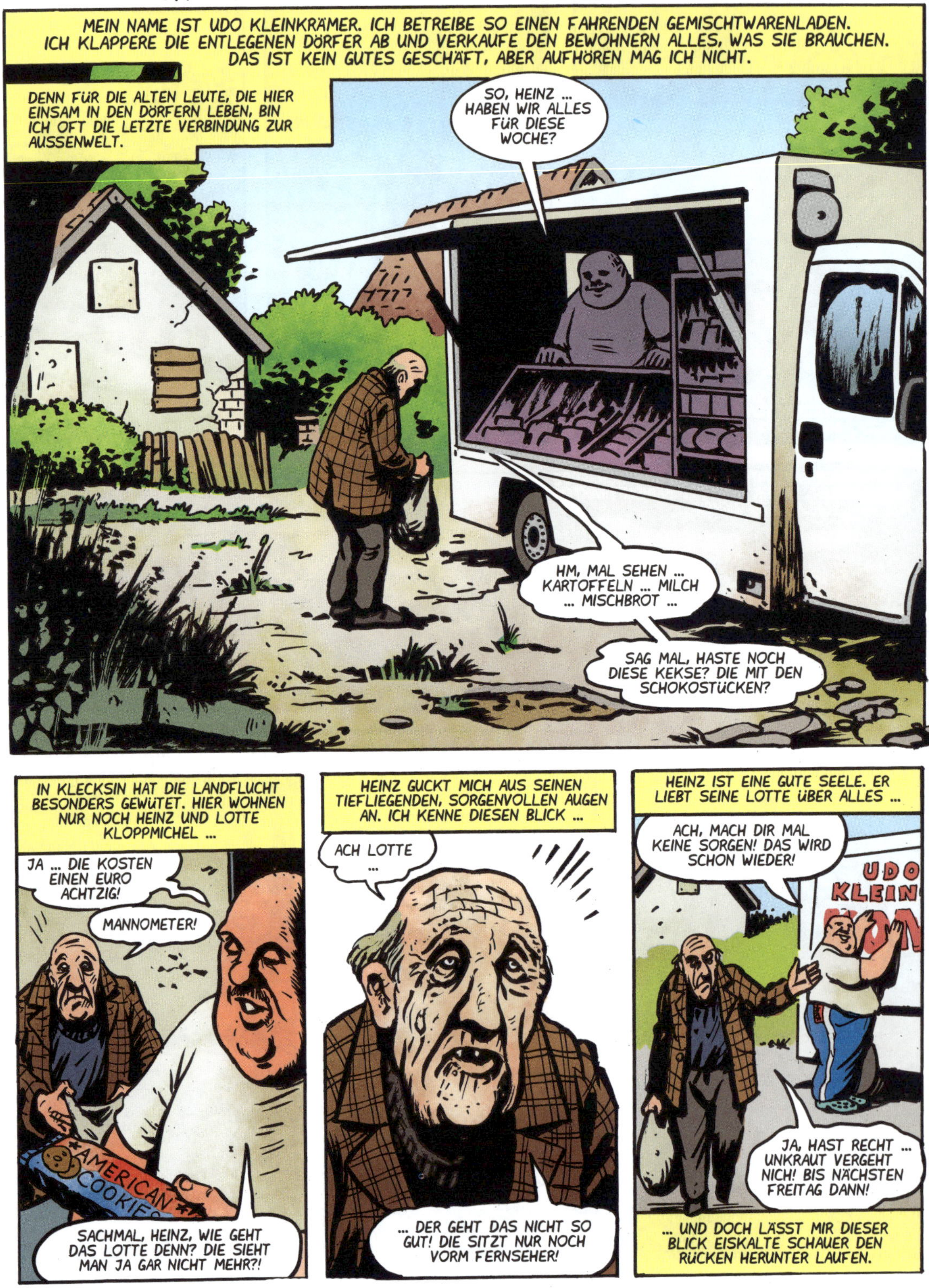

MEIN NAME IST UDO KLEINKRÄMER. ICH BETREIBE SO EINEN FAHRENDEN GEMISCHTWARENLADEN. ICH KLAPPERE DIE ENTLEGENEN DÖRFER AB UND VERKAUFE DEN BEWOHNERN ALLES, WAS SIE BRAUCHEN. DAS IST KEIN GUTES GESCHÄFT, ABER AUFHÖREN MAG ICH NICHT.

DENN FÜR DIE ALTEN LEUTE, DIE HIER EINSAM IN DEN DÖRFERN LEBEN, BIN ICH OFT DIE LETZTE VERBINDUNG ZUR AUSSENWELT.

SO, HEINZ ... HABEN WIR ALLES FÜR DIESE WOCHE?

HM, MAL SEHEN ... KARTOFFELN ... MILCH ... MISCHBROT ...

SAG MAL, HASTE NOCH DIESE KEKSE? DIE MIT DEN SCHOKOSTÜCKEN?

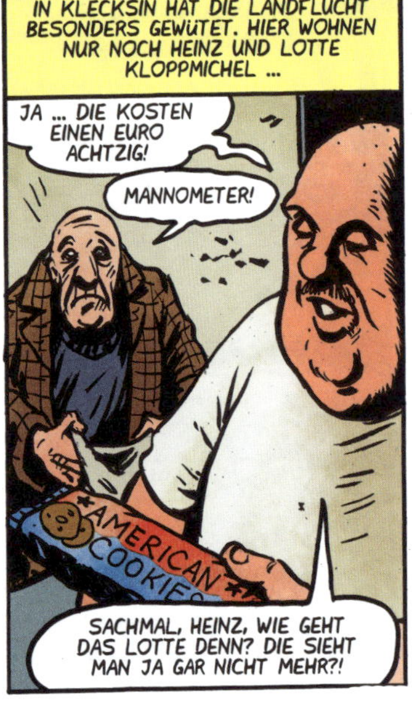

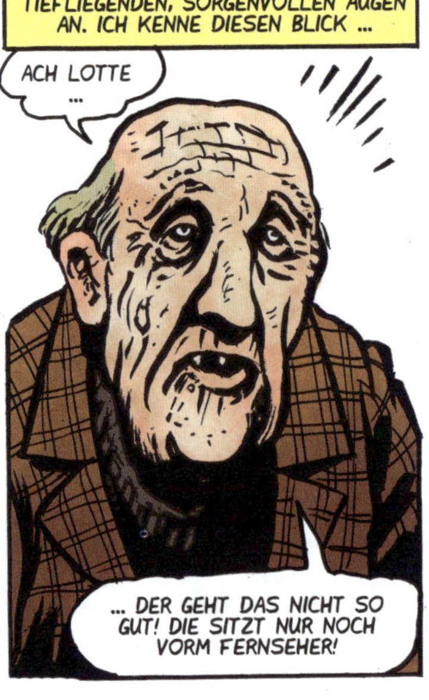

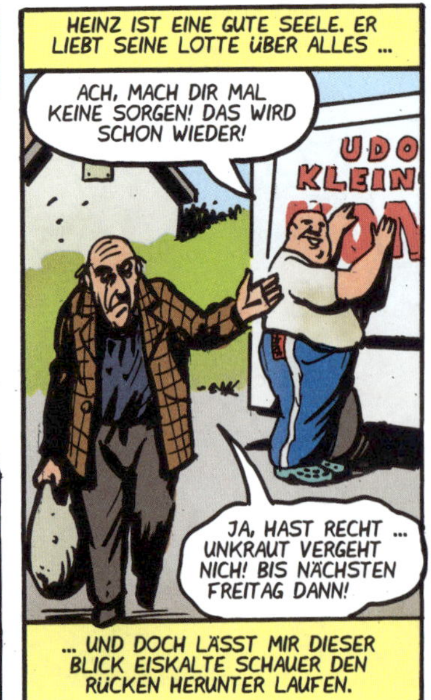

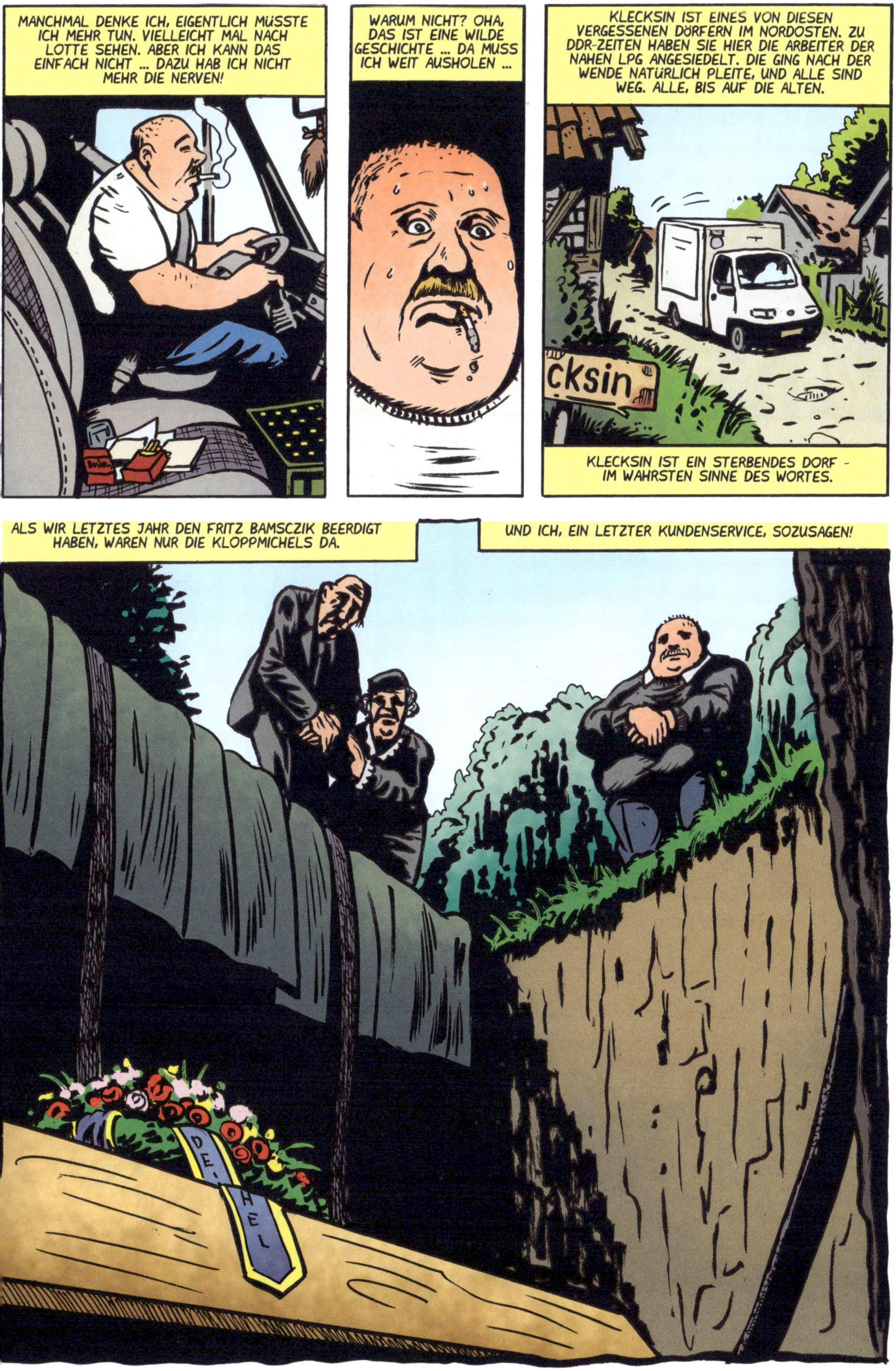

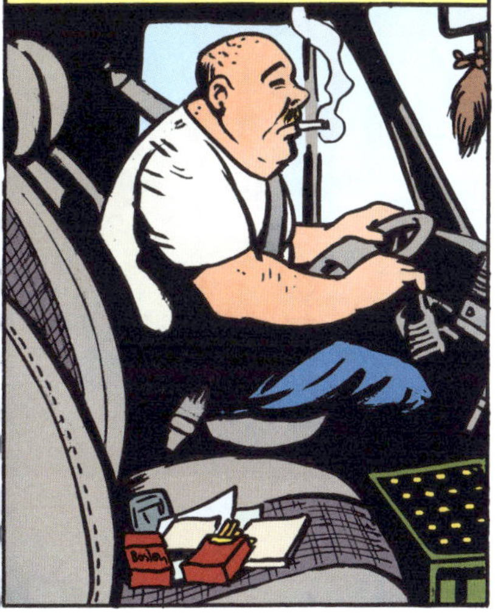

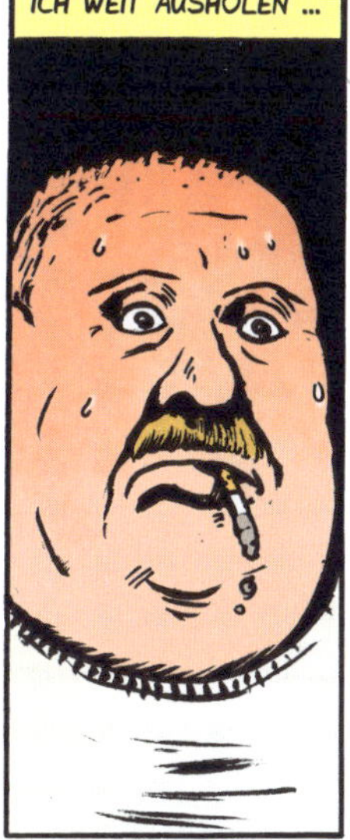

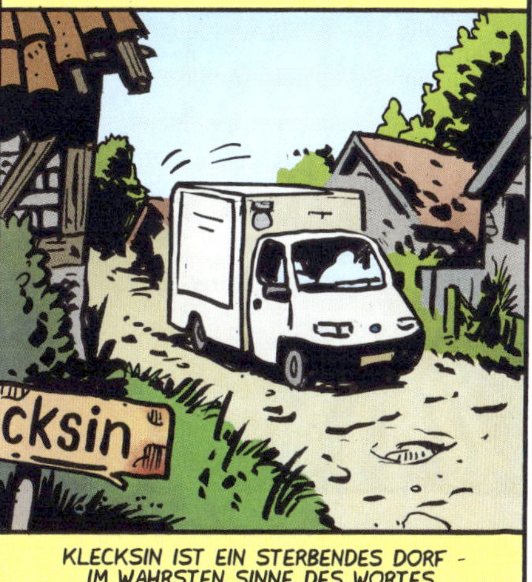

ALS WIR LETZTES JAHR DEN FRITZ BAMSCZIK BEERDIGT HABEN, WAREN NUR DIE KLOPPMICHELS DA.

UND ICH, EIN LETZTER KUNDENSERVICE, SOZUSAGEN!

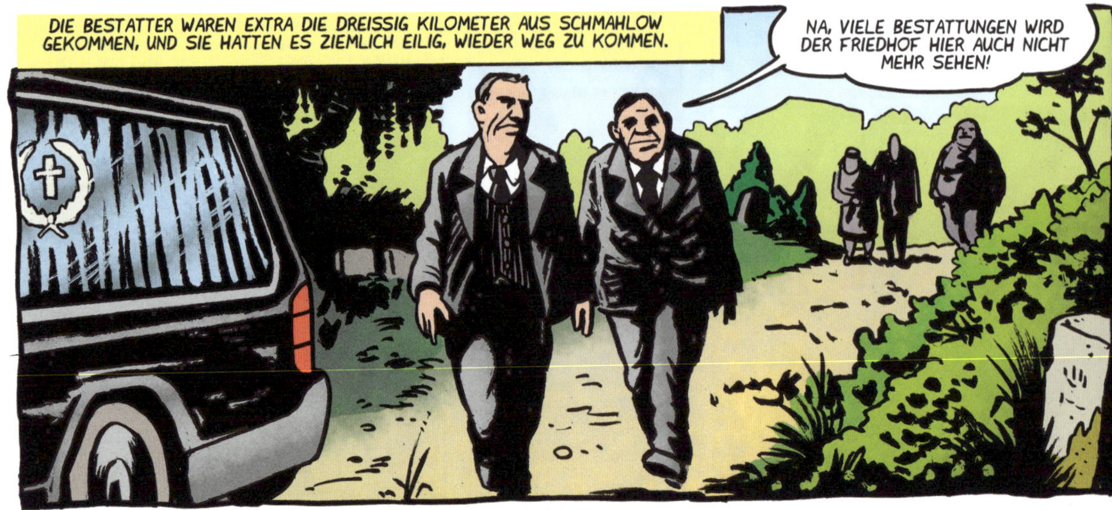
DIE BESTATTER WAREN EXTRA DIE DREISSIG KILOMETER AUS SCHMAHLOW GEKOMMEN, UND SIE HATTEN ES ZIEMLICH EILIG, WIEDER WEG ZU KOMMEN.
NA, VIELE BESTATTUNGEN WIRD DER FRIEDHOF HIER AUCH NICHT MEHR SEHEN!

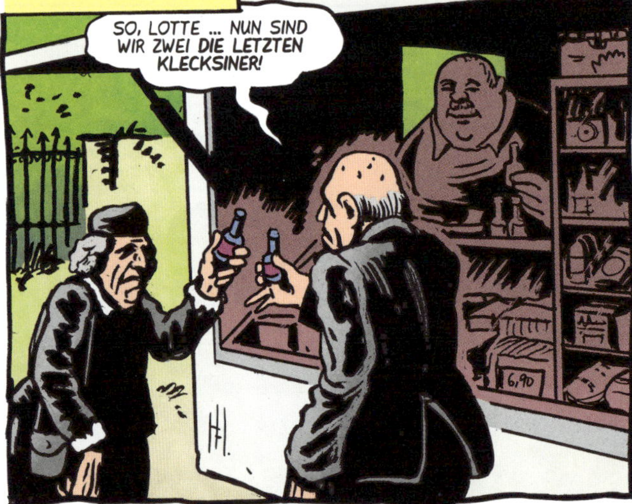
UM FRITZ WENIGSTENS EIN BISSCHEN EHRE ZU TEIL KOMMEN ZU LASSEN, GAB ICH AN MEINEM WAGEN ETWAS BUTTERKUCHEN UND EIN SCHNÄPPERCHEN AUS ...
SO, LOTTE ... NUN SIND WIR ZWEI **DIE LETZTEN KLECKSINER!**

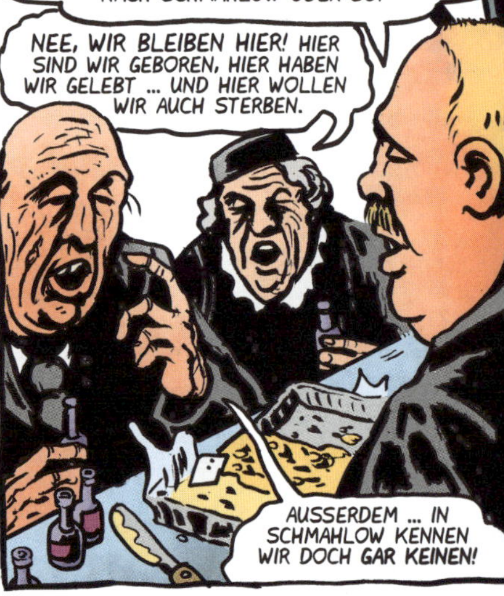
HMM ... VIELLEICHT SOLLTET IHR BEIDEN MAL DARÜBER NACHDENKEN, HIER **WEGZUZIEHEN.** NACH SCHMAHLOW ODER SO!
NEE, WIR BLEIBEN HIER! HIER SIND WIR GEBOREN, HIER HABEN WIR GELEBT ... UND HIER WOLLEN WIR AUCH STERBEN.
AUSSERDEM ... IN SCHMAHLOW KENNEN WIR DOCH **GAR KEINEN!**

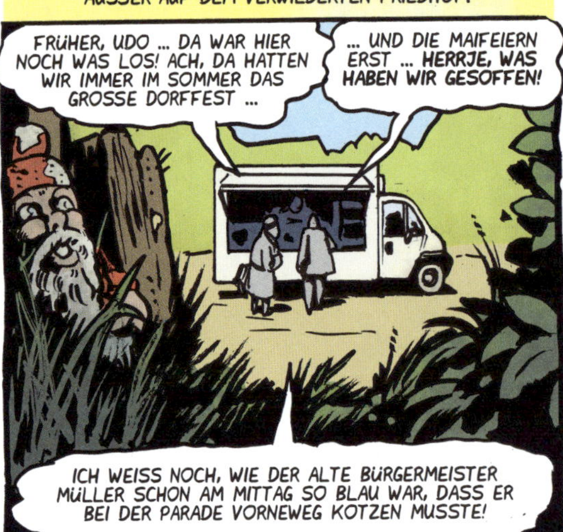
ICH VERKNIFF MIR ZU SAGEN, DASS ES AUCH IN KLECKSIN NIEMANDEN MEHR GAB, DEN SIE KANNTEN ... AUSSER AUF DEM VERWILDERTEN FRIEDHOF.
FRÜHER, UDO ... DA WAR HIER NOCH WAS LOS! ACH, DA HATTEN WIR IMMER IM SOMMER DAS GROSSE DORFFEST ...
... UND DIE MAIFEIERN ERST ... **HERRJE, WAS HABEN WIR GESOFFEN!**
ICH WEISS NOCH, WIE DER ALTE BÜRGERMEISTER MÜLLER SCHON AM MITTAG SO BLAU WAR, DASS ER BEI DER PARADE VORNEWEG KOTZEN MUSSTE!
ACH, DAS IST NUN ALLES LANG VORBEI ...
JA, ABER DAS WIRD AUCH WIEDER BESSER ...

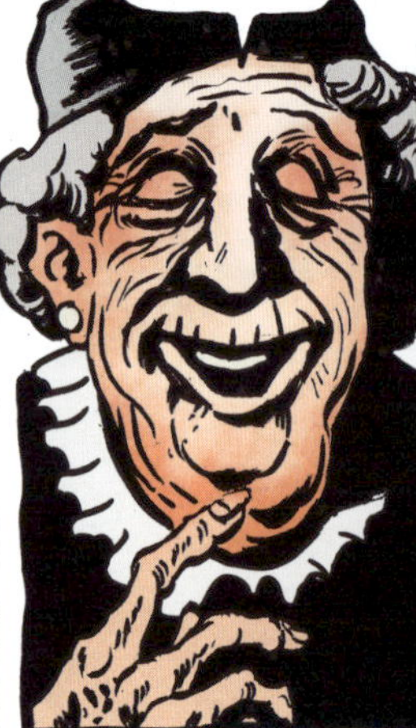
IM AUGUST FEIERN HEINZ UND ICH **GOLDENE HOCHZEIT** ... DAS WIRD EIN **GROSSES FEST,** SO WIE FRÜHER!

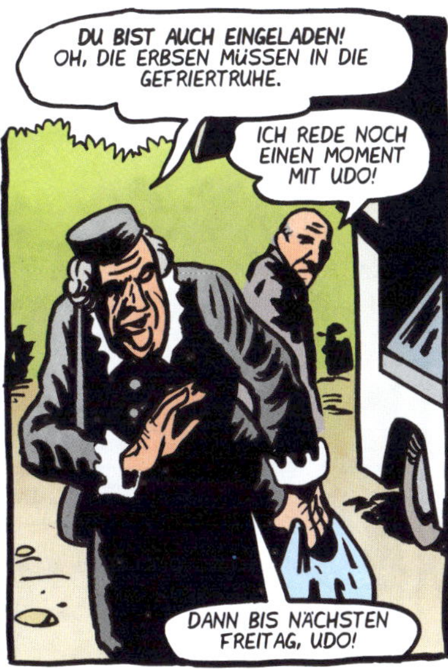
DU BIST AUCH EINGELADEN! OH, DIE ERBSEN MÜSSEN IN DIE GEFRIERTRUHE.
ICH REDE NOCH EINEN MOMENT MIT UDO!
DANN BIS NÄCHSTEN FREITAG, UDO!

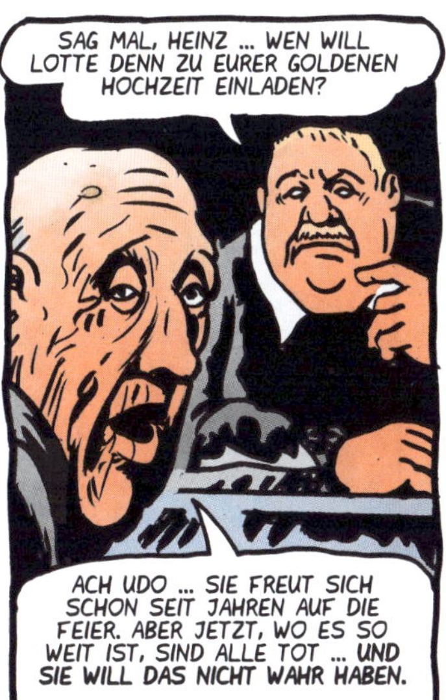
SAG MAL, HEINZ ... WEN WILL LOTTE DENN ZU EURER GOLDENEN HOCHZEIT EINLADEN?
ACH UDO ... SIE FREUT SICH SCHON SEIT JAHREN AUF DIE FEIER. ABER JETZT, WO ES SO WEIT IST, SIND ALLE TOT ... UND SIE WILL DAS NICHT WAHR HABEN.

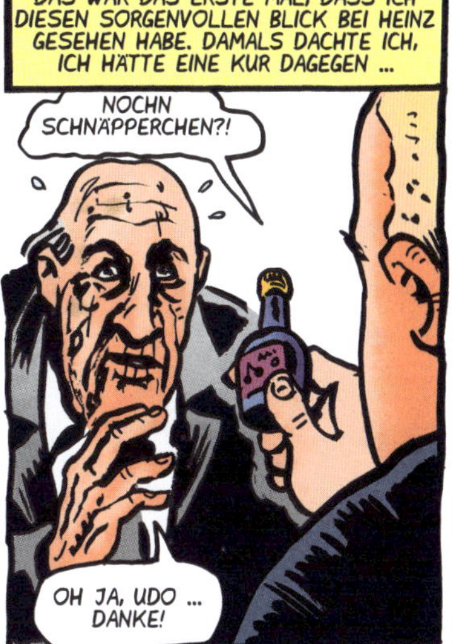
DAS WAR DAS ERSTE MAL, DASS ICH DIESEN SORGENVOLLEN BLICK BEI HEINZ GESEHEN HABE. DAMALS DACHTE ICH, ICH HÄTTE EINE KUR DAGEGEN ...
NOCHN SCHNÄPPERCHEN?!
OH JA, UDO ... DANKE!

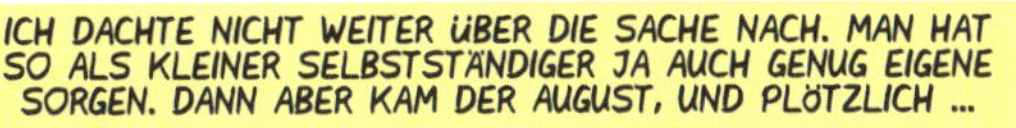
ICH DACHTE NICHT WEITER ÜBER DIE SACHE NACH. MAN HAT SO ALS KLEINER SELBSTSTÄNDIGER JA AUCH GENUG EIGENE SORGEN. DANN ABER KAM DER AUGUST, UND PLÖTZLICH ...

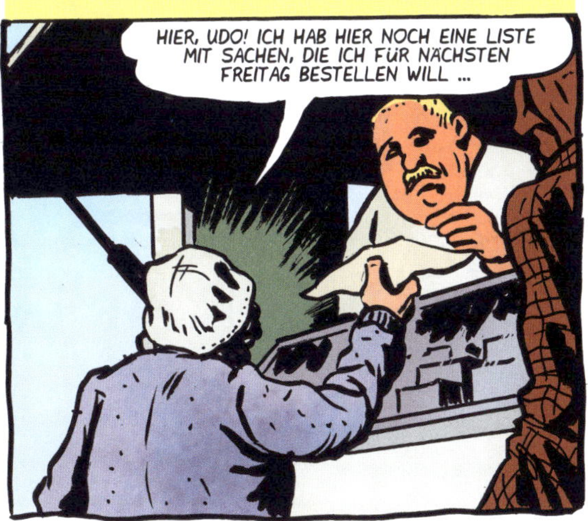
HIER, UDO! ICH HAB HIER NOCH EINE LISTE MIT SACHEN, DIE ICH FÜR NÄCHSTEN FREITAG BESTELLEN WILL ...

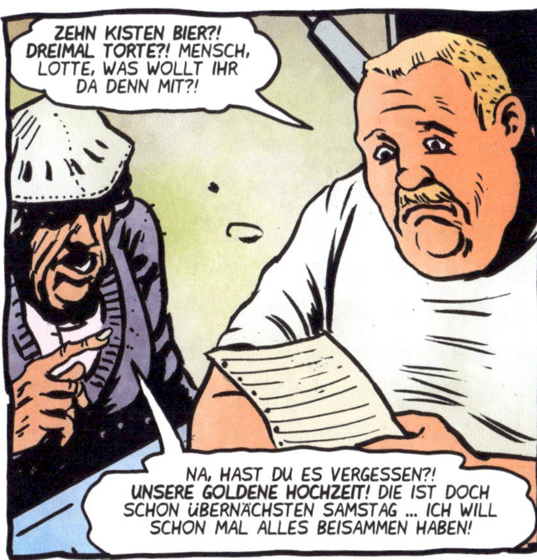
ZEHN KISTEN BIER?! DREIMAL TORTE?! MENSCH, LOTTE, WAS WOLLT IHR DA DENN MIT?!
NA, HAST DU ES VERGESSEN?! UNSERE GOLDENE HOCHZEIT! DIE IST DOCH SCHON ÜBERNÄCHSTEN SAMSTAG ... ICH WILL SCHON MAL ALLES BEISAMMEN HABEN!

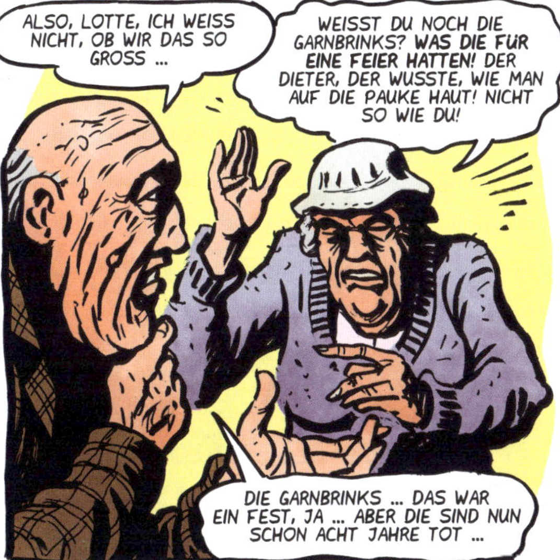
ALSO, LOTTE, ICH WEISS NICHT, OB WIR DAS SO GROSS ...
WEISST DU NOCH DIE GARNBRINKS? WAS DIE FÜR EINE FEIER HATTEN! DER DIETER, DER WUSSTE, WIE MAN AUF DIE PAUKE HAUT! NICHT SO WIE DU!
DIE GARNBRINKS ... DAS WAR EIN FEST, JA ... ABER DIE SIND NUN SCHON ACHT JAHRE TOT ...

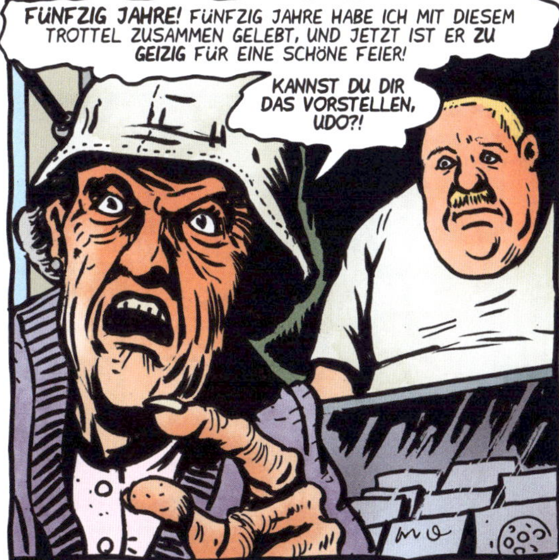
FÜNFZIG JAHRE! FÜNFZIG JAHRE HABE ICH MIT DIESEM TROTTEL ZUSAMMEN GELEBT, UND JETZT IST ER ZU GEIZIG FÜR EINE SCHÖNE FEIER!
KANNST DU DIR DAS VORSTELLEN, UDO?!

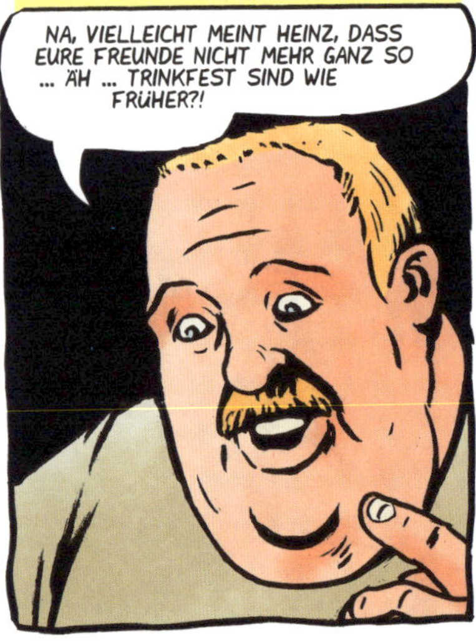
HILFLOS GUCKTE HEINZ MICH AN ...
NA, VIELLEICHT MEINT HEINZ, DASS EURE FREUNDE NICHT MEHR GANZ SO ... ÄH ... TRINKFEST SIND WIE FRÜHER?!

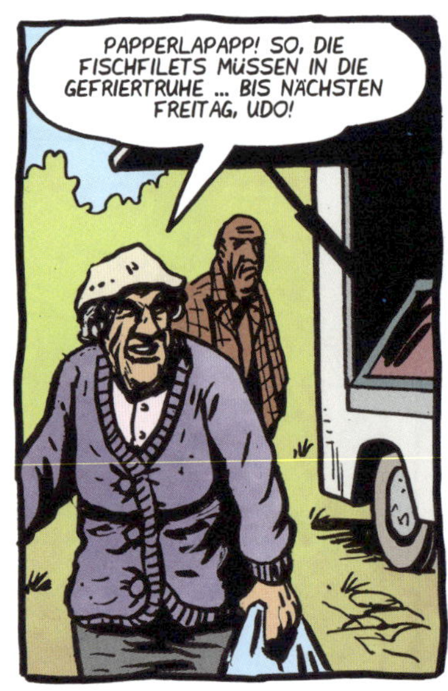
PAPPERLAPAPP! SO, DIE FISCHFILETS MÜSSEN IN DIE GEFRIERTRUHE ... BIS NÄCHSTEN FREITAG, UDO!

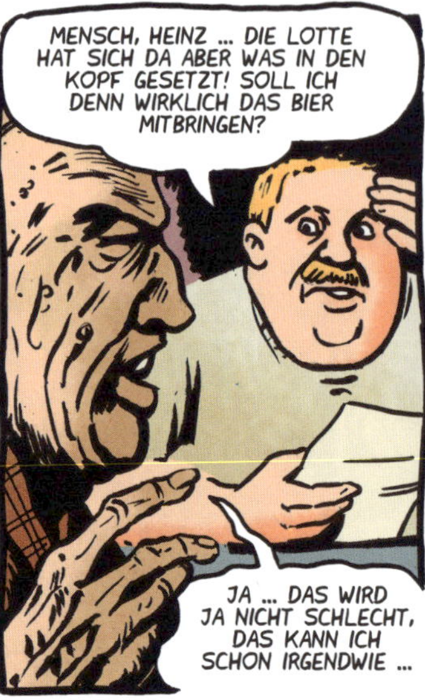
MENSCH, HEINZ ... DIE LOTTE HAT SICH DA ABER WAS IN DEN KOPF GESETZT! SOLL ICH DENN WIRKLICH DAS BIER MITBRINGEN?
JA ... DAS WIRD JA NICHT SCHLECHT, DAS KANN ICH SCHON IRGENDWIE ...

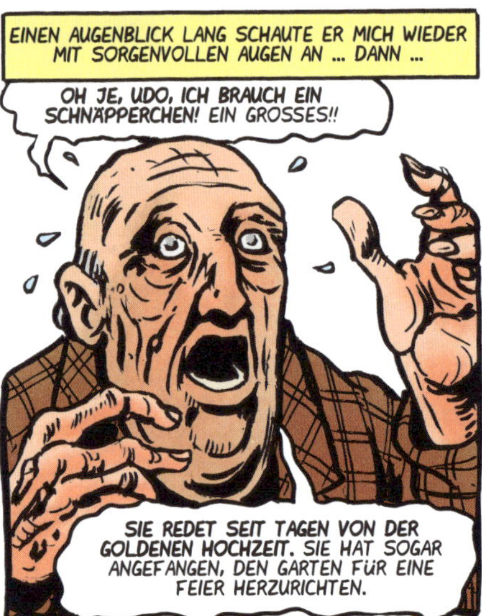
EINEN AUGENBLICK LANG SCHAUTE ER MICH WIEDER MIT SORGENVOLLEN AUGEN AN ... DANN ...
OH JE, UDO, ICH BRAUCH EIN SCHNÄPPERCHEN! EIN GROSSES!!
SIE REDET SEIT TAGEN VON DER GOLDENEN HOCHZEIT. SIE HAT SOGAR ANGEFANGEN, DEN GARTEN FÜR EINE FEIER HERZURICHTEN.

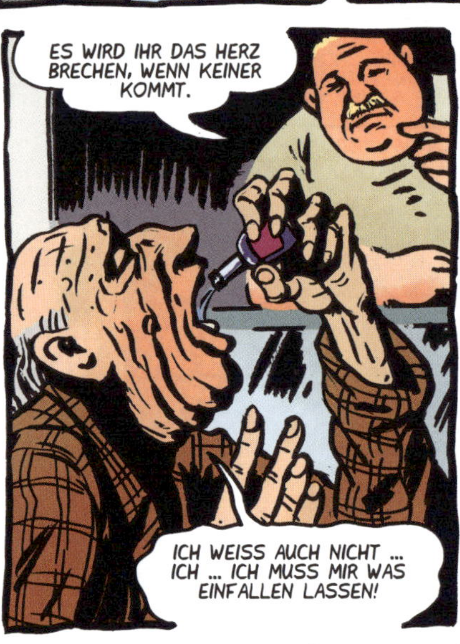
ES WIRD IHR DAS HERZ BRECHEN, WENN KEINER KOMMT.
ICH WEISS AUCH NICHT ... ICH ... ICH MUSS MIR WAS EINFALLEN LASSEN!

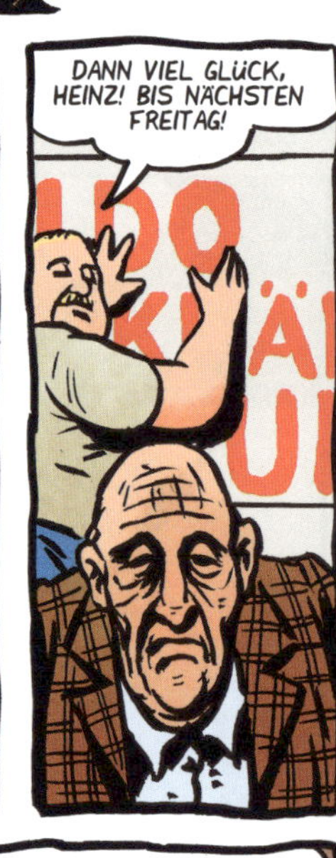
DANN VIEL GLÜCK, HEINZ! BIS NÄCHSTEN FREITAG!

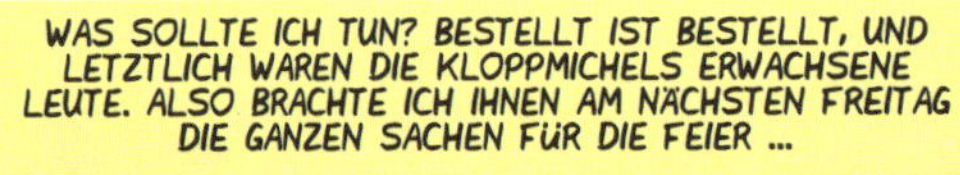
WAS SOLLTE ICH TUN? BESTELLT IST BESTELLT, UND LETZTLICH WAREN DIE KLOPPMICHELS ERWACHSENE LEUTE. ALSO BRACHTE ICH IHNEN AM NÄCHSTEN FREITAG DIE GANZEN SACHEN FÜR DIE FEIER ...

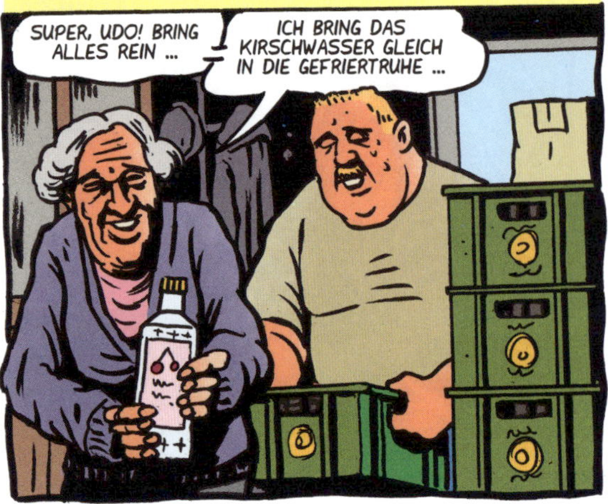
SUPER, UDO! BRING ALLES REIN ...
ICH BRING DAS KIRSCHWASSER GLEICH IN DIE GEFRIERTRUHE ...

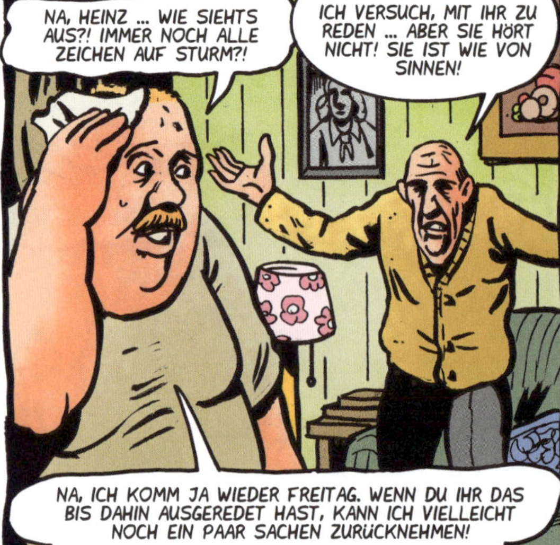
NA, HEINZ ... WIE SIEHTS AUS?! IMMER NOCH ALLE ZEICHEN AUF STURM?!
ICH VERSUCH, MIT IHR ZU REDEN ... ABER SIE HÖRT NICHT! SIE IST WIE VON SINNEN!
NA, ICH KOMM JA WIEDER FREITAG. WENN DU IHR DAS BIS DAHIN AUSGEREDET HAST, KANN ICH VIELLEICHT NOCH EIN PAAR SACHEN ZURÜCKNEHMEN!

DER ARME HEINZ, ICH WOLLTE NICHT IN SEINER HAUT STECKEN. ABER ER WAR EIN PATENTER BURSCHE, UND LETZTLICH WÜRDE ER ES SEINER LOTTE SCHON IRGENDWIE BEIBRINGEN KÖNNEN.

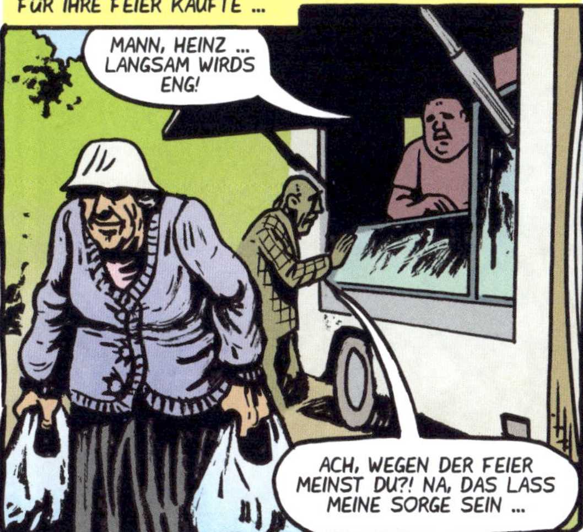

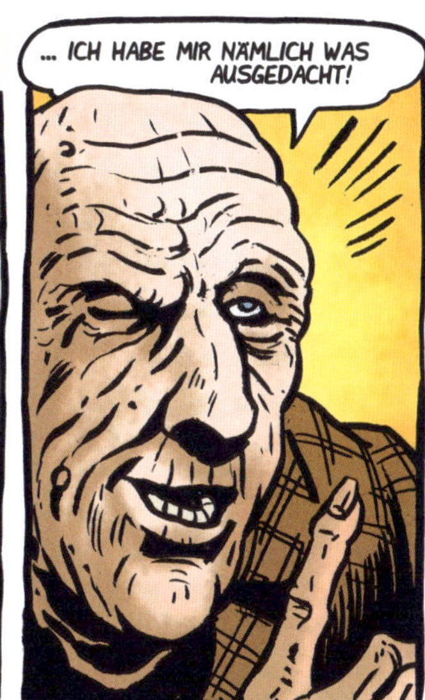

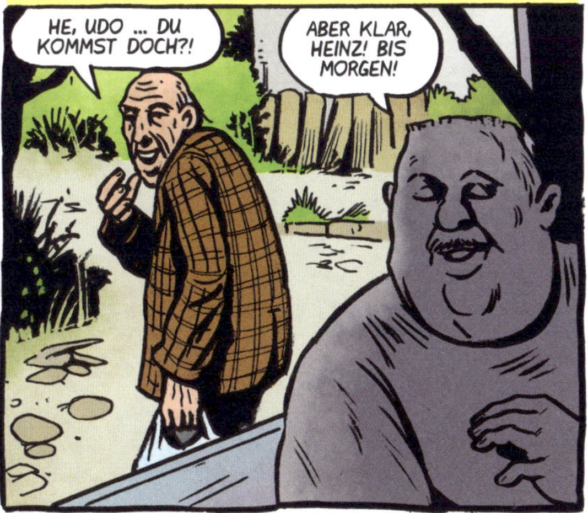

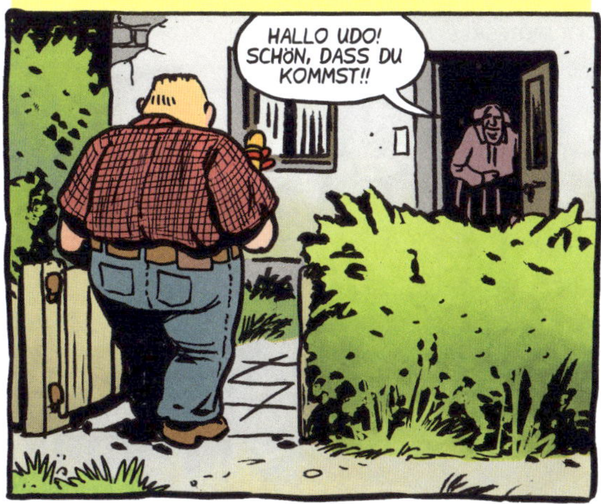

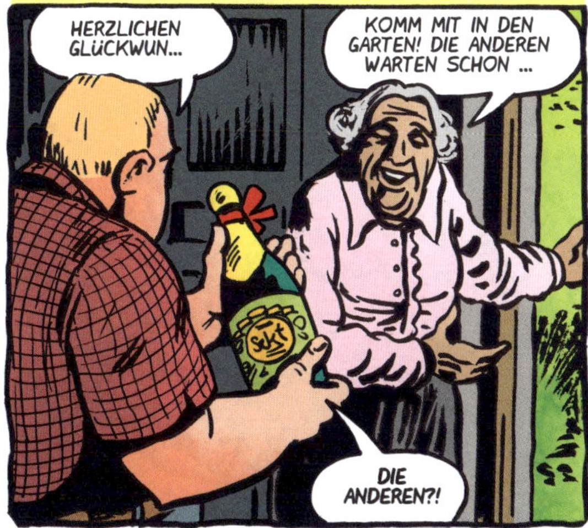

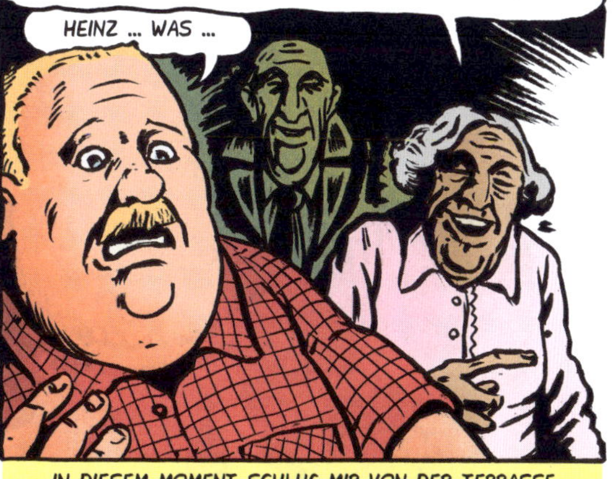

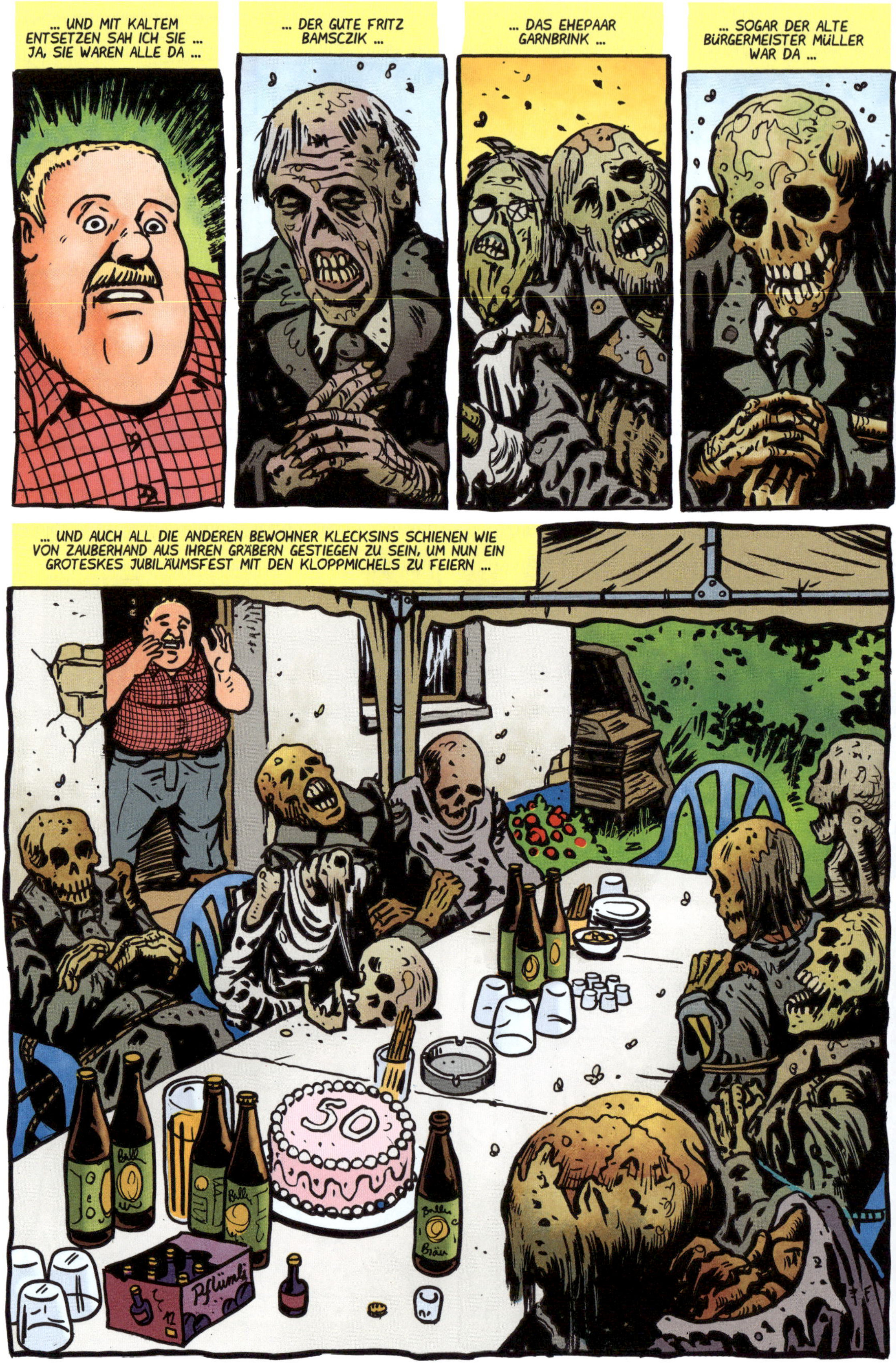

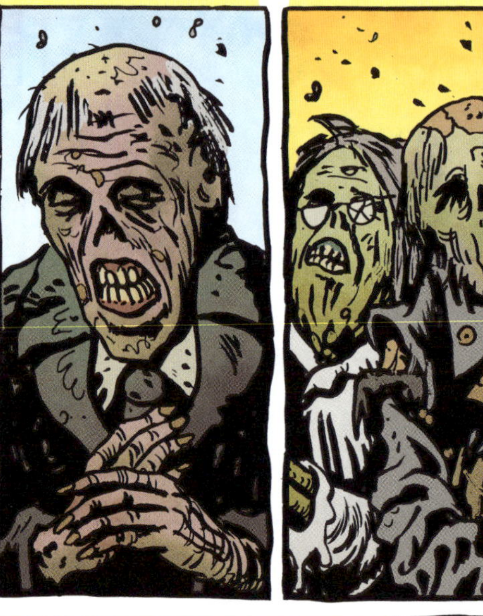

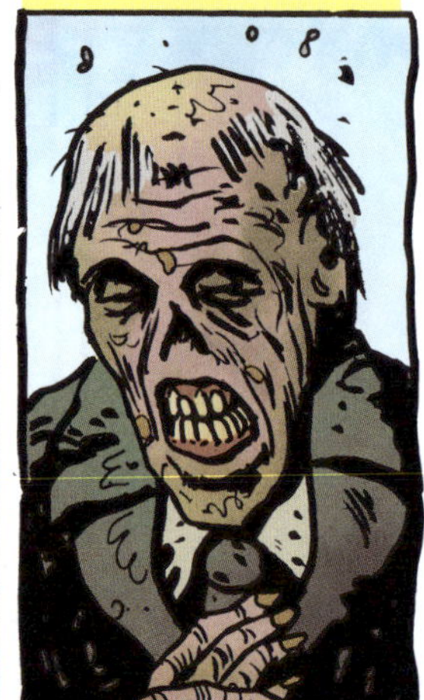

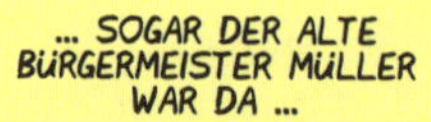

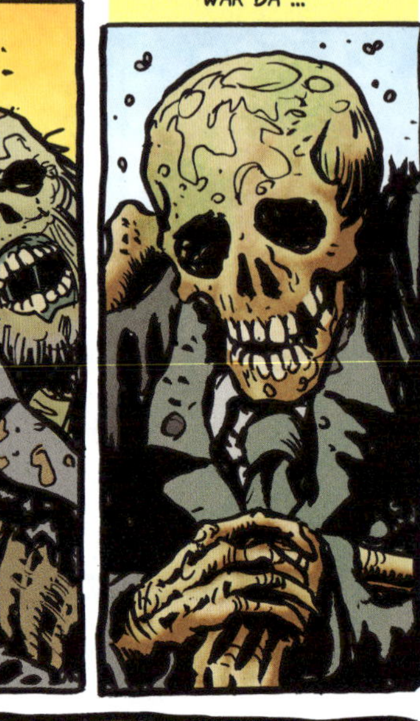

... UND AUCH ALL DIE ANDEREN BEWOHNER KLECKSINS SCHIENEN WIE VON ZAUBERHAND AUS IHREN GRÄBERN GESTIEGEN ZU SEIN, UM NUN EIN GROTESKES JUBILÄUMSFEST MIT DEN KLOPPMICHELS ZU FEIERN ...

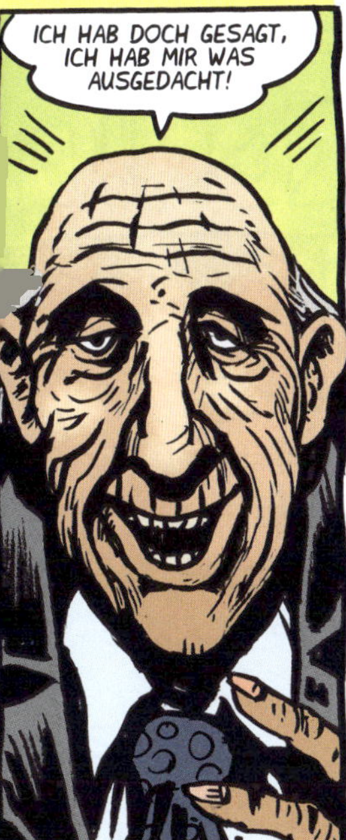
MEIN BLICK WANDERTE ZU HEINZ, DER MICH MIT EINEM LÄCHELN ANSAH ...
ICH HAB DOCH GESAGT, ICH HAB MIR WAS AUSGEDACHT!

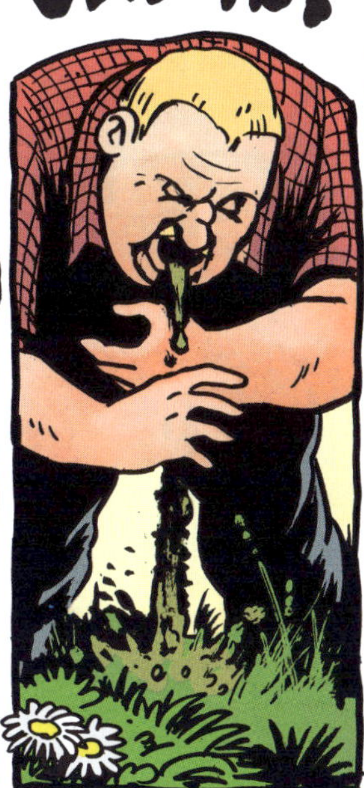
DAS WAR ZU VIEL FÜR MICH ...
VÄRGS!

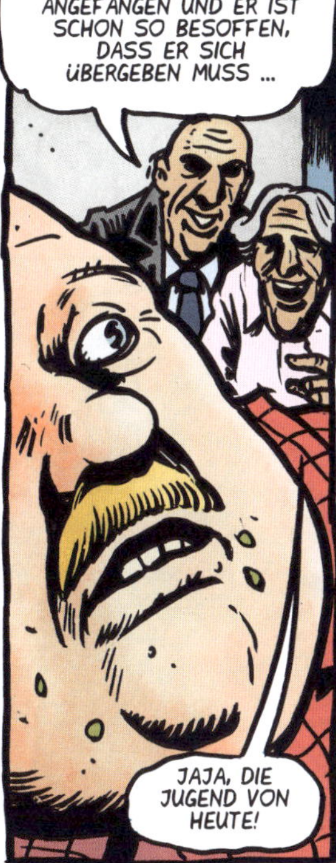
DER UDO! DIE FEIER HAT NOCH GAR NICHT RICHTIG ANGEFANGEN UND ER IST SCHON SO BESOFFEN, DASS ER SICH ÜBERGEBEN MUSS ...
JAJA, DIE JUGEND VON HEUTE!

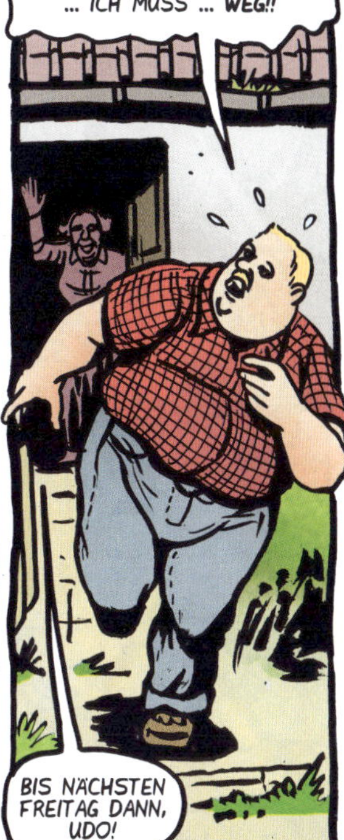
TSCHUL... TSCHULDIGUNG! ES GEHT MIR NICHT SO GUT ... ICH MUSS ... WEG!!
BIS NÄCHSTEN FREITAG DANN, UDO!

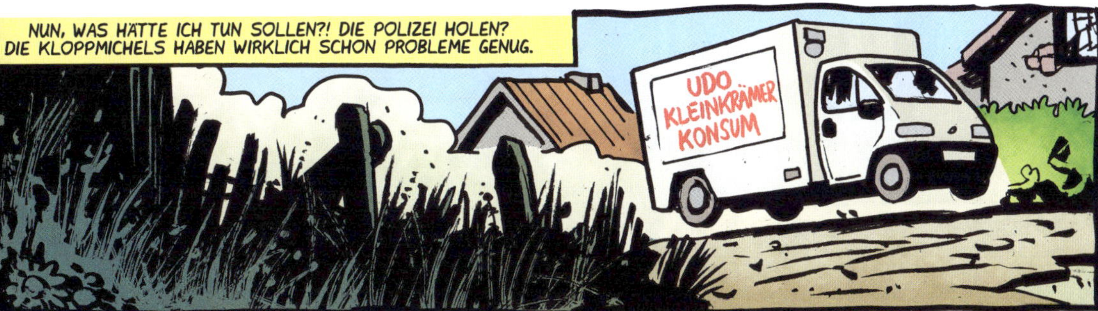
NUN, WAS HÄTTE ICH TUN SOLLEN?! DIE POLIZEI HOLEN? DIE KLOPPMICHELS HABEN WIRKLICH SCHON PROBLEME GENUG.
UDO KLEINKRÄMER KONSUM

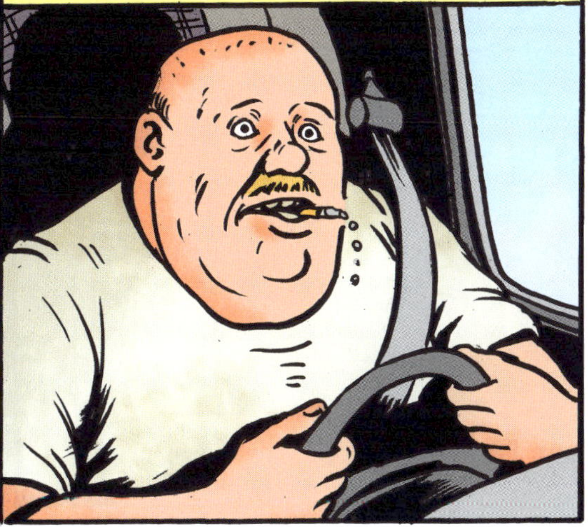
ICH MEINE, ICH KANN ES BEI ALLEM ENTSETZEN IRGENDWIE VERSTEHEN. SIE HABEN JA AUCH KEINEM WEH GETAN ... ABER ... ICH HAB HIER AUF MEINER ROUTE SCHON EINIGES ERLEBT, ABER DAS ... ICH WEISS AUCH NICHT.

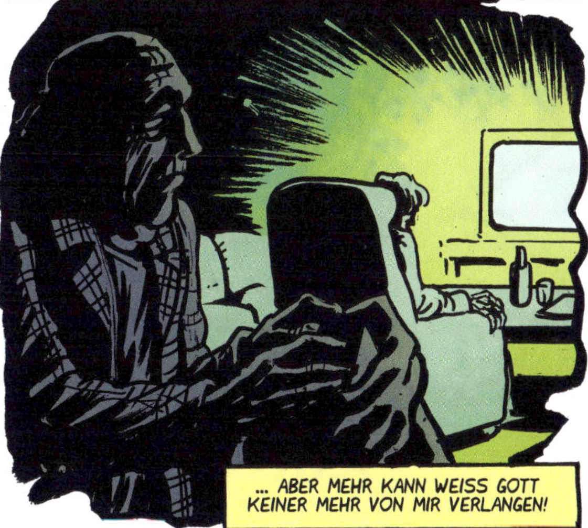
DA KANN ICH NICHTS MACHEN. ALSO FAHRE ICH WEITERHIN JEDEN FREITAG NACH KLECKSIN UND BRINGE DAS NÖTIGSTE ...
... ABER MEHR KANN WEISS GOTT KEINER MEHR VON MIR VERLANGEN!

ENDE

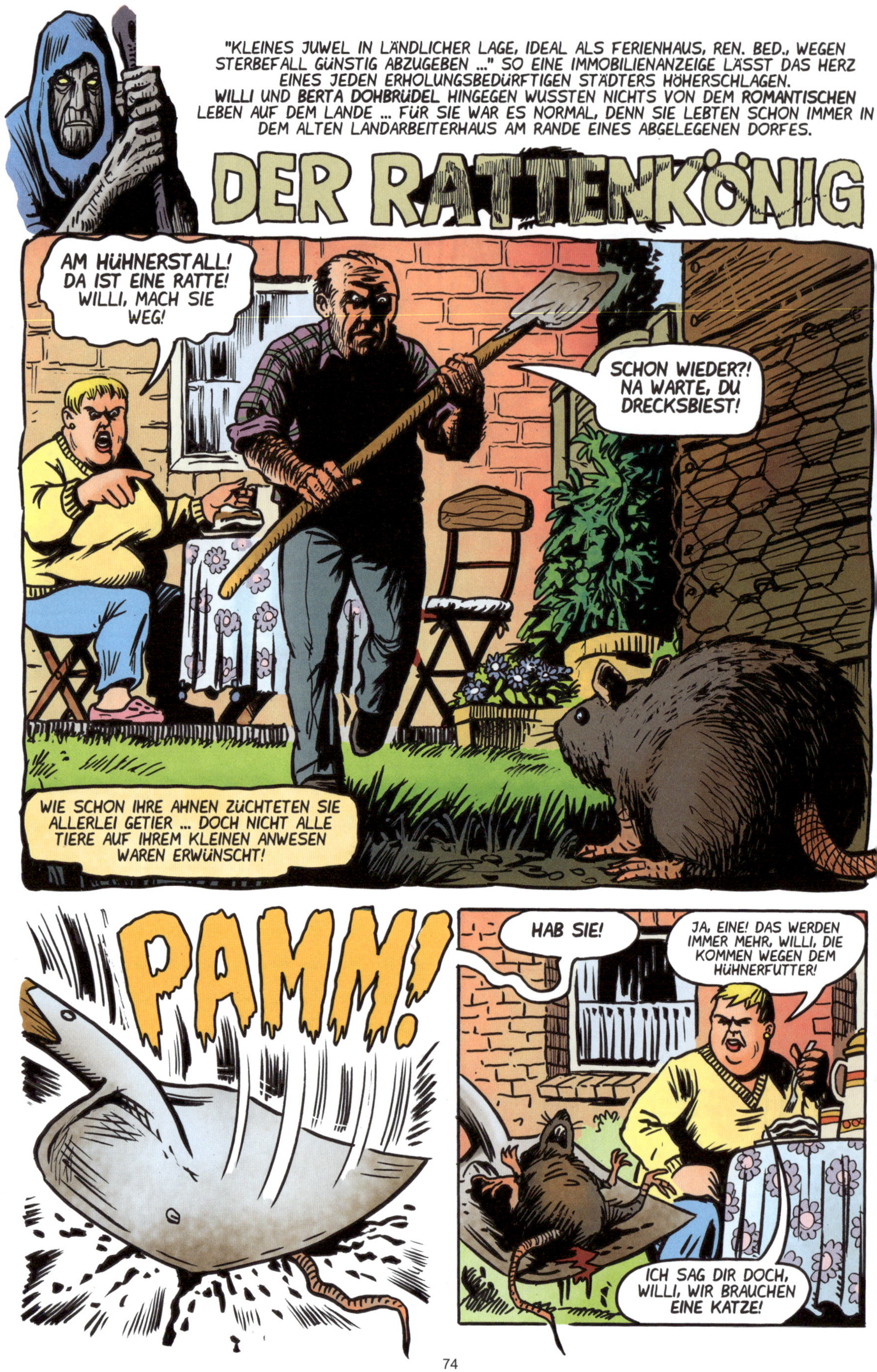

"KLEINES JUWEL IN LÄNDLICHER LAGE, IDEAL ALS FERIENHAUS, REN. BED., WEGEN STERBEFALL GÜNSTIG ABZUGEBEN ..." SO EINE IMMOBILIENANZEIGE LÄSST DAS HERZ EINES JEDEN ERHOLUNGSBEDÜRFTIGEN STÄDTERS HÖHERSCHLAGEN.
WILLI UND BERTA DOHBRÜDEL HINGEGEN WUSSTEN NICHTS VON DEM ROMANTISCHEN LEBEN AUF DEM LANDE ... FÜR SIE WAR ES NORMAL, DENN SIE LEBTEN SCHON IMMER IN DEM ALTEN LANDARBEITERHAUS AM RANDE EINES ABGELEGENEN DORFES.

DER RATTENKÖNIG

AM HÜHNERSTALL! DA IST EINE RATTE! WILLI, MACH SIE WEG!

SCHON WIEDER?! NA WARTE, DU DRECKSBIEST!

WIE SCHON IHRE AHNEN ZÜCHTETEN SIE ALLERLEI GETIER ... DOCH NICHT ALLE TIERE AUF IHREM KLEINEN ANWESEN WAREN ERWÜNSCHT!

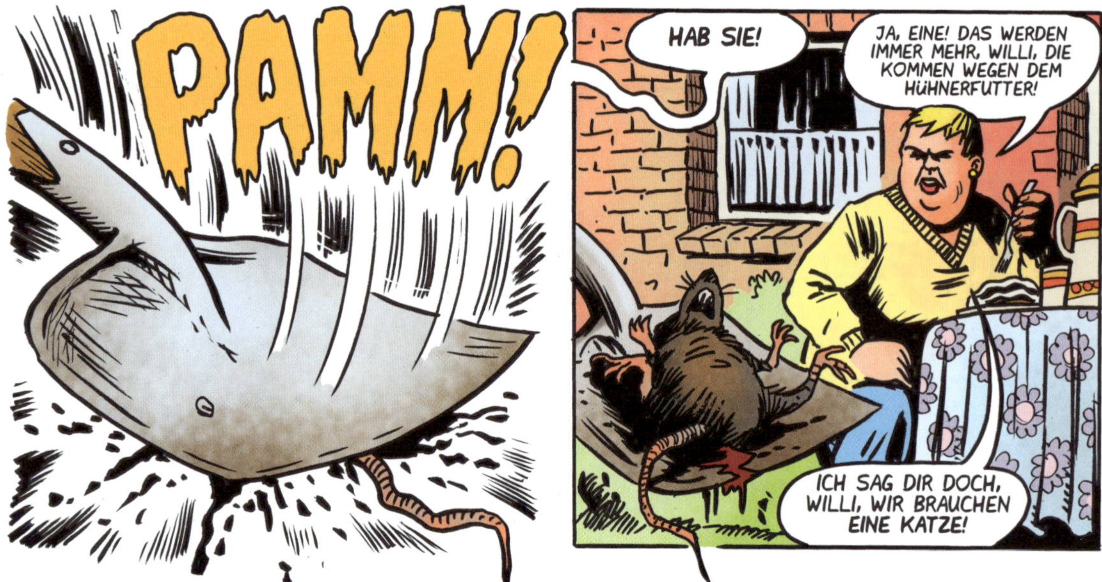

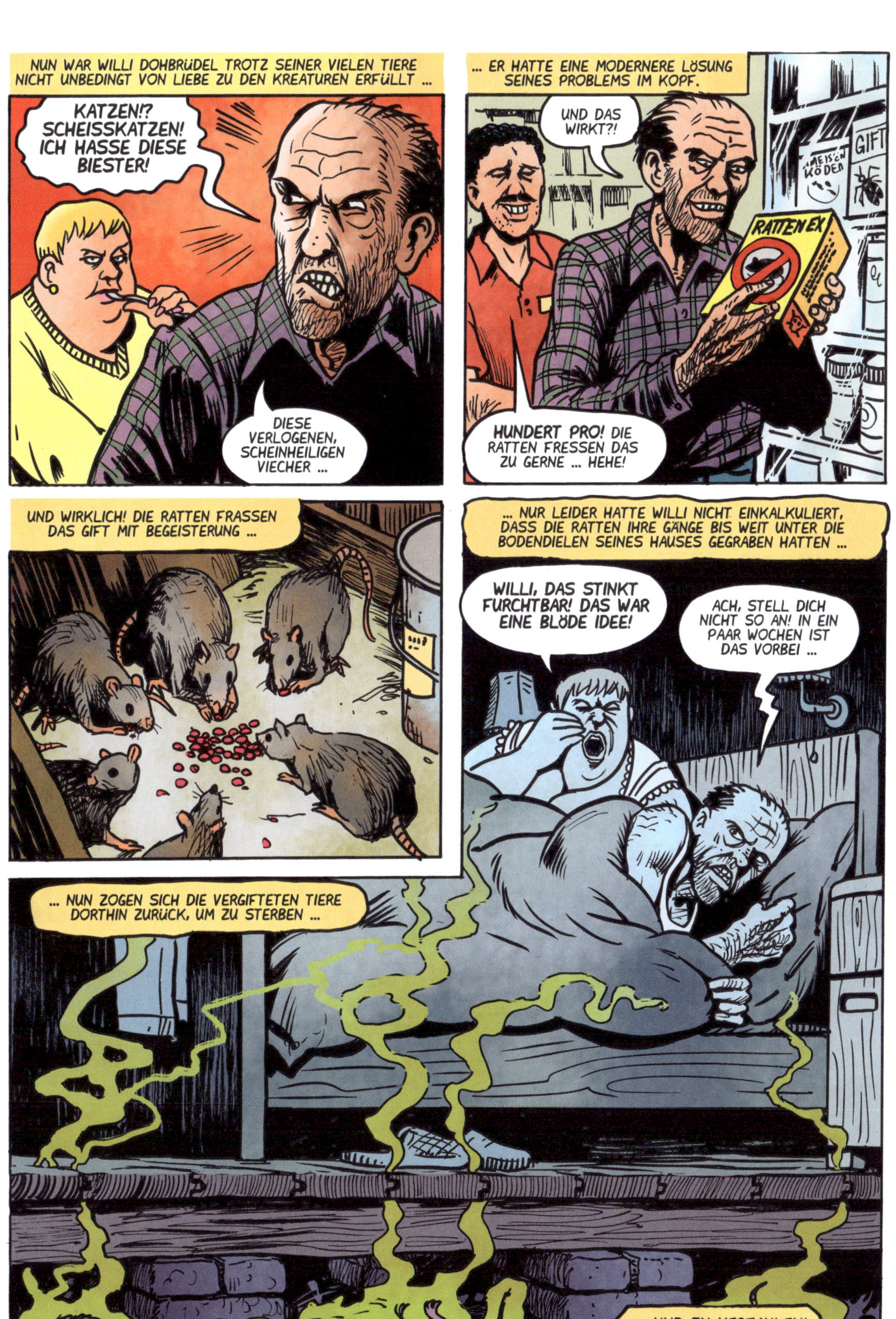
NUN WAR WILLI DOHBRÜDEL TROTZ SEINER VIELEN TIERE NICHT UNBEDINGT VON LIEBE ZU DEN KREATUREN ERFÜLLT ...
KATZEN!? SCHEISSKATZEN! ICH HASSE DIESE BIESTER!
DIESE VERLOGENEN, SCHEINHEILIGEN VIECHER ...
... ER HATTE EINE MODERNERE LÖSUNG SEINES PROBLEMS IM KOPF.
UND DAS WIRKT?!
HUNDERT PRO! DIE RATTEN FRESSEN DAS ZU GERNE ... HEHE!
GIFT
RATTEN EX
UND WIRKLICH! DIE RATTEN FRASSEN DAS GIFT MIT BEGEISTERUNG ...
... NUR LEIDER HATTE WILLI NICHT EINKALKULIERT, DASS DIE RATTEN IHRE GÄNGE BIS WEIT UNTER DIE BODENDIELEN SEINES HAUSES GEGRABEN HATTEN ...
WILLI, DAS STINKT FURCHTBAR! DAS WAR EINE BLÖDE IDEE!
ACH, STELL DICH NICHT SO AN! IN EIN PAAR WOCHEN IST DAS VORBEI ...
... NUN ZOGEN SICH DIE VERGIFTETEN TIERE DORTHIN ZURÜCK, UM ZU STERBEN ...
... UND ZU VERFAULEN!

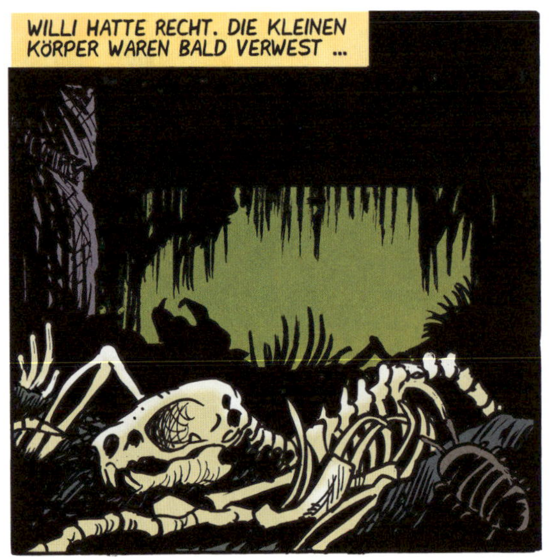

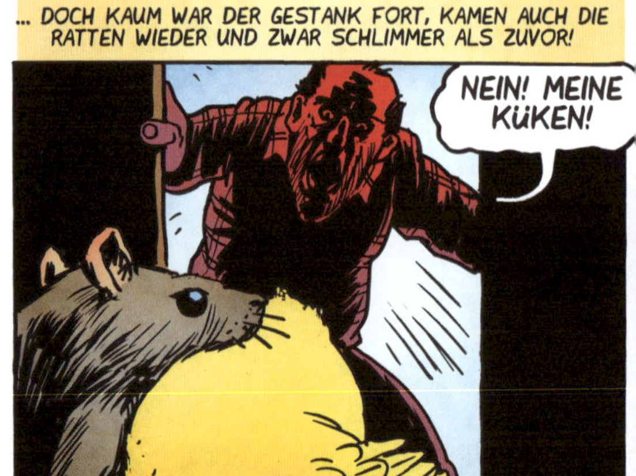

WILLI ZERBRACH SICH DEN KOPF DARÜBER, WIE ER DIESES PROBLEM IN DEN GRIFF BEKOMMEN KÖNNTE ...

NA, DAS HASTE JA FEIN HINGEKRIEGT, WILLI! DIE RATTEN SIND IMMER NOCH DA ... UND JETZT GEHEN SIE SOGAR BEI DIE HÜHNER!

HALT'S MAUL, BERTA! ICH MUSS NACHDENKEN!

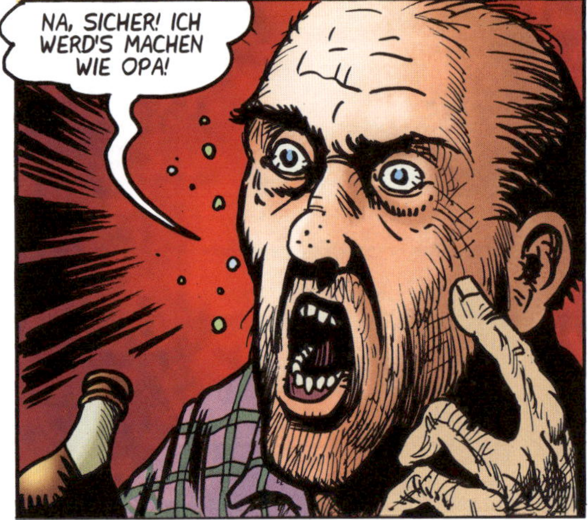

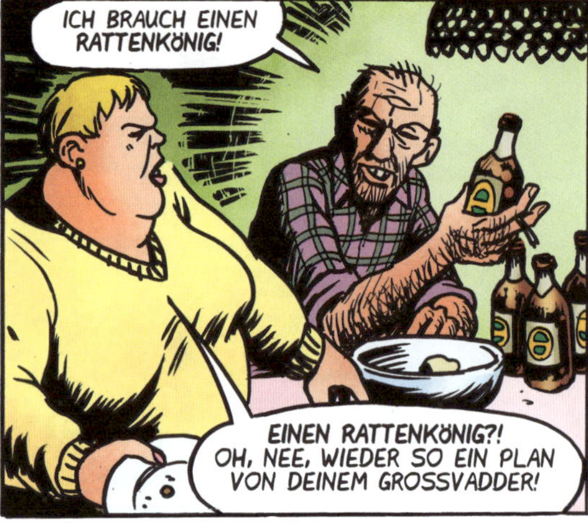

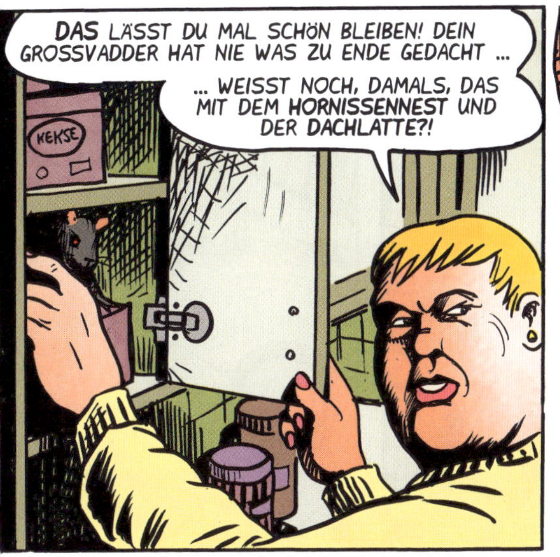
DAS LÄSST DU MAL SCHÖN BLEIBEN! DEIN GROSSVADDER HAT NIE WAS ZU ENDE GEDACHT ...
... WEISST NOCH, DAMALS, DAS MIT DEM HORNISSENNEST UND DER DACHLATTE?!
KEKSE

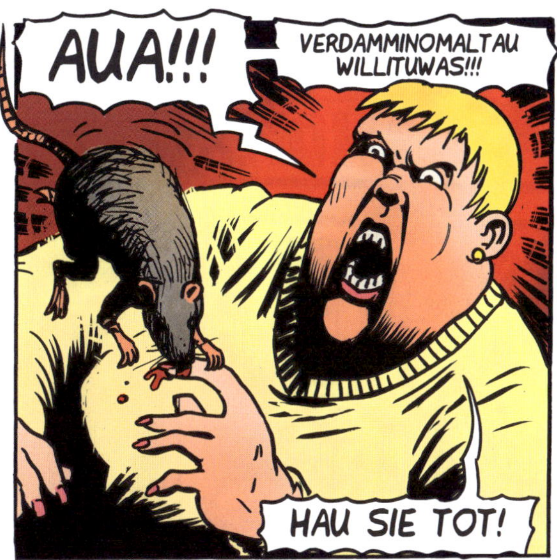
AUA!!!
VERDAMMINOMALTAU WILLITUWAS!!!
HAU SIE TOT!

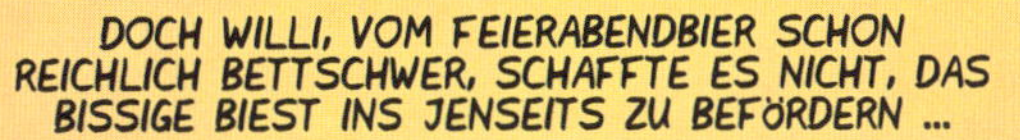
DOCH WILLI, VOM FEIERABENDBIER SCHON REICHLICH BETTSCHWER, SCHAFFTE ES NICHT, DAS BISSIGE BIEST INS JENSEITS ZU BEFÖRDERN ...

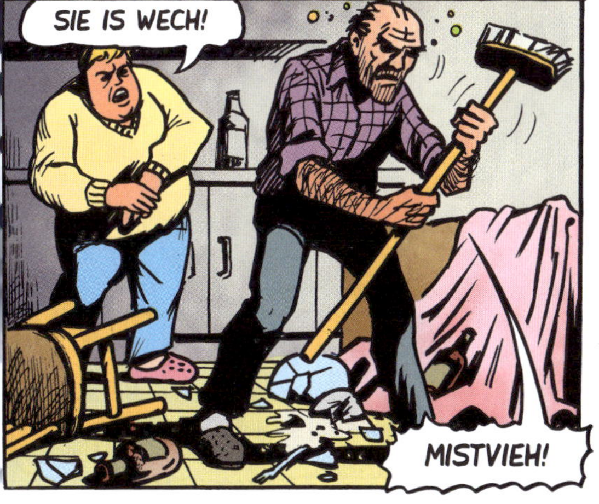
SIE IS WECH!
MISTVIEH!

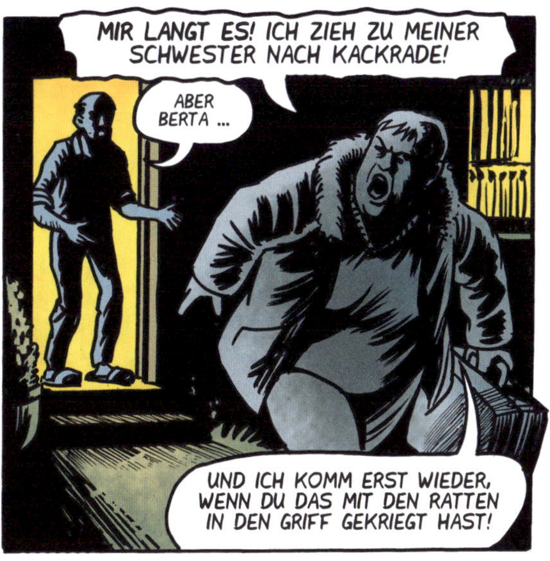
MIR LANGT ES! ICH ZIEH ZU MEINER SCHWESTER NACH KACKRADE!
ABER BERTA ...
UND ICH KOMM ERST WIEDER, WENN DU DAS MIT DEN RATTEN IN DEN GRIFF GEKRIEGT HAST!

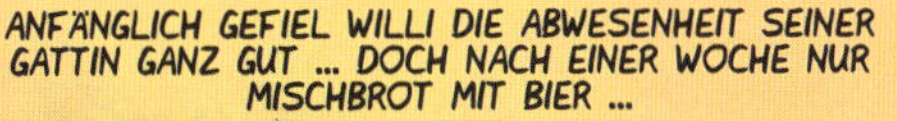
ANFÄNGLICH GEFIEL WILLI DIE ABWESENHEIT SEINER GATTIN GANZ GUT ... DOCH NACH EINER WOCHE NUR MISCHBROT MIT BIER ...

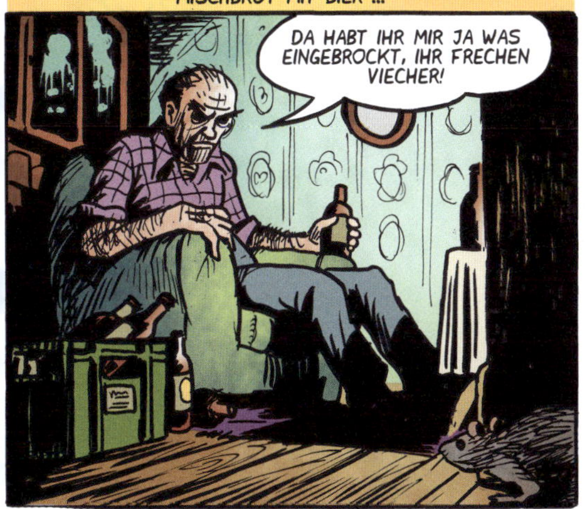
DA HABT IHR MIR JA WAS EINGEBROCKT, IHR FRECHEN VIECHER!

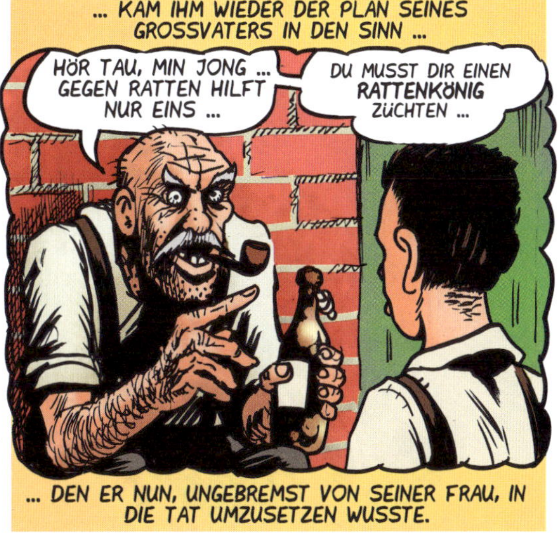
... KAM IHM WIEDER DER PLAN SEINES GROSSVATERS IN DEN SINN ...
HÖR TAU, MIN JONG ... GEGEN RATTEN HILFT NUR EINS ...
DU MUSST DIR EINEN RATTENKÖNIG ZÜCHTEN ...
... DEN ER NUN, UNGEBREMST VON SEINER FRAU, IN DIE TAT UMZUSETZEN WUSSTE.

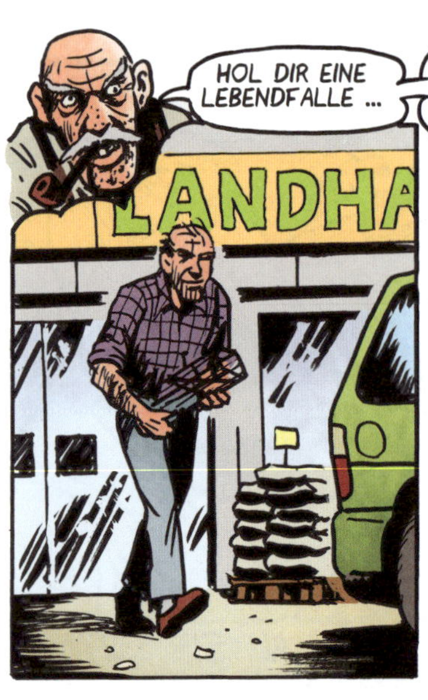
HOL DIR EINE LEBENDFALLE ...
LANDHA

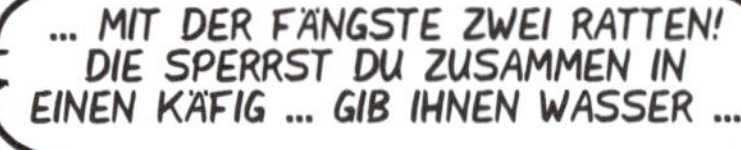

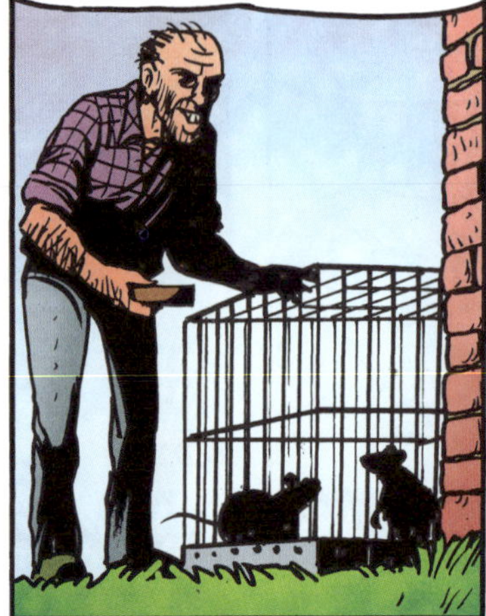
... MIT DER FÄNGSTE ZWEI RATTEN! DIE SPERRST DU ZUSAMMEN IN EINEN KÄFIG ... GIB IHNEN WASSER ...

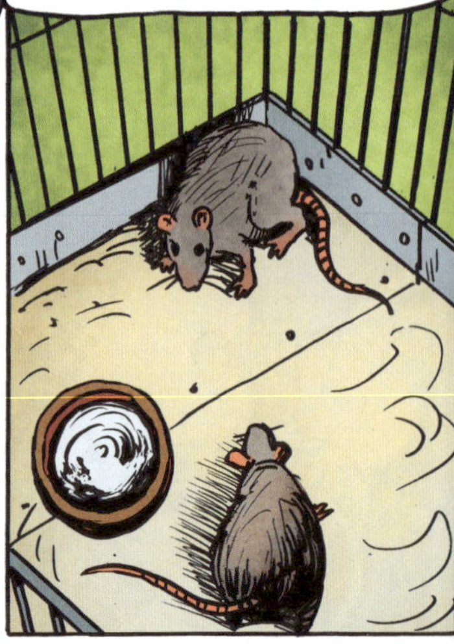
... ABER NIX ZU FRESSEN!

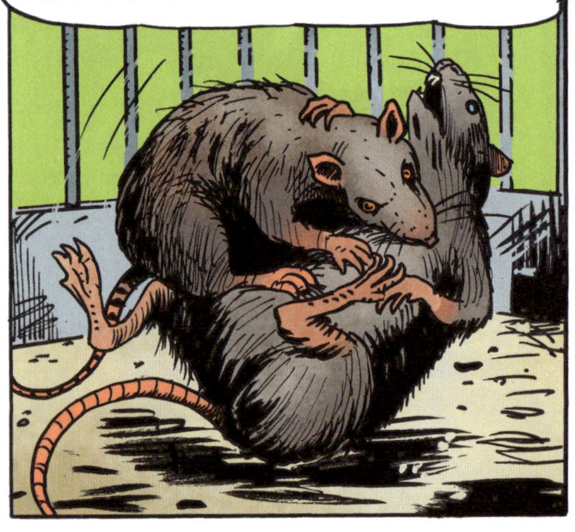
DU WIRST SEHEN, IRGENDWANN BRINGT DIE STÄRKERE DIE ANDERE UM UND FRISST SIE AUF!

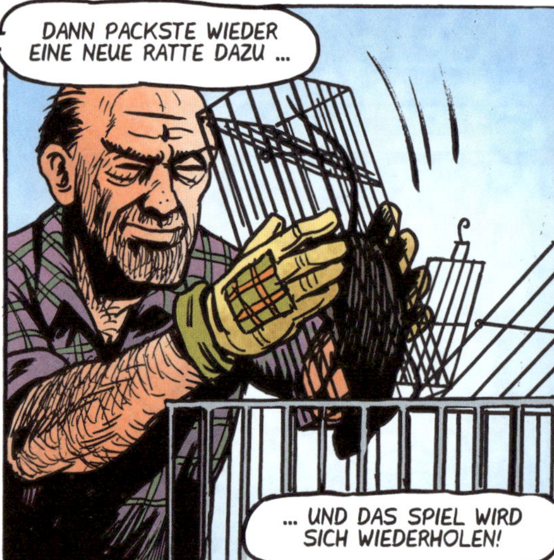
DANN PACKSTE WIEDER EINE NEUE RATTE DAZU ...
... UND DAS SPIEL WIRD SICH WIEDERHOLEN!

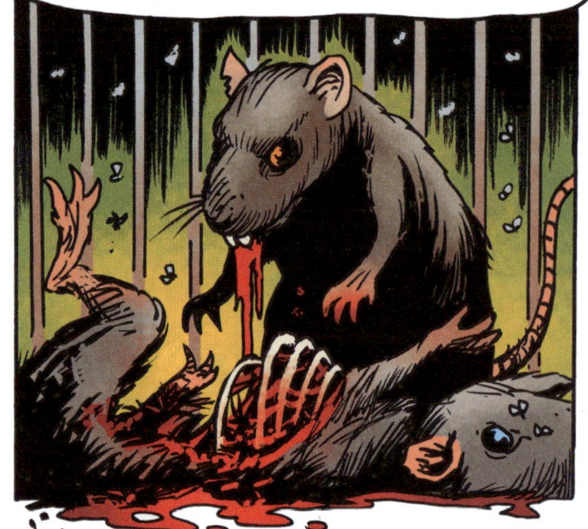
MACH DAS EIN PAAR MAL, DANN IST DAS VIEH, DAS ÜBRIGBLEIBT, AUF DEN GESCHMACK GEKOMMEN. DANN HASTE EINE KANNIBALENRATTE ... **EINEN RATTENKÖNIG**!

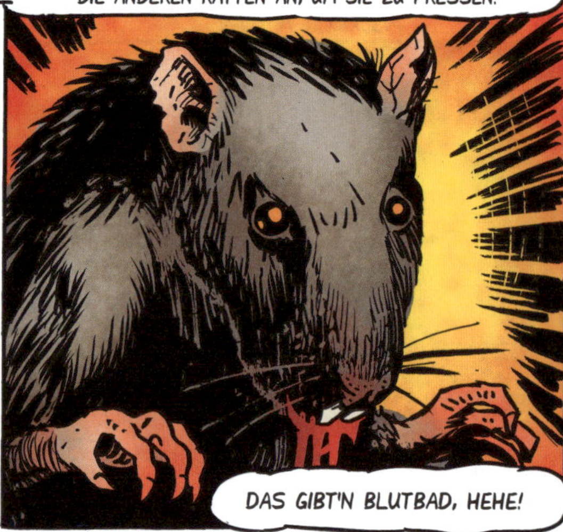
LASS SIE FREI! DIE GEHT DANN IN DEN BAU UND GREIFT DIE ANDEREN RATTEN AN, UM SIE ZU FRESSEN!
DAS GIBT'N BLUTBAD, HEHE!

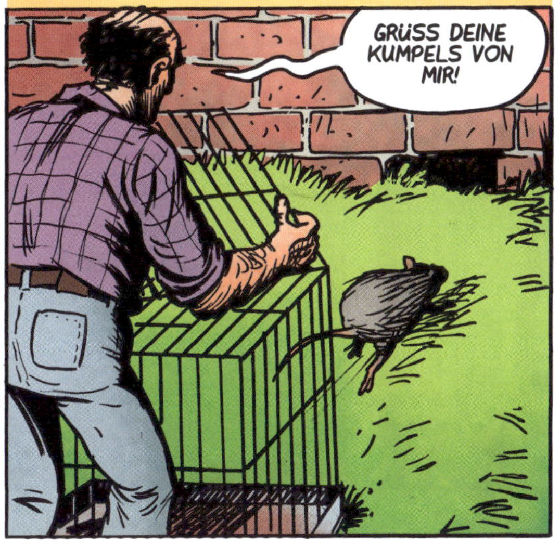
UND WIRKLICH, NACH EINEM MONAT HATTE WILLI EINEN ALBTRAUM VON EINER RATTE GEZOGEN ...
GRÜSS DEINE KUMPELS VON MIR!

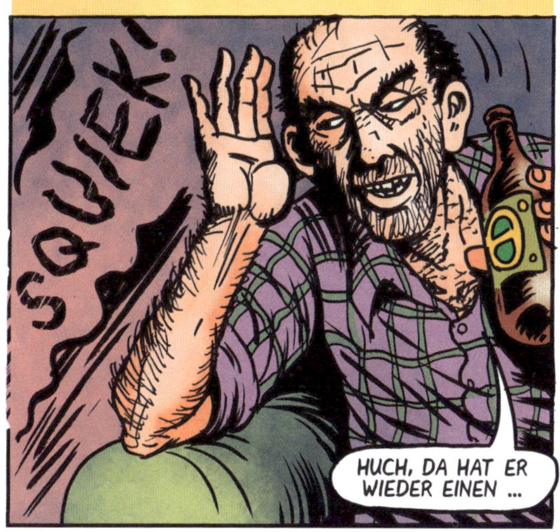
... MIT DIEBISCHER FREUDE LAUSCHTE ER NUN DEM TODESQUIEKEN UNTER SEINEM HAUS. SEIN RATTENKÖNIG FÜHRTE EIN GRAUSAMES REGIMENT ...
SQUIEK!
HUCH, DA HAT ER WIEDER EINEN ...

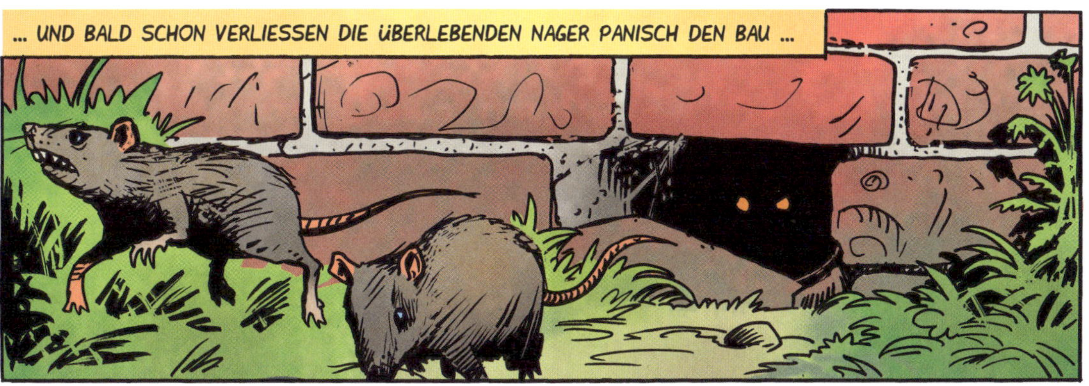
... UND BALD SCHON VERLIESSEN DIE ÜBERLEBENDEN NAGER PANISCH DEN BAU ...

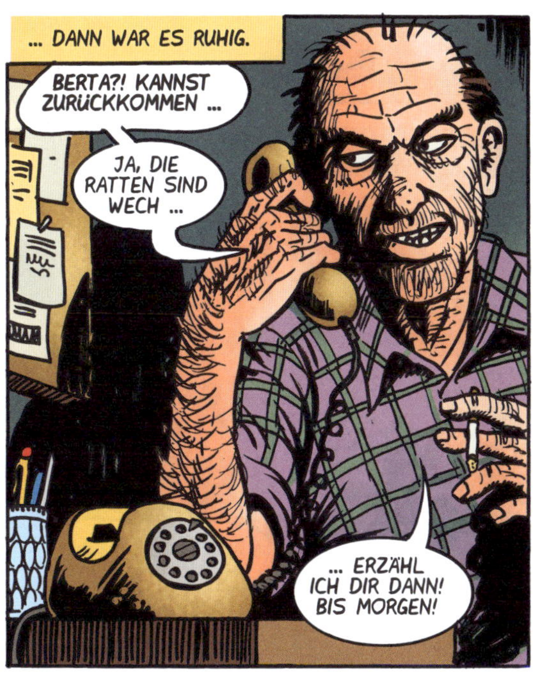
... DANN WAR ES RUHIG.
BERTA?! KANNST ZURÜCKKOMMEN ...
JA, DIE RATTEN SIND WECH ...
... ERZÄHL ICH DIR DANN! BIS MORGEN!

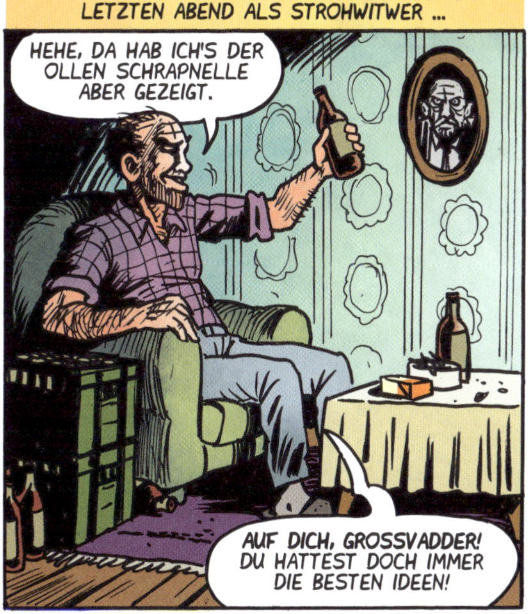
AN DIESEM ABEND FEIERTE WILLI SEINEN SIEG ÜBER DIE RATTEN ... UND VIELLEICHT AUCH SEINEN LETZTEN ABEND ALS STROHWITWER ...
HEHE, DA HAB ICH'S DER OLLEN SCHRAPNELLE ABER GEZEIGT.
AUF DICH, GROSSVADDER! DU HATTEST DOCH IMMER DIE BESTEN IDEEN!

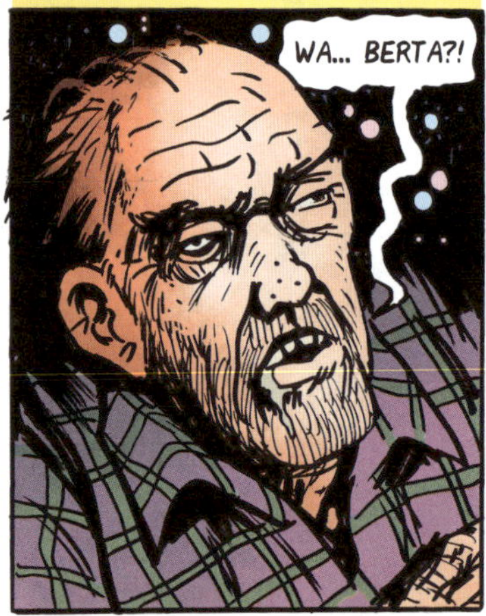
EINIGE STUNDEN UND FAST EINEN GANZEN KASTEN BIER SPÄTER LIESS EIN GERÄUSCH WILLI AUS TIEFEM SCHLAF HOCHSCHRECKEN ...
WA... BERTA?!

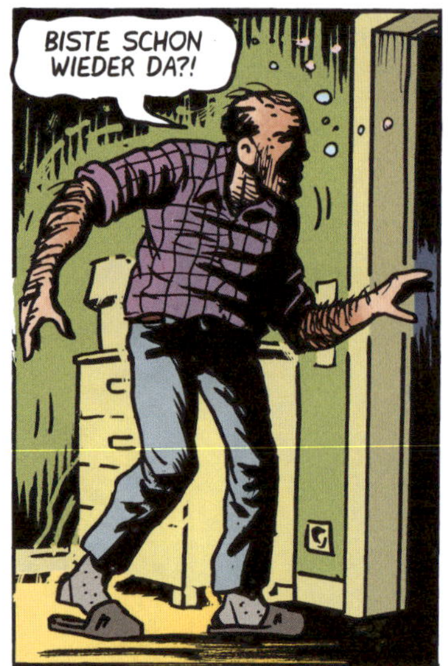
BISTE SCHON WIEDER DA?!

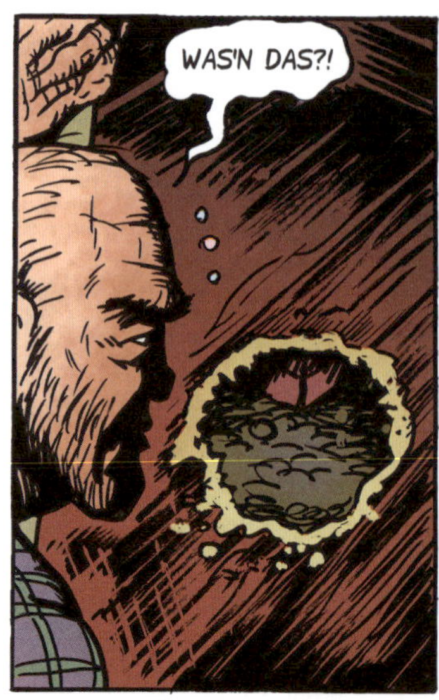
WAS'N DAS?!

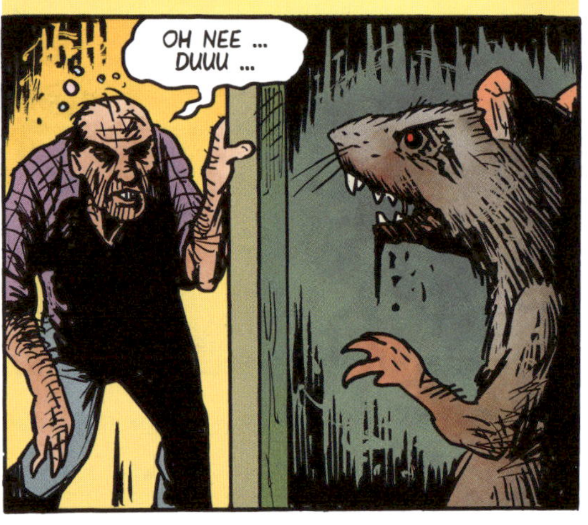
VIEL ZU SPÄT WURDE WILLI DOHBRÜDEL KLAR, DASS DER PLAN SEINES GROSSVATERS TATSÄCHLICH EINEN ENTSCHEIDENDEN FEHLER HATTE:
OH NEE ... DUUU ...

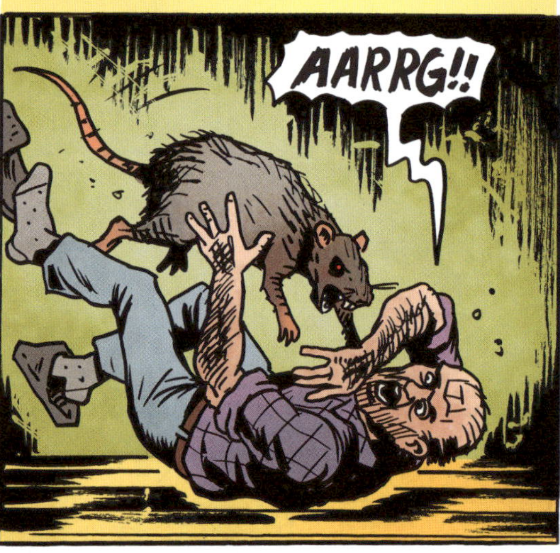
DENN WAS SOLLTE DER RATTENKÖNIG FRESSEN ...
AARRG!!

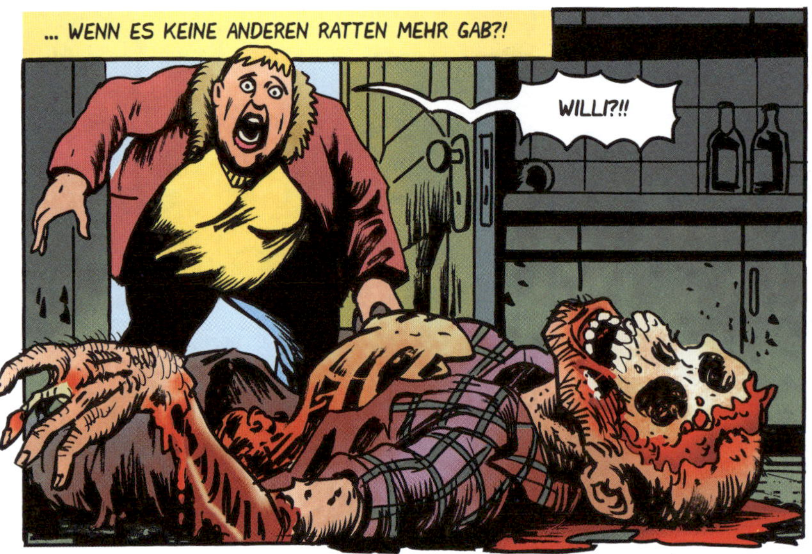
... WENN ES KEINE ANDEREN RATTEN MEHR GAB?!
WILLI?!!

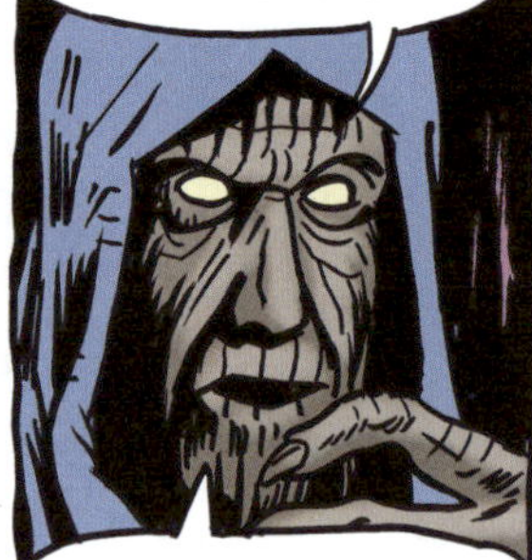
NUN, WIE ES SCHEINT, STAND BEI SEINER MAJESTÄT ALTER LANDARBEITER AUF DER SPEISEKARTE.
NUN JEDENFALLS IST WILLI WIEDER MIT SEINEM GROSSVATER VEREINT ... UND KANN ES SICHER KAUM ERWARTEN, NEUE IDEEN VON IHM ZU HÖREN!

ENDE

EINST HATTE DER 31. OKTOBER ALS **REFORMATIONSTAG** SEINEN PLATZ IM KALENDER DER NORDDEUTSCHEN. ALS JEDOCH DER EINFLUSS DER KIRCHE SCHWAND, UND DER EINFLUSS AMERIKANISCHER FERNSEHSERIEN STIEG, BEGANN SICH EIN ANDERES FEST AUF DIESEN TERMIN ZU DRÄNGELN. EINE ENTWICKLUNG, DIE PFARRER NUSSBRAUN IN SEINER GEMEINDE NICHT SO EINFACH HINNEHMEN WOLLTE ...

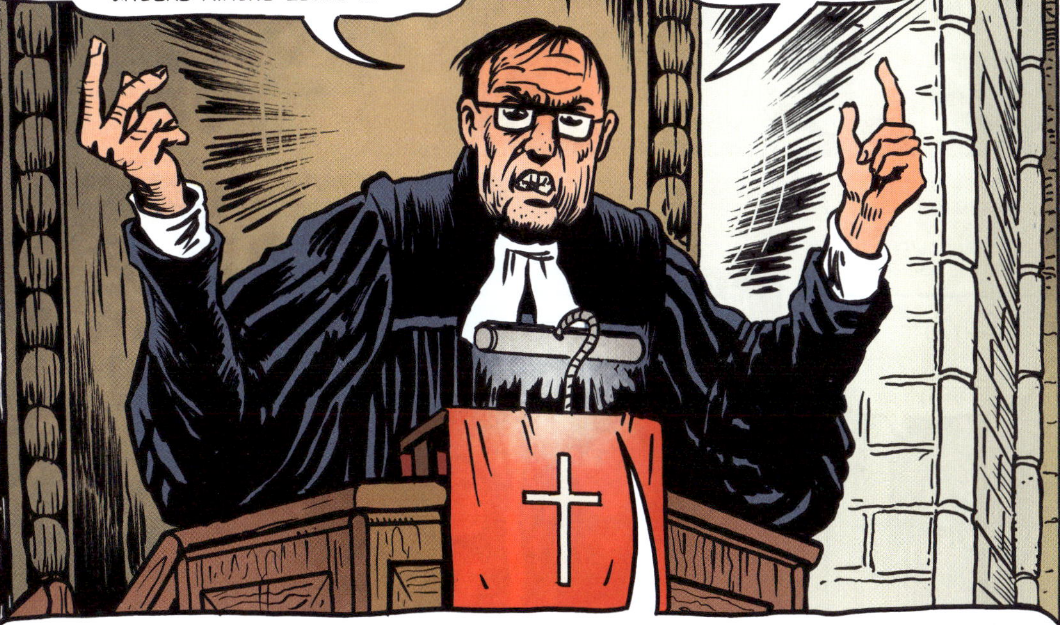

NUN WAR ES NICHT SO, DASS DIE KIRCHE VON DÖSDORF AN DIESEM TAG LEERER WAR ALS SONST ...

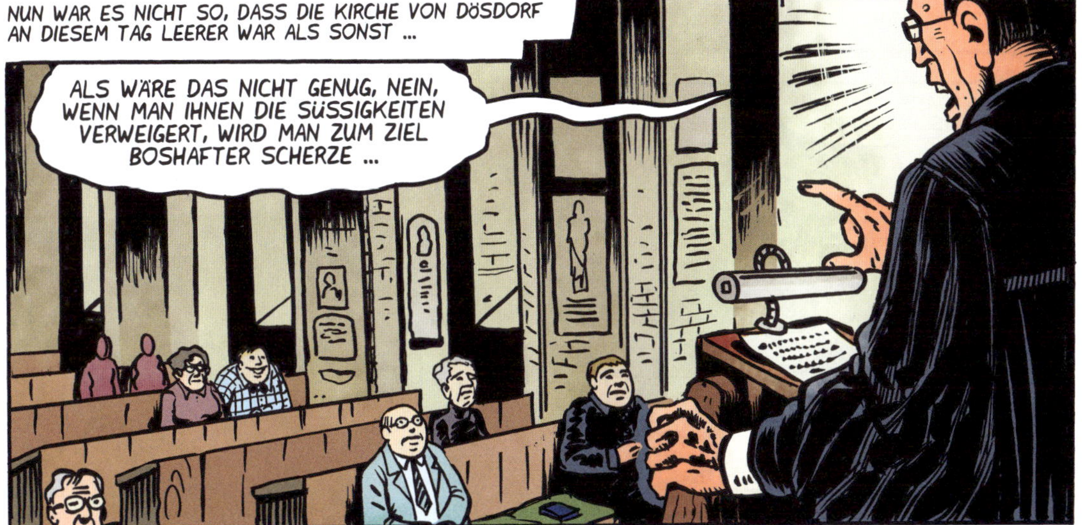

AM VORMITTAG HATTE MAN SOGAR PFLICHTSCHULDIG ALL JENE GRUNDSCHÜLER (UND ES WAREN FAST ALLE) IN DIE KIRCHE GELOTST, DIE NICHT VOM RELIGIONSUNTERRICHT BEFREIT WAREN ...

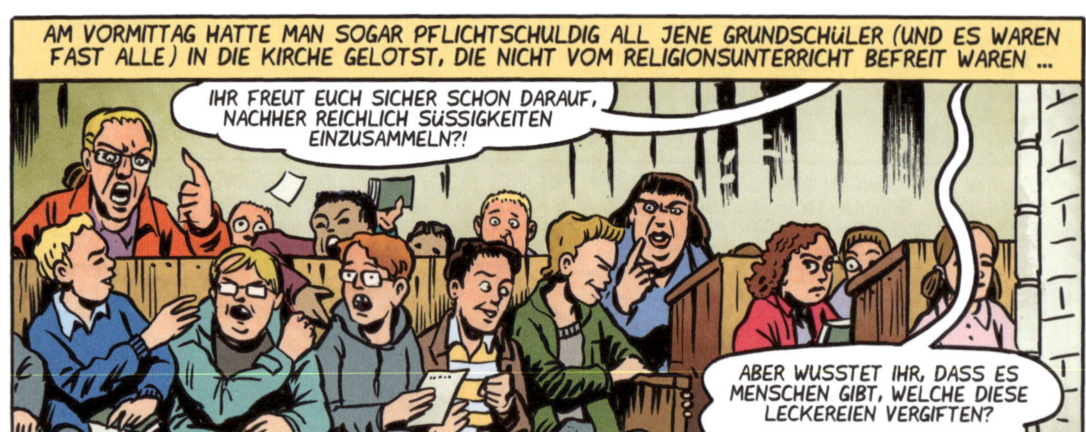

... IHNEN HATTE PFARRER NUSSBRAUN EINIGE "FAKTEN" ÜBER HALLOWEEN AUFGETISCHT ...

ICH HABE SOGAR DAVON GEHÖRT, DASS SIE RASIERKLINGEN IN SCHOKORIEGEL STECKEN ...

... ES GIBT AUCH SITTENSTROLCHE, DIE SCHLAFMITTEL DAREIN MISCHEN ...

... NEBEN DENEN DIE MEISTEN GRUSELGESCHICHTEN REICHLICH BLASS AUSSAHEN.

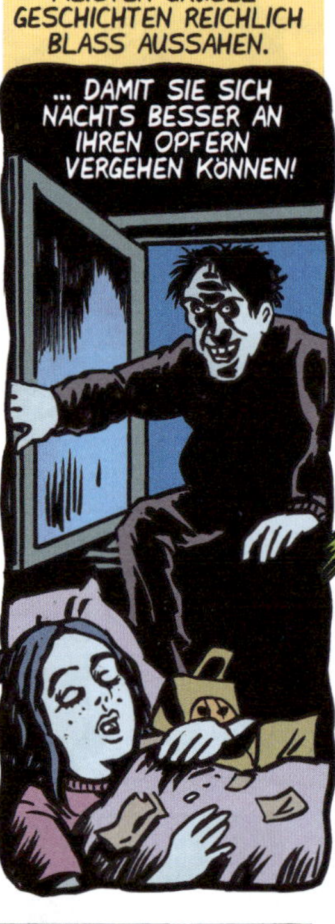

MANCHE DENKEN AUCH, DASS DIE TOTEN IN DIESER NACHT ZURÜCKKEHREN KÖNNEN, UND MACHEN DESHALB EIGENARTIGE RITUALE!

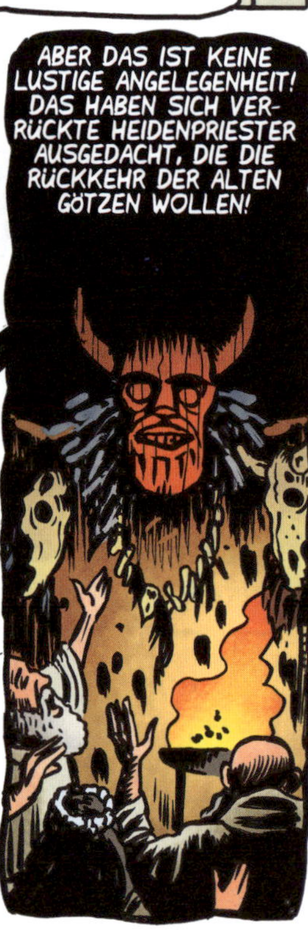

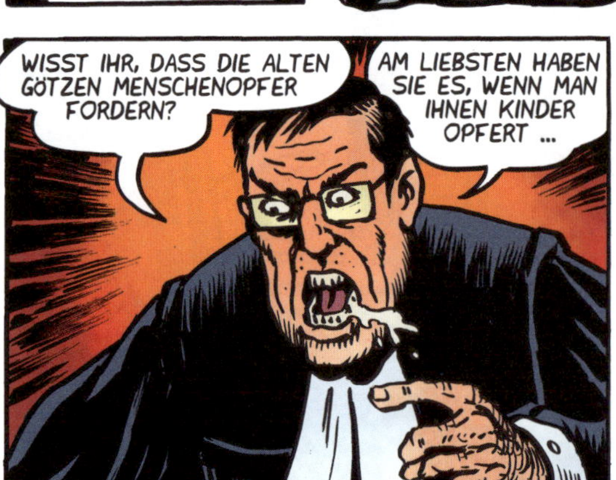

ABER DER ZWECK HEILIGT DIE MITTEL, DAS HÄTTE LUTHER SELBST SICHER AUCH SO GESEHEN!

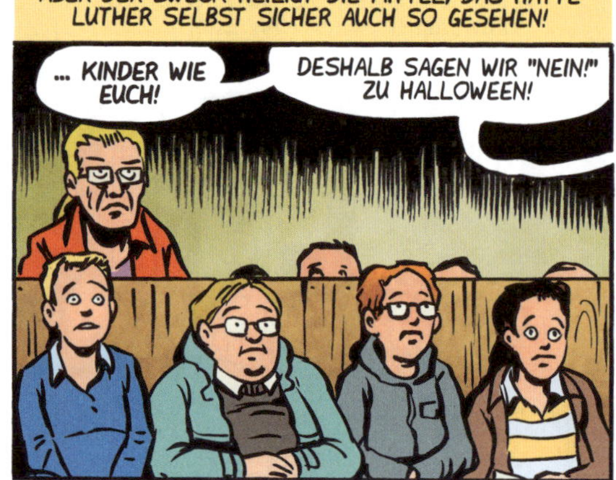

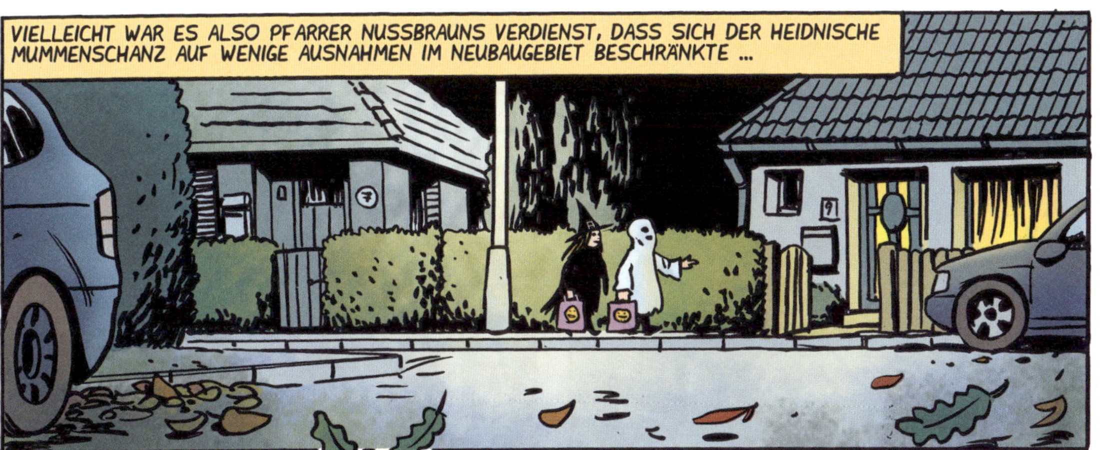
VIELLEICHT WAR ES ALSO PFARRER NUSSBRAUNS VERDIENST, DASS SICH DER HEIDNISCHE MUMMENSCHANZ AUF WENIGE AUSNAHMEN IM NEUBAUGEBIET BESCHRÄNKTE ...

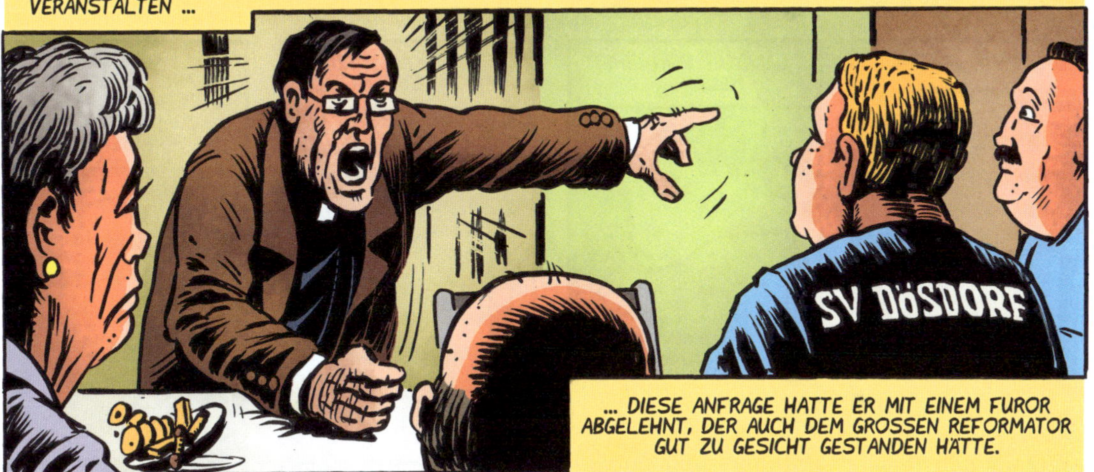
... WAS DIE ERWACHSENEN BETRAF, HIER HATTE ER AUF JEDEN FALL SCHLIMMERES VERHINDERT. ES HATTE ALLEN ERNSTES EINE ANFRAGE DES SPORTVEREINS GEGEBEN, IM GEMEINDEHAUS EINE HALLOWEENPARTY ZU VERANSTALTEN ...
SV DÖSDORF
... DIESE ANFRAGE HATTE ER MIT EINEM FUROR ABGELEHNT, DER AUCH DEM GROSSEN REFORMATOR GUT ZU GESICHT GESTANDEN HÄTTE.

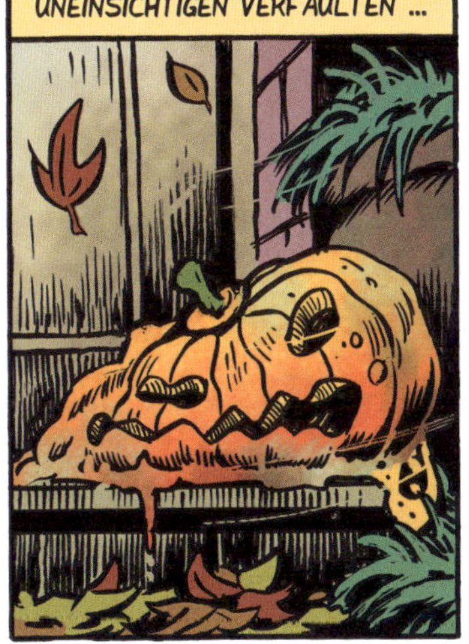
DAMIT GING DER 31. OKTOBER OHNE GRÖSSEREN SCHADEN VORÜBER. HALLOWEEN WAR SCHNELLER VERGESSEN, ALS DIE WENIGEN KÜRBISSE AUF DEN TÜRSCHWELLEN DER UNEINSICHTIGEN VERFAULTEN ...

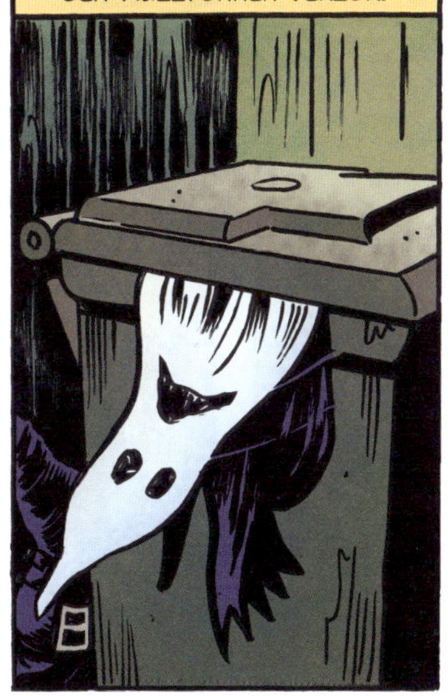
... UND SICH DAS FLATTERNDE PLASTIK BILLIGER KOSTÜME IN DEN MÜLLTONNEN VERLOR.

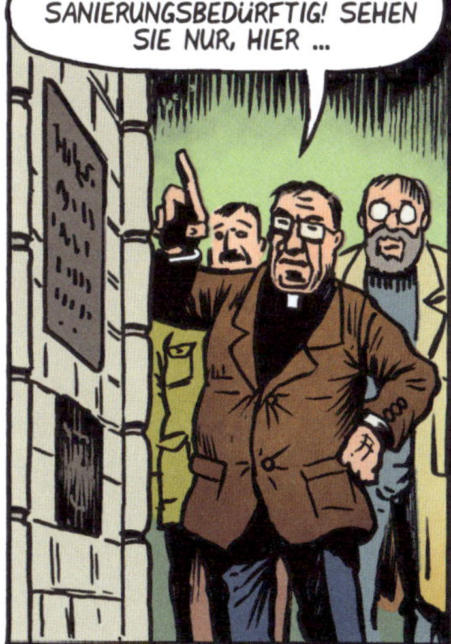
SELBST PFARRER NUSSBRAUN HATTE BALD WICHTIGERES ZU TUN ...
JA ... DIESER TEIL DER KIRCHE IST DRINGEND SANIERUNGSBEDÜRFTIG! SEHEN SIE NUR, HIER ...

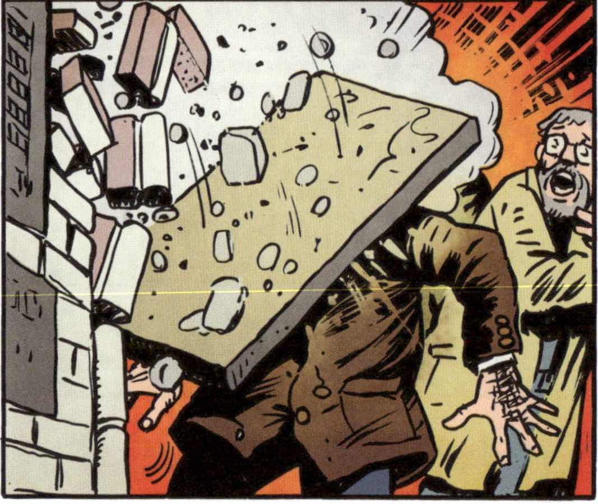
LEIDER WURDE ER IM RAHMEN DIESER TÄTIGKEIT VON DER GEDENKPLATTE DES GRAFEN OTTO VON GROTEKOHL (1698 BIS 1764) ERSCHLAGEN ...

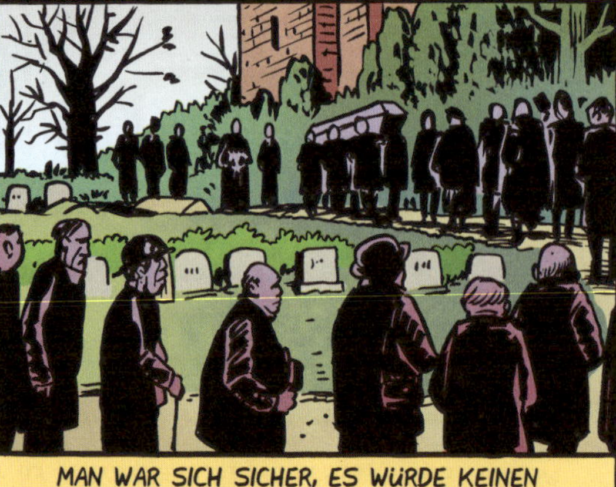
PFARRER NUSSBRAUN WURDE NOCH VOR DEM ERSTEN FROST UNTER GROSSER ANTEILNAHME AUF DEM FRIEDHOF VON DÖSDORF BEIGESETZT.
MAN WAR SICH SICHER, ES WÜRDE KEINEN ZWEITEN VON SEINEM SCHLAGE MEHR GEBEN.

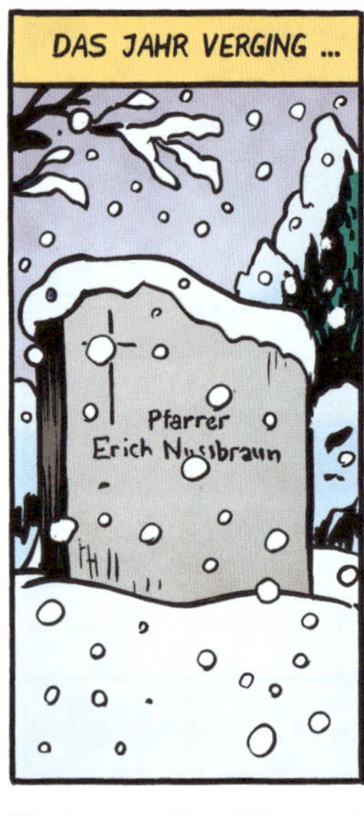
DAS JAHR VERGING ...
Pfarrer
Erich Nussbraun

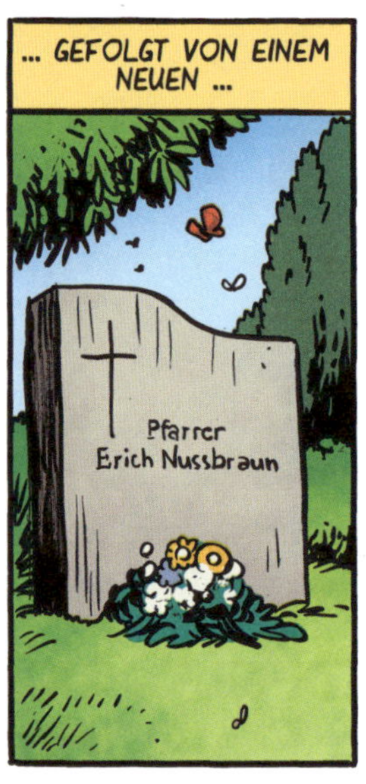
... GEFOLGT VON EINEM NEUEN ...
Pfarrer
Erich Nussbraun

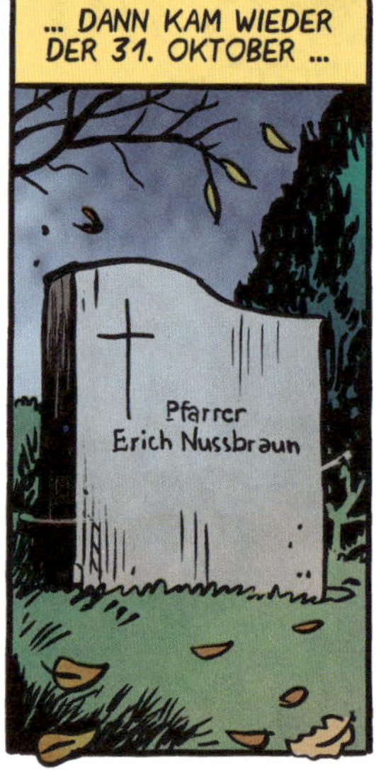
... DANN KAM WIEDER DER 31. OKTOBER ...
Pfarrer
Erich Nussbraun

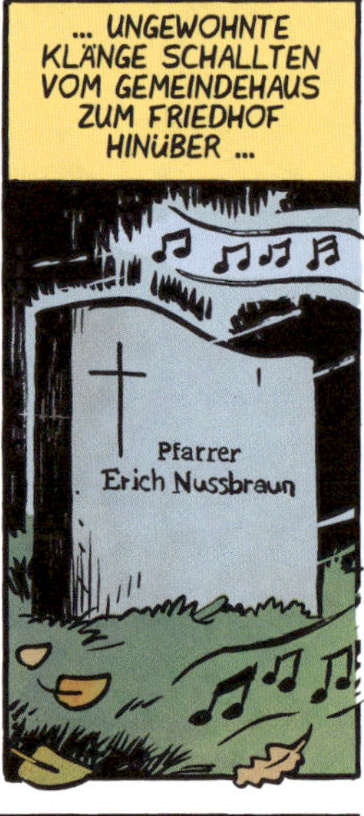
... UNGEWOHNTE KLÄNGE SCHALLTEN VOM GEMEINDEHAUS ZUM FRIEDHOF HINÜBER ...
Pfarrer
Erich Nussbraun

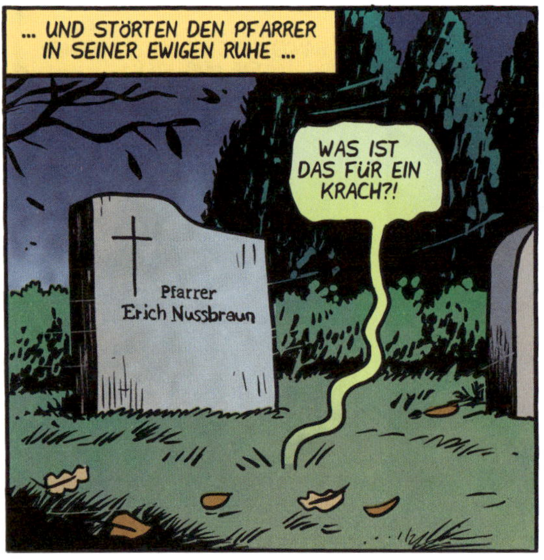
... UND STÖRTEN DEN PFARRER IN SEINER EWIGEN RUHE ...
WAS IST DAS FÜR EIN KRACH?!
Pfarrer
Erich Nussbraun

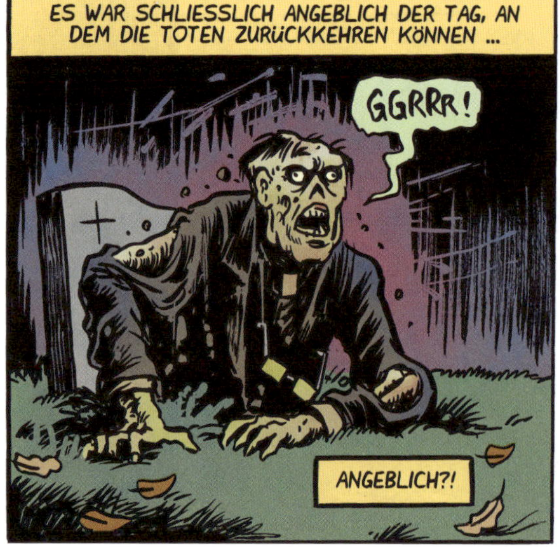
ES WAR SCHLIESSLICH ANGEBLICH DER TAG, AN DEM DIE TOTEN ZURÜCKKEHREN KÖNNEN ...
GGRRR!
ANGEBLICH?!

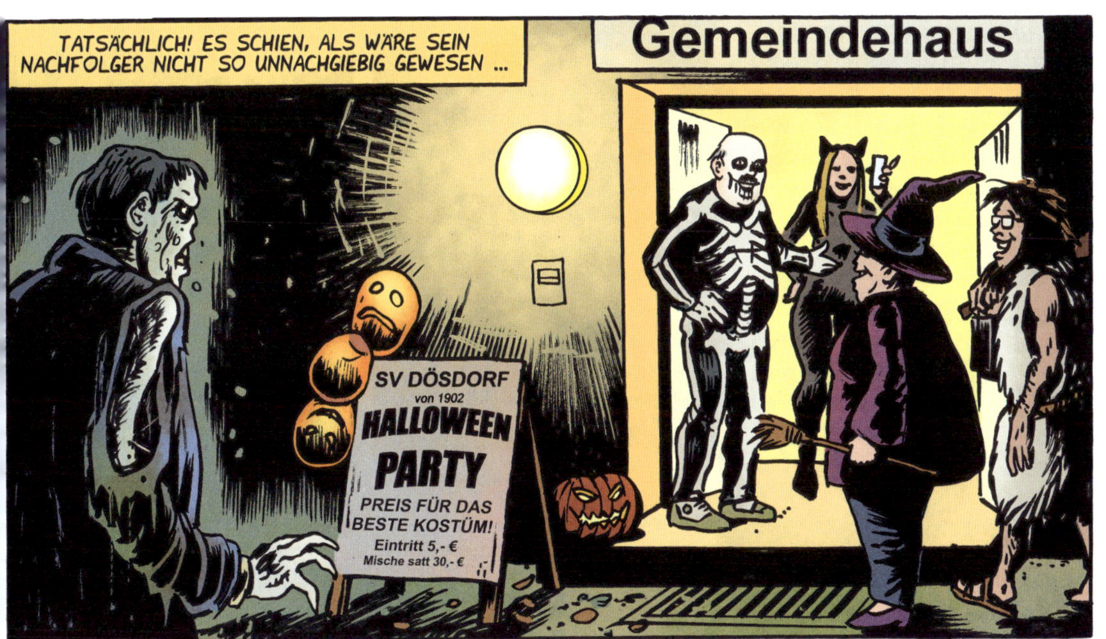
TATSÄCHLICH! ES SCHIEN, ALS WÄRE SEIN NACHFOLGER NICHT SO UNNACHGIEBIG GEWESEN ...
Gemeindehaus
SV DÖSDORF
von 1902
HALLOWEEN
PARTY
PREIS FÜR DAS BESTE KOSTÜM!
Eintritt 5,- €
Mische satt 30,- €

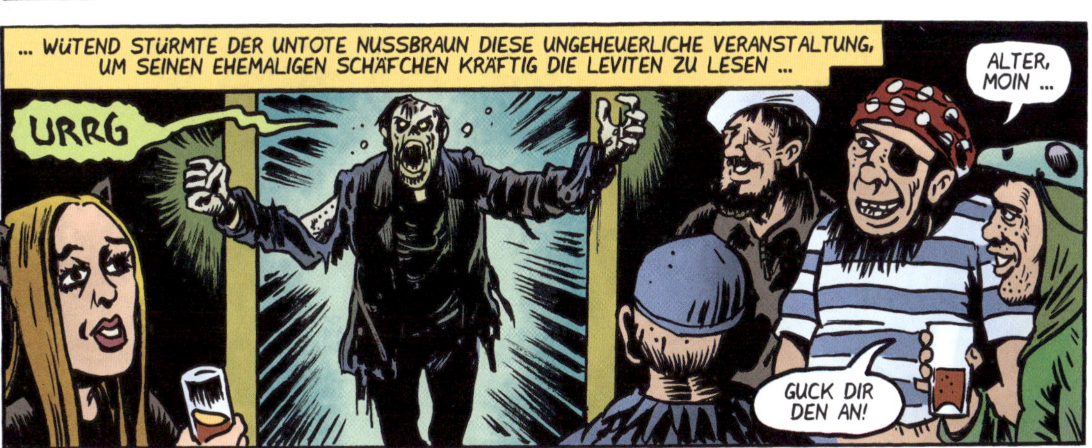
... WÜTEND STÜRMTE DER UNTOTE NUSSBRAUN DIESE UNGEHEUERLICHE VERANSTALTUNG, UM SEINEN EHEMALIGEN SCHÄFCHEN KRÄFTIG DIE LEVITEN ZU LESEN ...
URRG
ALTER, MOIN ...
GUCK DIR DEN AN!

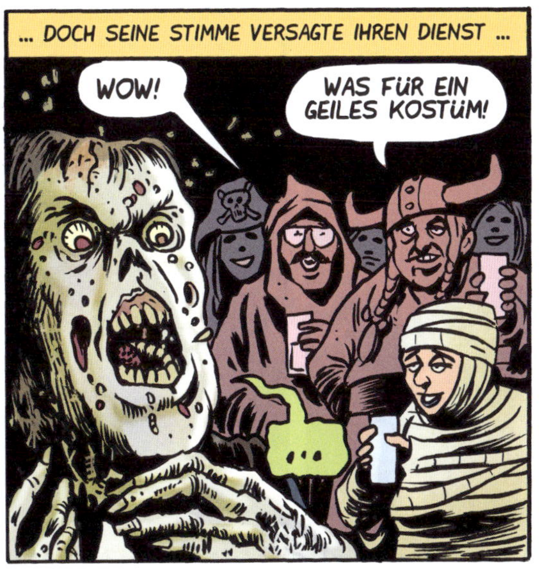
... DOCH SEINE STIMME VERSAGTE IHREN DIENST ...
WOW!
WAS FÜR EIN GEILES KOSTÜM!

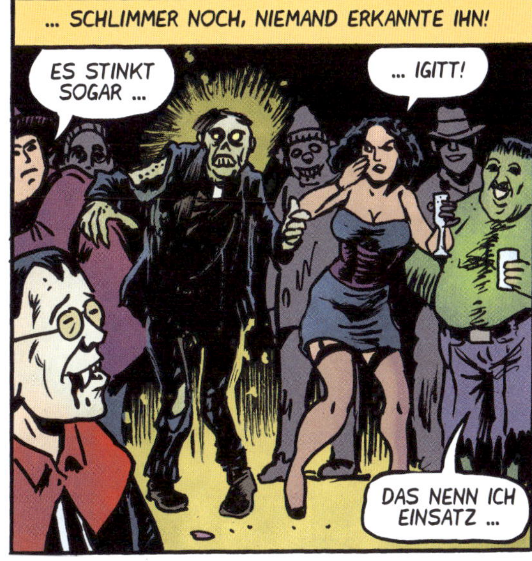
... SCHLIMMER NOCH, NIEMAND ERKANNTE IHN!
ES STINKT SOGAR ...
... IGITT!
DAS NENN ICH EINSATZ ...

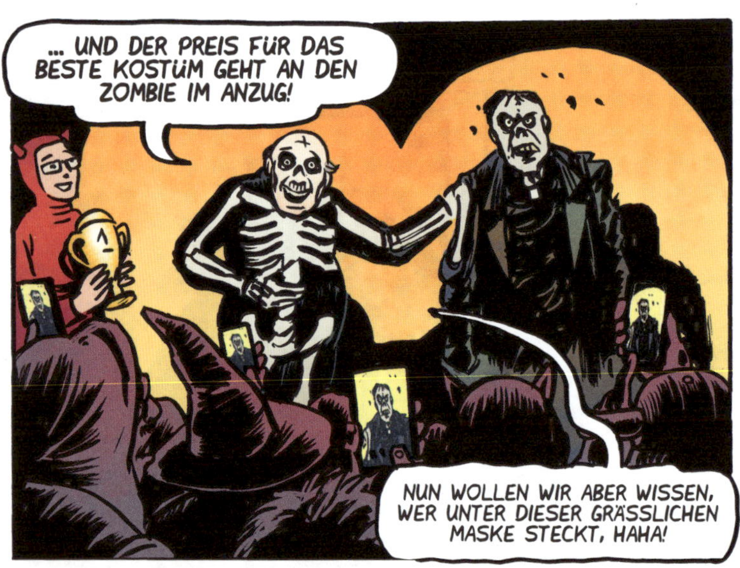
... UND DER PREIS FÜR DAS BESTE KOSTÜM GEHT AN DEN ZOMBIE IM ANZUG!
NUN WOLLEN WIR ABER WISSEN, WER UNTER DIESER GRÄSSLICHEN MASKE STECKT, HAHA!

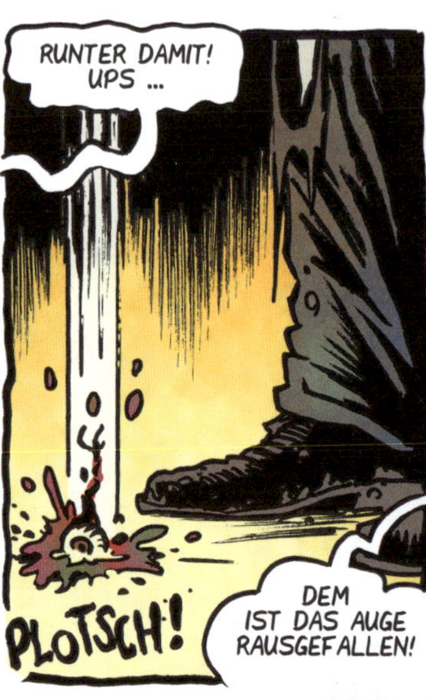
RUNTER DAMIT! UPS ...
PLOTSCH!
DEM IST DAS AUGE RAUSGEFALLEN!

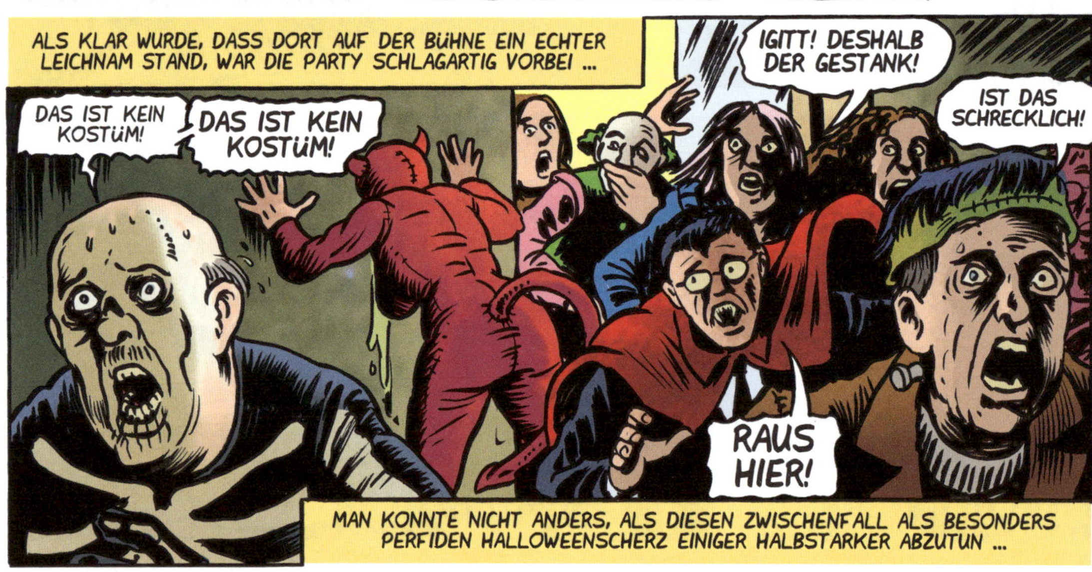
ALS KLAR WURDE, DASS DORT AUF DER BÜHNE EIN ECHTER LEICHNAM STAND, WAR DIE PARTY SCHLAGARTIG VORBEI ...
IGITT! DESHALB DER GESTANK!
DAS IST KEIN KOSTÜM!
DAS IST KEIN KOSTÜM!
IST DAS SCHRECKLICH!
RAUS HIER!
MAN KONNTE NICHT ANDERS, ALS DIESEN ZWISCHENFALL ALS BESONDERS PERFIDEN HALLOWEENSCHERZ EINIGER HALBSTARKER ABZUTUN ...

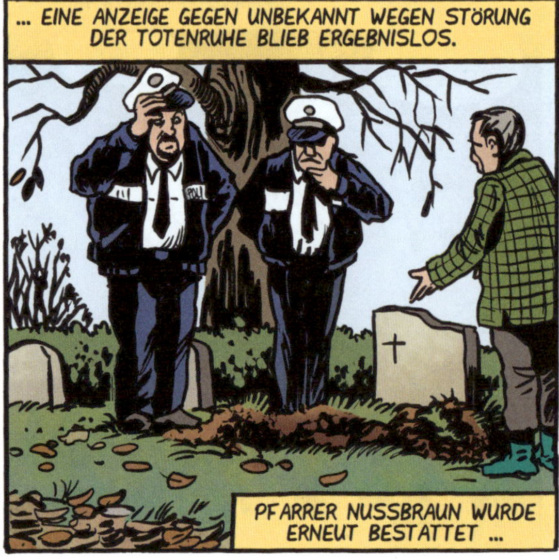
... EINE ANZEIGE GEGEN UNBEKANNT WEGEN STÖRUNG DER TOTENRUHE BLIEB ERGEBNISLOS.
PFARRER NUSSBRAUN WURDE ERNEUT BESTATTET ...

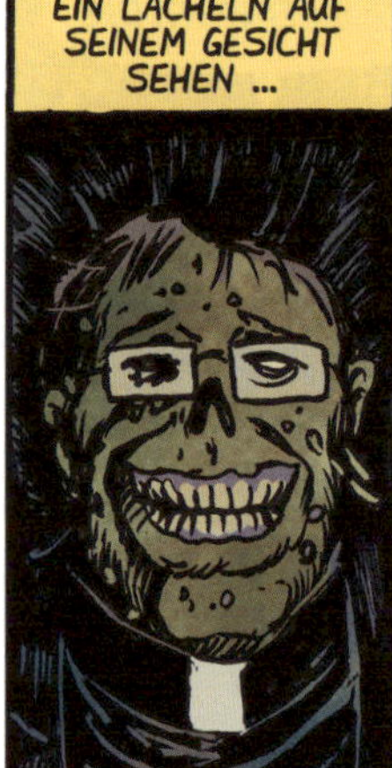
... UND WÜRDE MAN SEIN GRAB NUN ÖFFNEN, MAN WÜRDE EIN LÄCHELN AUF SEINEM GESICHT SEHEN ...

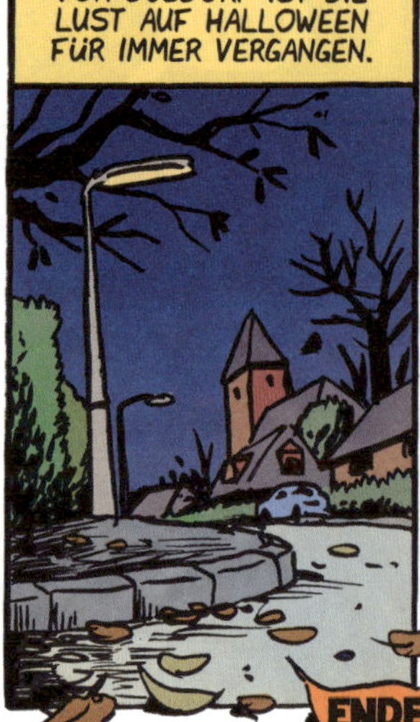
... DENN DEN BEWOHNERN VON DÖSDORF IST DIE LUST AUF HALLOWEEN FÜR IMMER VERGANGEN.
ENDE

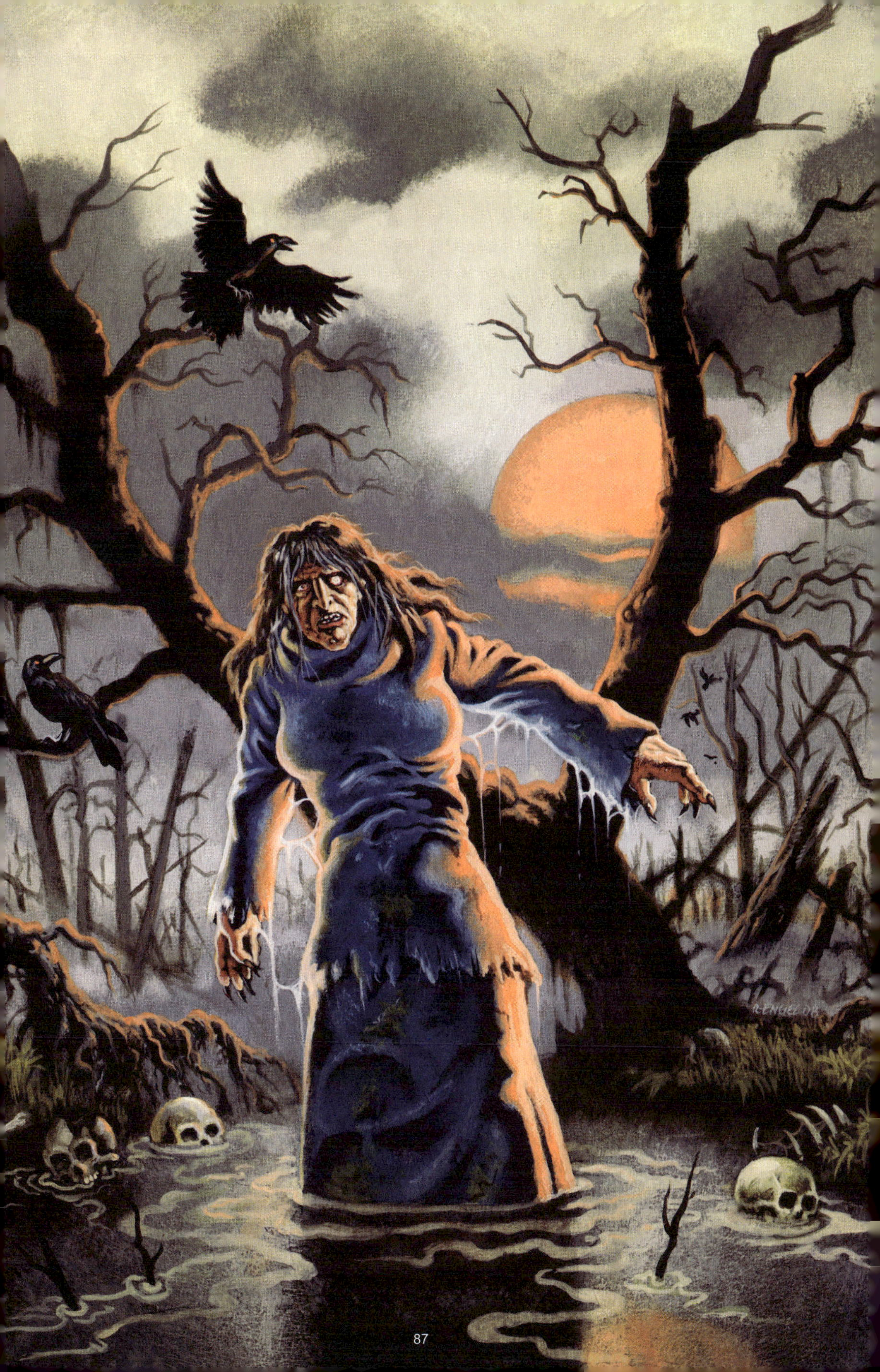

NACHWORT

Der Verleger über das Wie, das Warum und das Sonstwas dieses Buches.

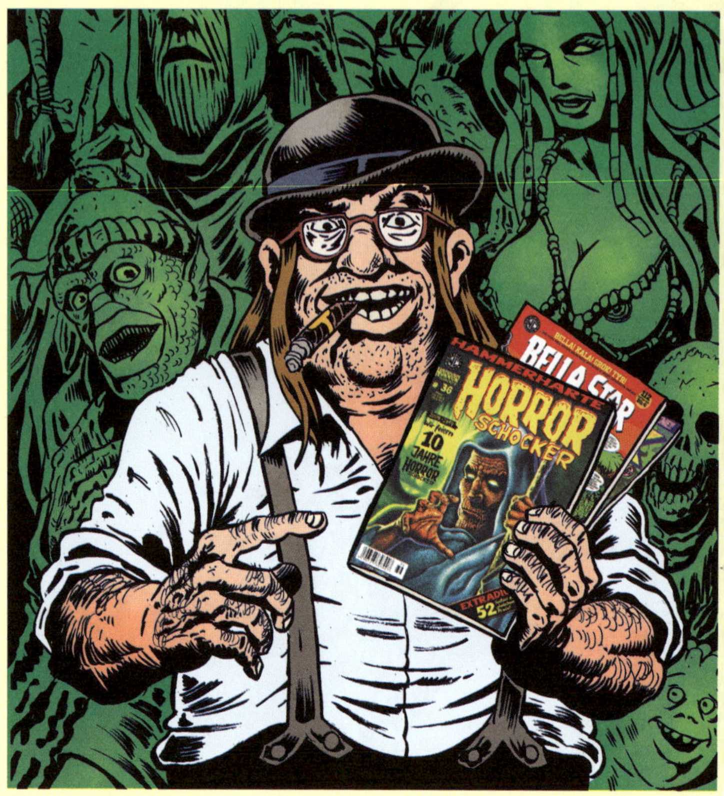

Werte Leser,

eigentlich sollte der Hauptautor und Zeichner dieses Bandes **Levin Kurio** Ihnen - sozusagen zur Verdauung und Erbauung - ein Nachwort schreiben.

Doch leider ist er wie alle zarten Künstlerseelen nur schwer zu ehrlicher Reflektion imstande, und er produzierte einen unsäglichen Bruch über die Inspiration, welche ihm die ach so düstere norddeutsche Landschaft gebracht habe. Nun, der Bursche verbrachte seine Kindheit in den Steinburger Mooren, eingekeilt zwischen Stördeich und Kreidetagebau, deshalb mag man ihm derlei Geschwafel nachsehen; nicht aber nachsehen kann ich ihm als Verleger, dass er am Nachwort versagte, und ich nun die Aufgabe übernehmen muss, Ihnen einige erläuternde Worte zu diesem Band zu servieren.

Auch ich könnte wortreich davon schreiben, wie sehr mir als Lokalpatrioten an diesem speziellen Buch gelegen ist, doch wir leben im Jahr 2020, der Turbokapitalismus dreht seit geraumer Zeit frei, und wir wissen doch alle, was der wahre Grund für die Existenz dieses Buches ist: **Knete!**

Nun, für mich als Verleger ist es keine Schande, dies auch zuzugeben! Tatsächlich aber erschrak ich im ersten Moment selbst ein bisschen vor der Idee zu **ZOMBIES HINTERM DEICH.**

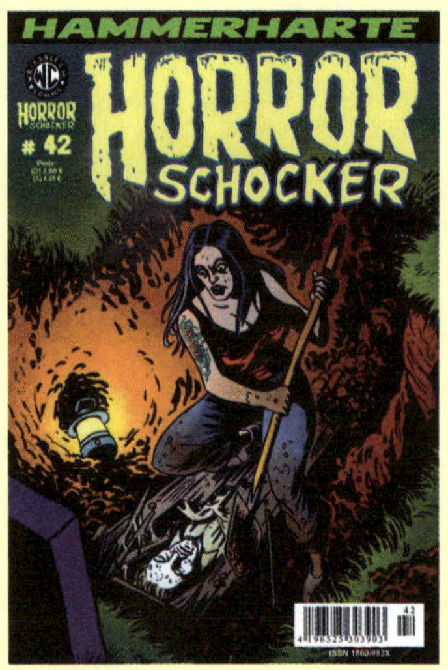

Die regionale Karte zu ziehen ist hierzulande der denkbar einfachste Kniff, das wissen wir nicht erst seit dem Erfolg von **CAPTAIN BERLIN**.

Denn wie schon der von mir hochgeschätzte Volkskundler **Hermann Bausinger** wusste, den ich hier aus der Erinnerung und sicherlich falsch zitiere, der Deutsche fühlt sich seiner Region mehr zugehörig als seiner Nation, und mit Blick auf die Geschichte ist das auch nicht weiter verwunderlich. Denn schließlich gibt es den Staat als solchen erst knappe 150 Jahre, und die seitdem verbrochenen Untaten haben das Identifikationspotenzial doch etwas eingeschränkt.

Von einzelnen Volksstämmen hingegen ist schon bei Tacitus die Rede, und nicht umsonst führte man bis vor kurzem beharrlich Fehden und Kriege gegeneinander.

Aber dies ist kein Soziologiereferat, es geht um Horrorcomics!

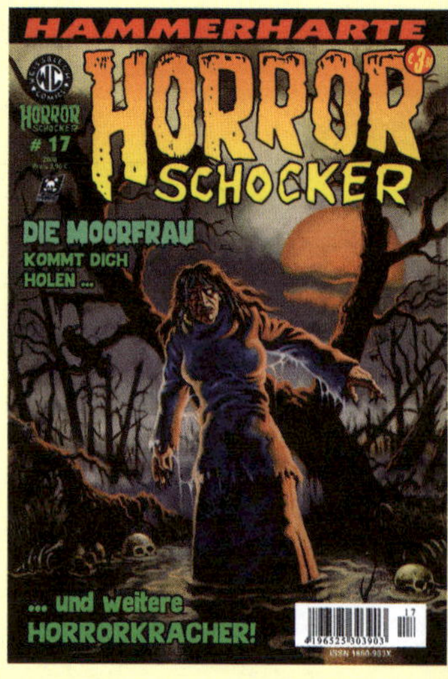

Nun könnte ich unsere Tradition von **Theodor Storm** und **Wilhelm Busch** herleiten, aber das wäre etwas gewagt, denn das Horrorcomicheft ist eine amerikanische Idee.
Trotzdem gibt es kaum bessere Orte für Horrorgeschichten als das Land zwischen den Meeren, als die moorigen Tiefebenen Niedersachsens oder die verwaisten Einöden Mecklenburg-Vorpommerns.
Dem Autoren hat es dabei ganz besonders die Westküste angetan. Kein Wunder, denn wo kann es unheimlicher sein als unter dem stürmischen bleigrauen Himmel, dort, wo die feuchten Marschen sich flach bis zu den Deichen erstrecken, hinter denen tosend der Blanke Hans droht, sich diese matschigen Ländereien für immer einzuverleiben?
Wo sonst dräut die Natur so übermachtig, und wo sonst findet man in Deutschland ein so fröhliches Panoptikum an wunderlichen Holzköppen, welche mit auerochsenhafter Sturheit ihre Marotten pflegen?! Ganz recht, höchstens noch in Bayern!
Nun ist der lebensfrohe Bayer eher als Protagonist des Lederhosenfilms bzw. Comics (bewundern Sie bei Gelegenheit die Abenteuer von Rufus in der zu Recht eingestellten Serie **XXX-Comics**) bekannt - mit spröden Norddeutschen funktioniert es jedenfalls überhaupt nicht, wir haben es probiert!
Eines können die Bayern ebenfalls besser, und das ist Bierbrauen. Aber auch das nur, weil man diesem Bundesland Franken zugeschlagen hat; die Franken selbst aber würden sich natürlich niemals den Krachledernen zugehörig fühlen. Ebenso natürlich gebietet es der Regionalstolz, dass der Norddeutsche dies niemals zugeben würde und lieber allerlei abscheuliche Plörre lenzt. Dabei sind die Zeiten des guten Hamburger Biers vorbei, seit das Reinheitsgebot verbietet, die Fässer mit allerlei exotischen Zutaten zu befüllen - der Begriff Alsterwasser war lange Zeit wörtlich zu nehmen.
Aber Hoppla, ich schweife ab!

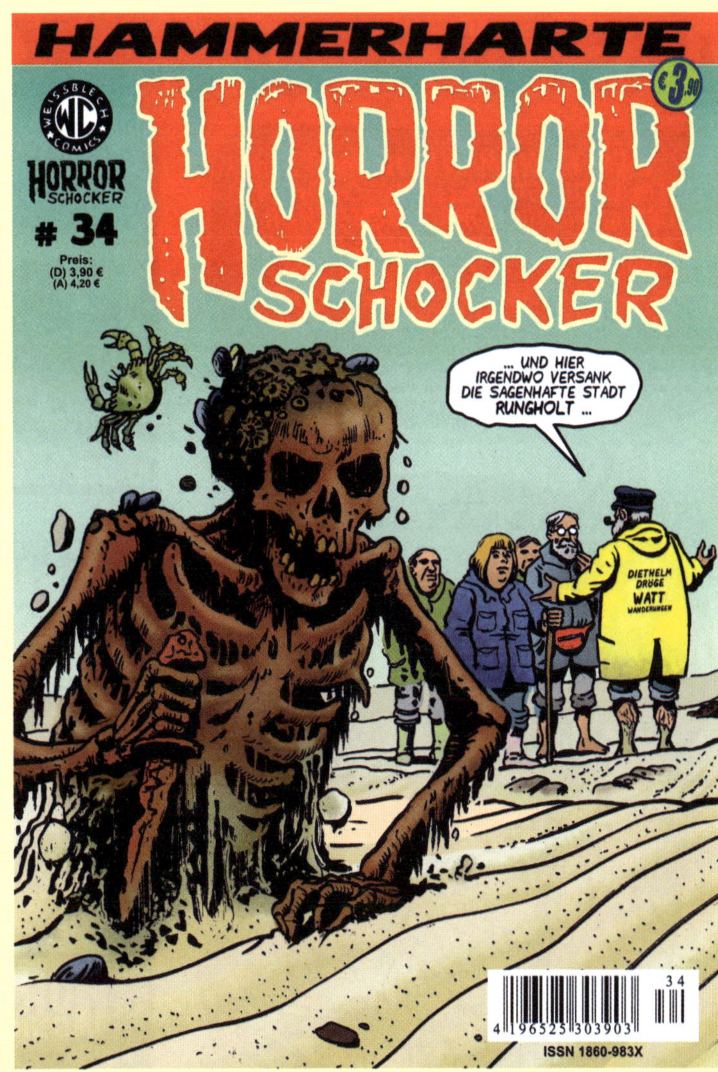

Es ist also kein Wunder, dass die Geschichten, welche an regionalen Schauplätzen spielen, die beliebtesten in unserer Serie **HORRORSCHOCKER** sind.
So war es für mich als Verleger ein No-Brainer, diese Sammlung der reichlich vorhandenen norddeutschen Regionalgrusler auf den Weg zu bringen.
Dazu kam noch ein weiteres bemerkenswertes Detail: Aus blankem Zufall häufen sich in ausgerechnet diesen Geschichten die Untoten, die Geister und die Zombies.
Zombies gehen fast so gut wie das Regionalzeug (lesen Sie doch einmal unsere Serien **ZOMBIE TERROR** und **ZOMBIEMAN!**), und BAMM!, die Idee zu **ZOMBIES HINTERM DEICH** war geboren!

Ich hoffe, Ihnen hat das Lesen dieser Sammlung der norddeutschen Geschichten aus **HORRORSCHOCKER** genauso viel Spaß gemacht wie mir das Zusammenstellen und Verkaufen, zumal sich darin sicher einige der schönsten Stories der Serie befinden.
Ansonsten enthalten unsere Publikationen auch jede Menge **Unholde, Vampire, Monster, Aliens, Helden** und was die Genres sonst so hergeben - mehr davon mit Sicherheit in Zukunft. Wenn nicht auf den Seiten eines weiteren Buches, dann stets neu auf den Seiten unserer Hefte ...

Herzlichst,
Der Verleger

HAST DU DIESE HORRORSCHOCKER

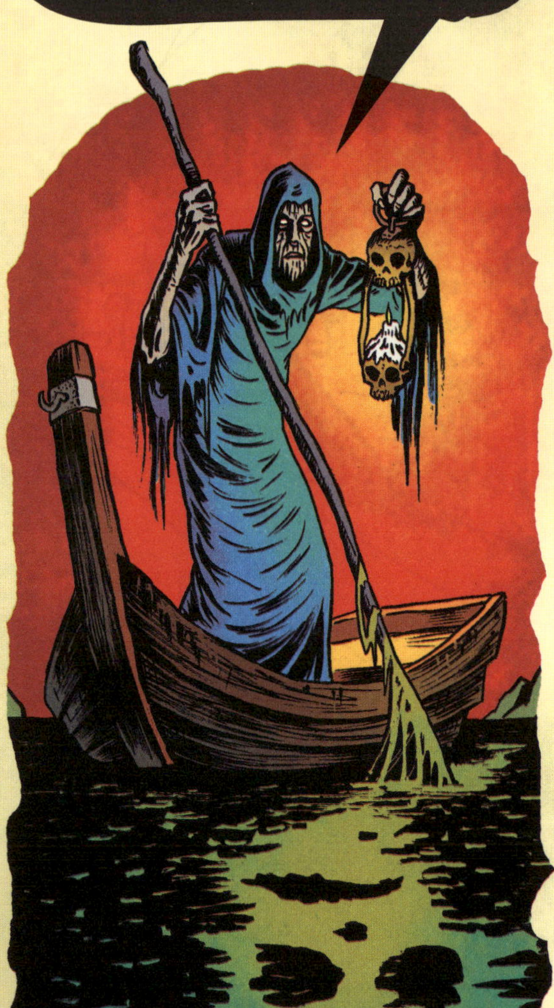

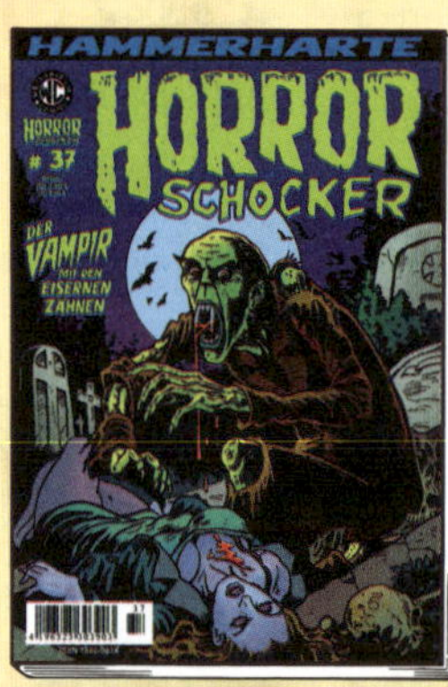

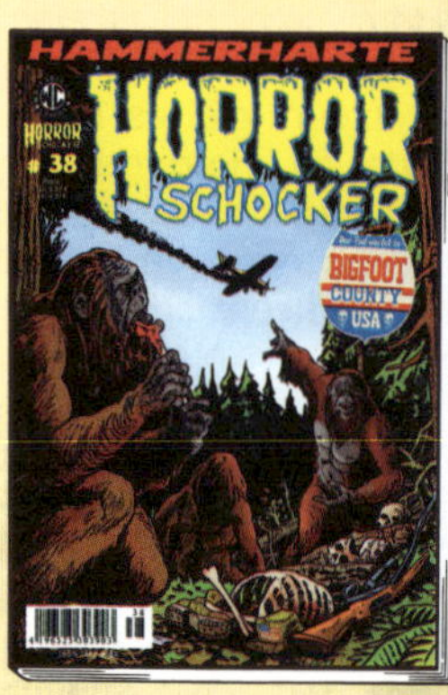

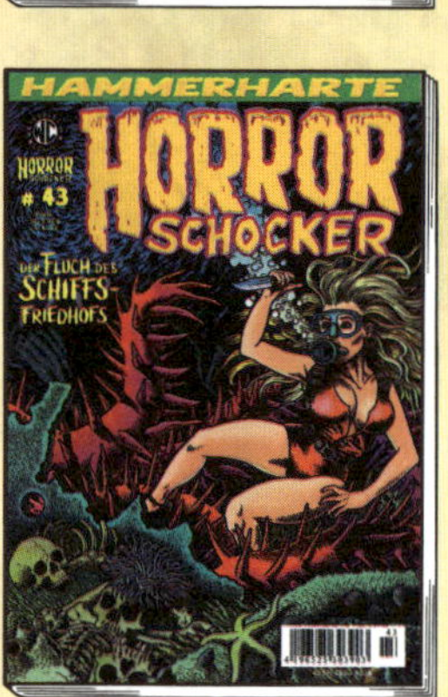

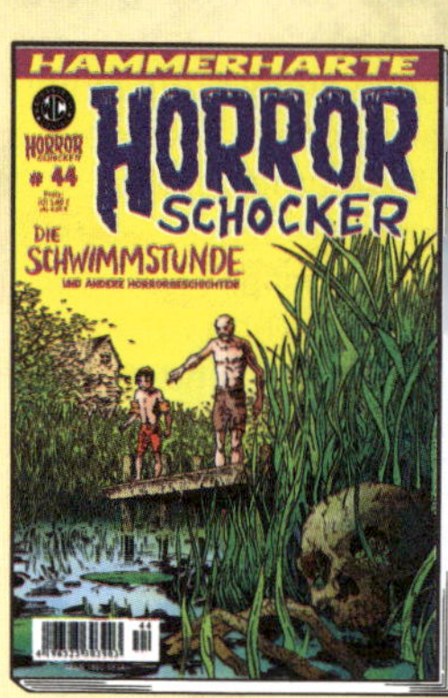

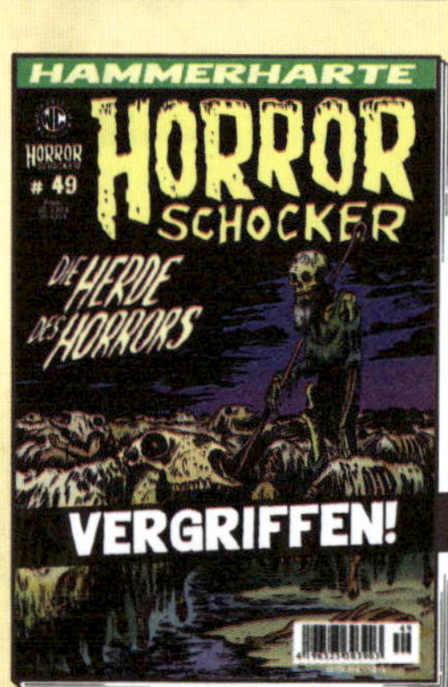

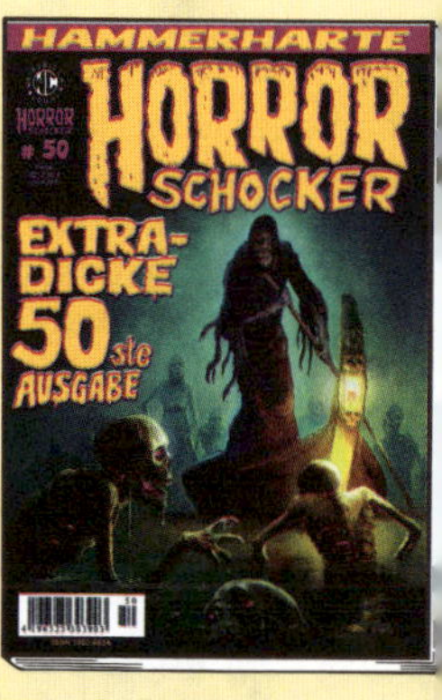

FRÜHE NUMMERN WERDEN NACHGEDRUCKT IN HORRORSCHOCKER GRUSEL GIGANT!

HORRORSCHOCKER gibt es im Bahnhofsbuch- und Comicfachhandel, mit dem Bestellschein auf Seite 92 oder ganz bequem in unserem Onlineshop unter

www.weissblechcomics.com

SCHON IN DEINER SAMMLUNG?

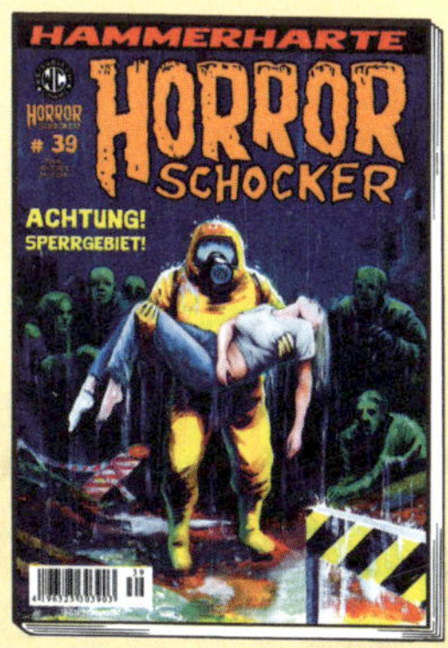

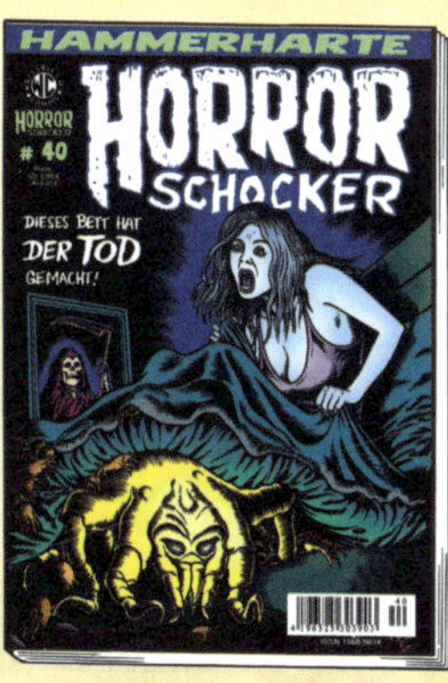

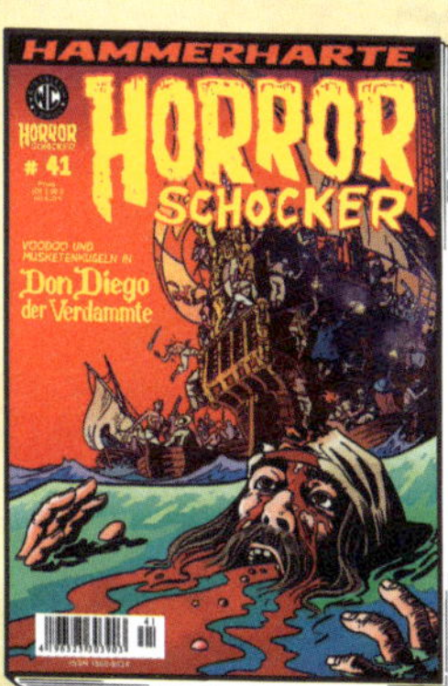

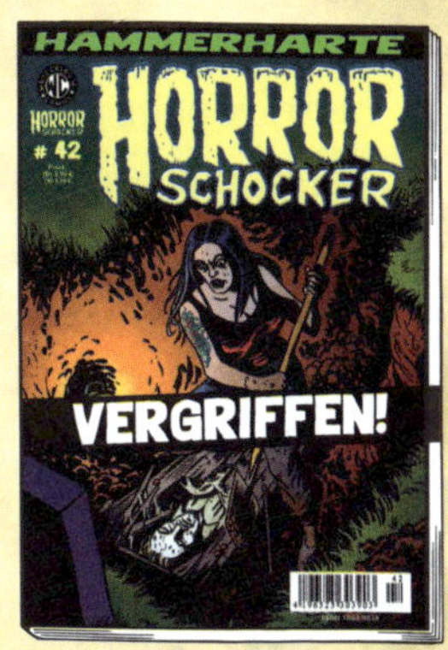

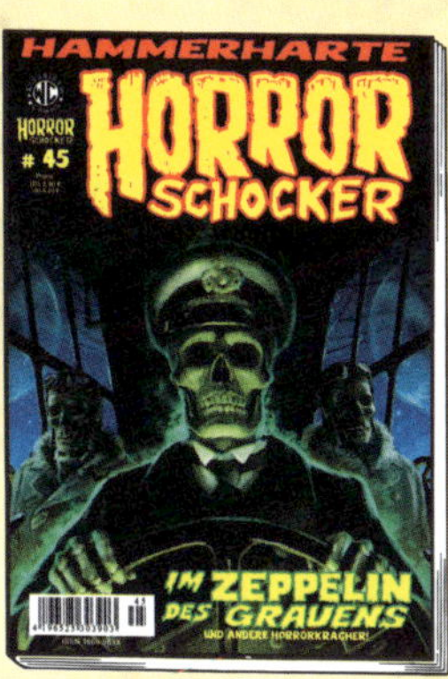

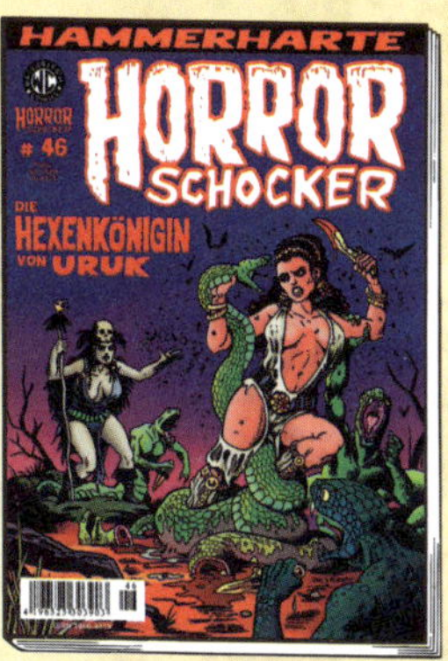

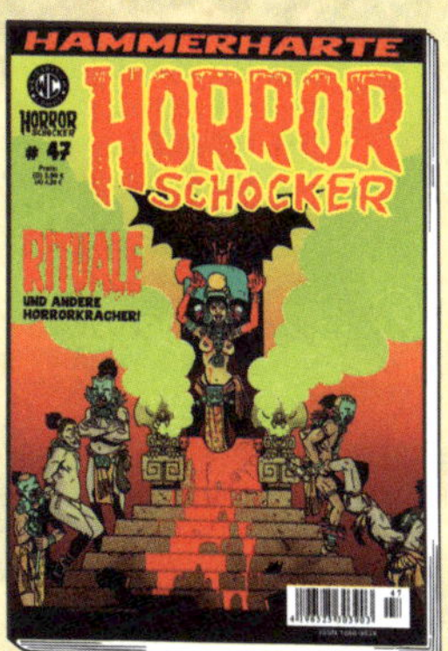

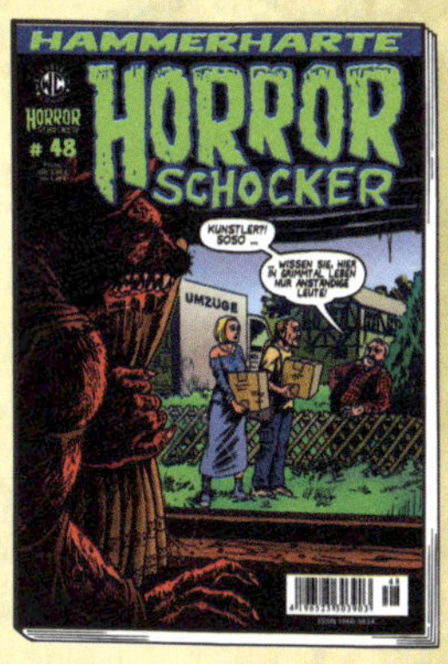

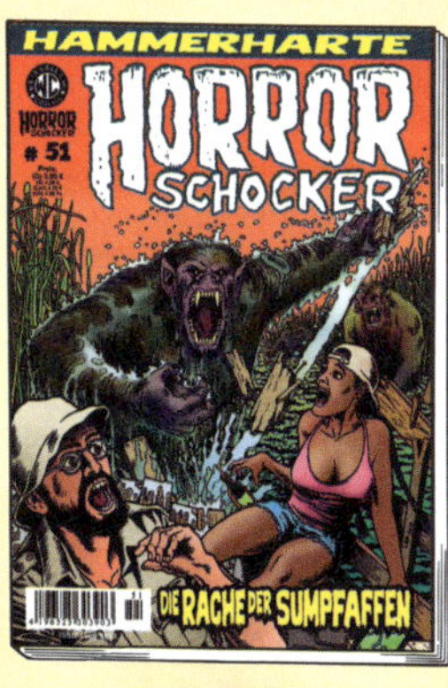

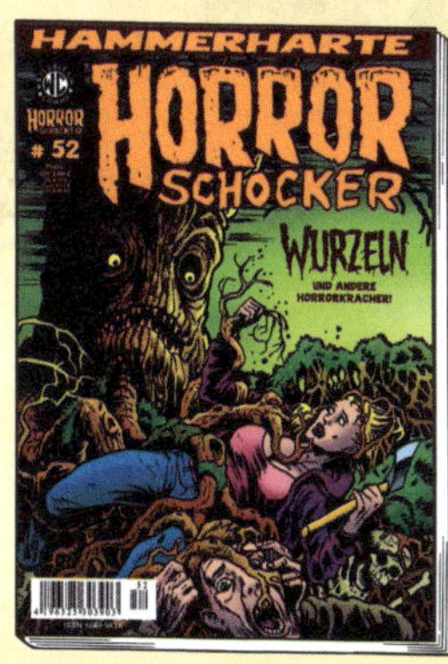

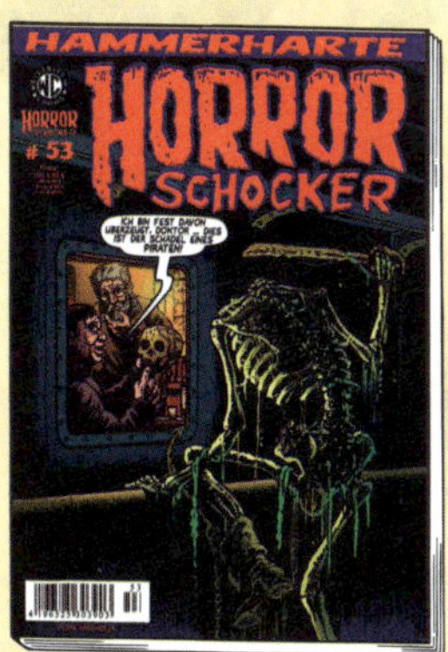

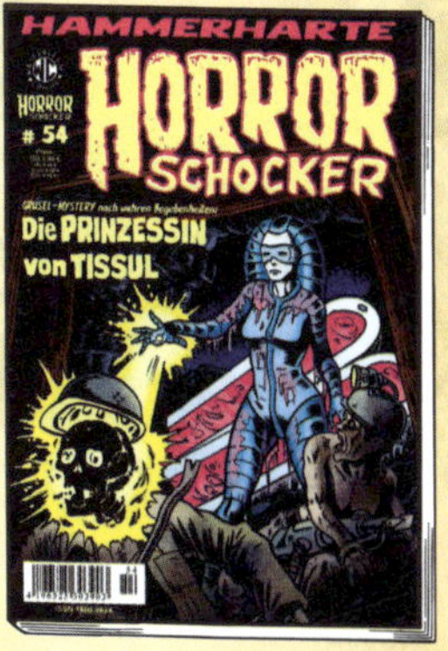

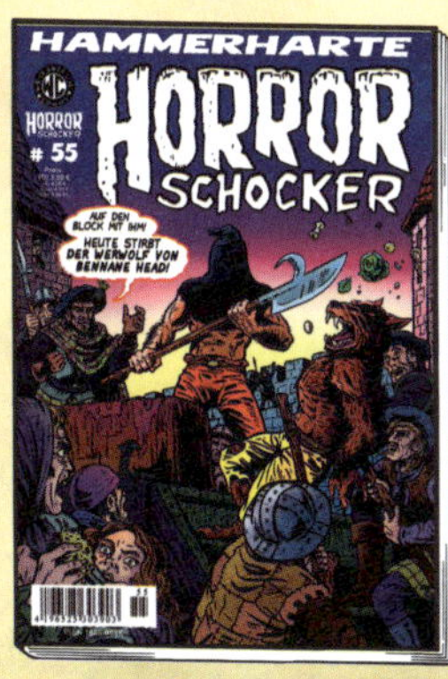

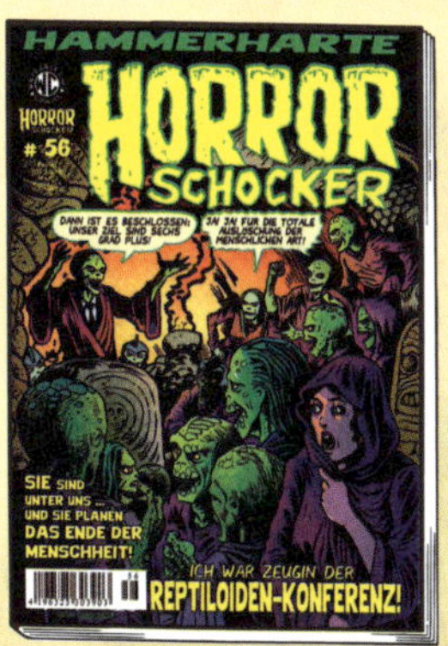

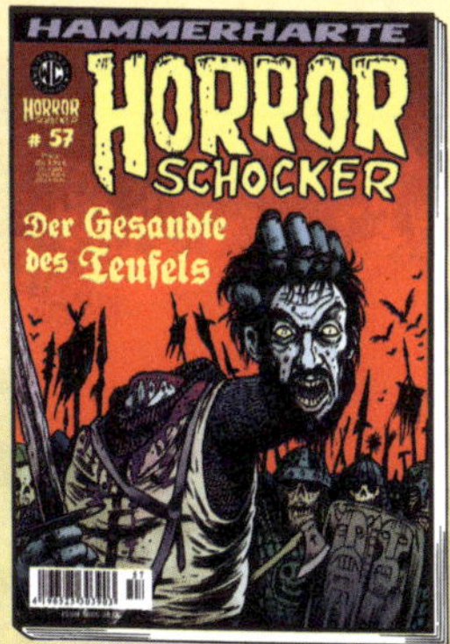

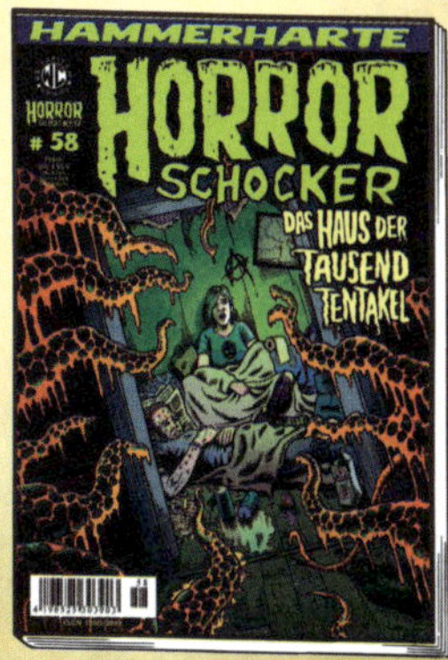

MEHR TITEL IN UNSERER LISTE FUR ERWACHSENE! Du erhältst diese nach Erbringung eines Altersnachweises. Mehr Infos sie...

Dieser Bestellschein lässt sich ausschneiden, kopieren oder formlos wiedergeben!

BESTELLSCHEIN:

BELLA STAR

__Stck **BELLA STAR gegen die Horden der Urak** (160 Seiten SW mit Farbcover, Hardcover) **zu je 20,- €**

__Stck **BELLA STAR trifft KALA** (112 Seiten in Farbe, Hardcover) **zu je 20,- €**

CAPTAIN BERLIN

Superheldenserie nach Jörg Buttgereit, 36 Seiten in Farbe, Heftformat

__Stck **CAPTAIN BERLIN # 7 zu je 4,90 €**

__Stck **CAPTAIN BERLIN # 8 zu je 4,90 €**

__Stck **CAPTAIN BERLIN # 9 zu je 4,90 €**

__Stck **CAPTAIN BERLIN #10 zu je 4,90 €**

__Stck **CAPTAIN BERLIN #11 zu je 4,90 €**

CAPTAIN BERLIN SUPERSAMMELBAND

Jeweils min. 132 Seiten in Farbe, Paperback im Heftformat

__Stck **CAPTAIN BERLIN Supersammelband # 1** (enthält CB # 1-4) **zu je 14,90 €²**

HORRORSCHOCKER

Jeweils min. 32 Seiten in Farbe, Heftformat

__ **Stck HS #2 zu je 3,90 €**

__ **Stck HS #6 zu je 3,90 €**

__ **Stck HS #13 zu je 4,90 €²**

__ **Stck HS #35 zu je 3,90 €**

__ **Stck HS #36 zu je 3,90 €**

__ **Stck HS #37 zu je 3,90 €**

__ **Stck HS #38 zu je 3,90 €**

__ **Stck HS #39 zu je 3,90 €**

__ **Stck HS #40 zu je 3,90 €**

__ **Stck HS #41 zu je 3,90 €**

__ **Stck HS #43 zu je 3,90 €**

__ **Stck HS #44 zu je 3,90 €**

__ **Stck HS #45 zu je 3,90 €**

__ **Stck HS #46 zu je 3,90 €**

__ **Stck HS #47 zu je 3,90 €**

__ **Stck HS #48 zu je 3,90 €**

__ **Stck HS #50 zu je 3,90 €**

__ **Stck HS #51 zu je 3,90 €**

__ **Stck HS #52 zu je 3,90 €**

__ **Stck HS #53 zu je 3,90 €**

__ **Stck HS #54 zu je 3,90 €**

__ **Stck HS #55 zu je 3,90 €**

__ **Stck HS #56 zu je 3,90 €**

__ **Stck HS #57 zu je 3,90 €**

__ **Stck HS #58 zu je 3,90 €**

HORRORSCHOCKER GRUSEL GIGANT

Jeweils min. 148 Seiten in Farbe, Paperback im Heftformat

__ **Stck HS Grusel Gigant # 1** (das Beste aus HS # 1-5) **zu je 14,90 €²**

__ **Stck HS Grusel Gigant # 2** (enthält HS # 6-10) **zu je 14,90 €**

__ **Stck HS Grusel Gigant # 3** (enthält HS # 11-15) **zu je 14,90 €**

__ **Stck HS Grusel Gigant # 4** (enthält HS # 16-20) **zu je 14,90 €**

__ **Stck HS Grusel Gigant # 5** (enthält HS # 21-25) **zu je 14,90 €**

__ **Stck HS Grusel Gigant # 6** (enthält HS # 26-30) **zu je 14,90 €**

KALA DIE URWELTAMAZONE

Jeweils min. 52 Seiten in Farbe, Heftformat

__**Stck KALA Die Urweltamazone # 1** (Nachdruck aus WdS # 1) **zu je 7,80 €²**

__**Stck KALA Die Urweltamazone # 2** (Nachdruck aus WdS # 2 und WWC #15) **zu je 7,80 €**

__**Stck KALA Die Urweltamazone # 3** (Nachdruck aus WdS # 4 und WdS # 5) **zu je 7,80 €**

__**Stck KALA Die Urweltamazone # 4** (Nachdruck aus WdS # 7 und neue Geschichte mit Luba Wolfsschwanz) **zu je 7,80 €**

WELTEN des SCHRECKENS

Jeweils 68 Seiten in Farbe, Prestige

__ **Stck WELTEN des SCHRECKENS # 7 zu je 7,80 €**

__ **Stck WELTEN des SCHRECKENS # 8 zu je 7,80 €**

__ **Stck WELTEN des SCHRECKENS # 9 zu je 7,80 €**

__ **Stck WELTEN des SCHRECKENS #10 zu je 7,80 €**

WEISSBLECH SONDERHEFT

Jeweils min. 36 Seiten in Farbe, Heftformat

__**STCK WS # 3 "Zombie Terror" zu je 4,90 €**

__**STCK WS # 4 "Zombie Terror" zu je 4,90 €**

__**STCK WS # 5 "Zombie Terror" zu je 4,90 €**

__**STCK WS # 6 "Zombie Terror" zu je 4,90 €**

__**STCK WS # 7 "Zombie Terror" zu je 4,90 €**

ZOMBIEMAN

Jeweils 36 Seiten in Farbe, Heftformat

__**Stck ZOMBIEMAN # 1 zu je 4,90 €**

__**Stck ZOMBIEMAN # 2 zu je 4,90 €**

__**Stck ZOMBIEMAN # 3 zu je 4,90 €**

__**Stck ZOMBIEMAN # 4 zu je 4,90 €**

WEITERE HEFTE UND BÜCHER:

__**Stck DORIS DAYDREAM # 1** (52 Seiten in Farbe, DIN A 4 Album) **zu je 10,- €³**

__**Stck DORIS DAYDREAM # 2** (52 Seiten in Farbe, DIN A 4 Album) **zu je 10,- €**

__**Stck Tales of THE OTHER # 1** (Der Comic zur Band, 36 Seiten in Farbe, Heftformat) **zu je 6,66 €**

__**Stck WWC #21 "Bella Star"** (36 Seiten in Farbe, Heftformat) **zu je 4,90 €**

__**Stck ZOMBIES HINTERM DEICH** (96 Seiten in Farbe, Hardcover) **zu je 15,90 €**

AUSSERDEM IM ANGEBOT:

__ **Stck T- Shirt CAPTAIN BERLIN** (Größe ____ O Damen oder O Herren) **zu je 22,- €**

__ **Stck T- Shirt ZOMBIE TERROR** (Größe ____ O Damen oder O Herren) **zu je 22,- €**

__ **Abo "Horrorschocker" Ich erhalte dann ab der Nummer _____ 8 Ausgaben "Horrorschocker" zum Vorzugspreis von insgesamt 30,- €** Wunschheft (Nur für Neuabonnenten):____________**

*)Besteller außerhalb Deutschlands addieren bitte 5,- € für Porto und Verpackung dazu! **)Wir bitten um Verständnis, dass wir leider keine Abos i... Ausland anbieten können!

² = 2. Auflage; ³ = 3. oder höhere Auflage

Alle Artikel nur solange der Vorrat reicht!

Ich bezahle ...

☐ **... indem das Geld in bar oder als V-Scheck beiliegt (bei ungeraden Beträgen kann ich auch Briefmarken nehmen- aber bitte keine Münzen!)**

☐ **indem ich den Betrag von ____ € im Voraus auf das Konto mit der IBAN-Nummer: DE58 210 501 701 000 694 669 bei der Förde Sparkasse (BIC-/SWIFT-Code: NOLADE21KIE) Kontoinhaber Levin Kurio Verlag überweise!**

Die Lieferung ist portofrei!!* Schickt sie an:

Name:______________________________

Straße:______________________________

PLZ/Ort:______________________________

Datum/Unterschrift:______________________________

☐ **Jawolla,**

ich interessiere mich auch für die Erwachsenencomics aus dem WEISSBLECH-Comics Programm! Bitte schickt mir die kostenlose und unverbindliche Erwachsenen-Liste! Mein Altersnachweis (es wird die Kopie von Ausweis oder Führerschein akzeptiert - Versand nur an die auf dem Dokument angegebene Adresse) liegt bei!

Schicke diesen Coupon ausgefüllt mit dem Gesamtbetrag als V-Scheck, in Briefmarken oder in bar an

WEISSBLECH COMICS • Levin Kurio Verlag • Hauptstr. 10 • 23744 Schönwalde OT Langenhagen

JETZT AUCH FAXEN: 04528 9134931

GIGANTISCH!

Wir drucken nach: Unsere dicken Paperbacks enthalten jeweils fünf vergriffene **HORRORSCHOCKER**-Hefte und Bonusmaterial! Jeder Band mit mindestens 148 Seiten voll in Farbe für nur 14,90 € (D)!

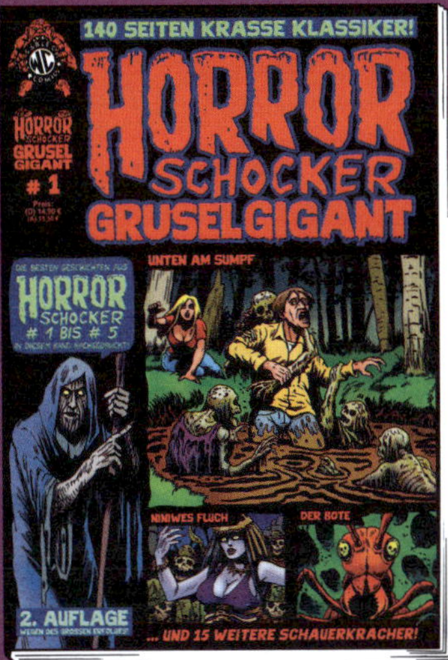

HORRORSCHOCKER Grusel Gigant # 1 (2. Auflage) enthält das Beste aus HORRORSCHOCKER # 1 bis # 5
148 Seiten voll in Farbe, Paperback,
Preis 14,90 Euro (D)
ISBN: 978-3-86959-070-7

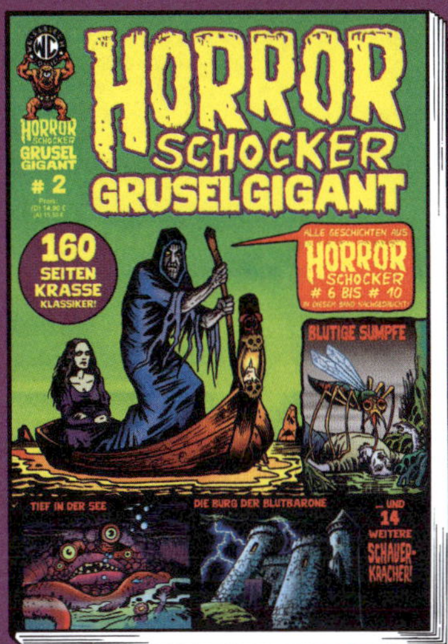

HORRORSCHOCKER Grusel Gigant # 2
enthält HORRORSCHOCKER # 6 bis #10
164 Seiten voll in Farbe, Paperback,
Preis 14,90 Euro (D)
ISBN: 978-3-86959-051-6

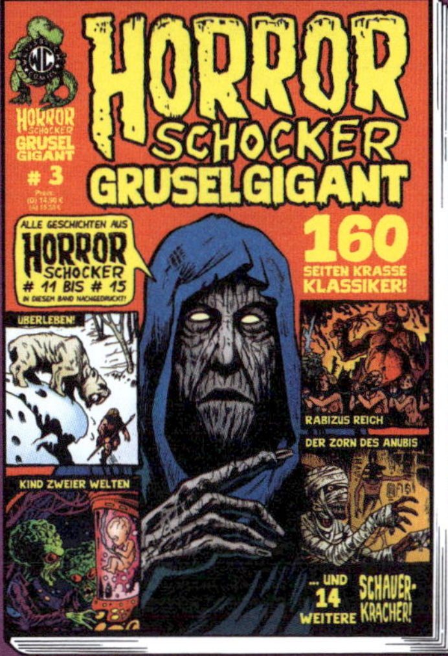

HORRORSCHOCKER Grusel Gigant # 3
enthält HORRORSCHOCKER #11 bis #15
164 Seiten voll in Farbe, Paperback,
Preis 14,90 Euro (D)
ISBN: 978-3-86959-056-1

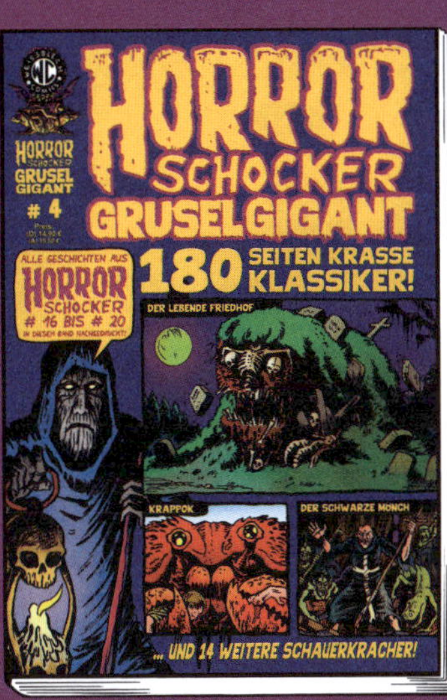

HORRORSCHOCKER Grusel Gigant # 4
enthält HORRORSCHOCKER #16 bis #20
180 Seiten voll in Farbe, Paperback,
Preis 14,90 Euro (D)
ISBN: 978-3-86959-062-2

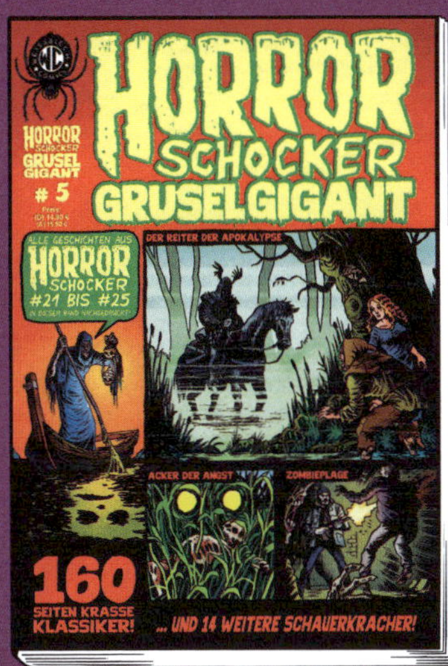

HORRORSCHOCKER Grusel Gigant # 5
enthält HORRORSCHOCKER #21 bis #25
164 Seiten voll in Farbe, Paperback,
Preis 14,90 Euro (D)
ISBN: 978-3-86959-074-5

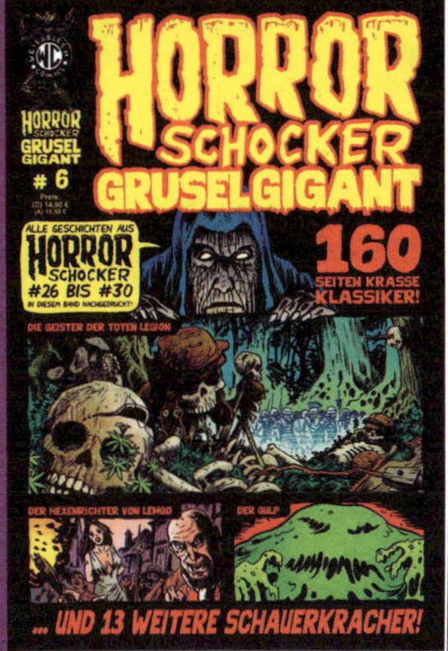

HORRORSCHOCKER Grusel Gigant # 6
enthält HORRORSCHOCKER #26 bis #30
164 Seiten voll in Farbe, Paperback,
Preis 14,90 Euro (D)
ISBN: 978-3-86959-078-3

Erhältlich im Buch-, Bahnhofsbuch- und Comicfachhandel,

mit dem Bestellschein auf Seite 92 oder direkt unter **www.weissblechcomics.com!**

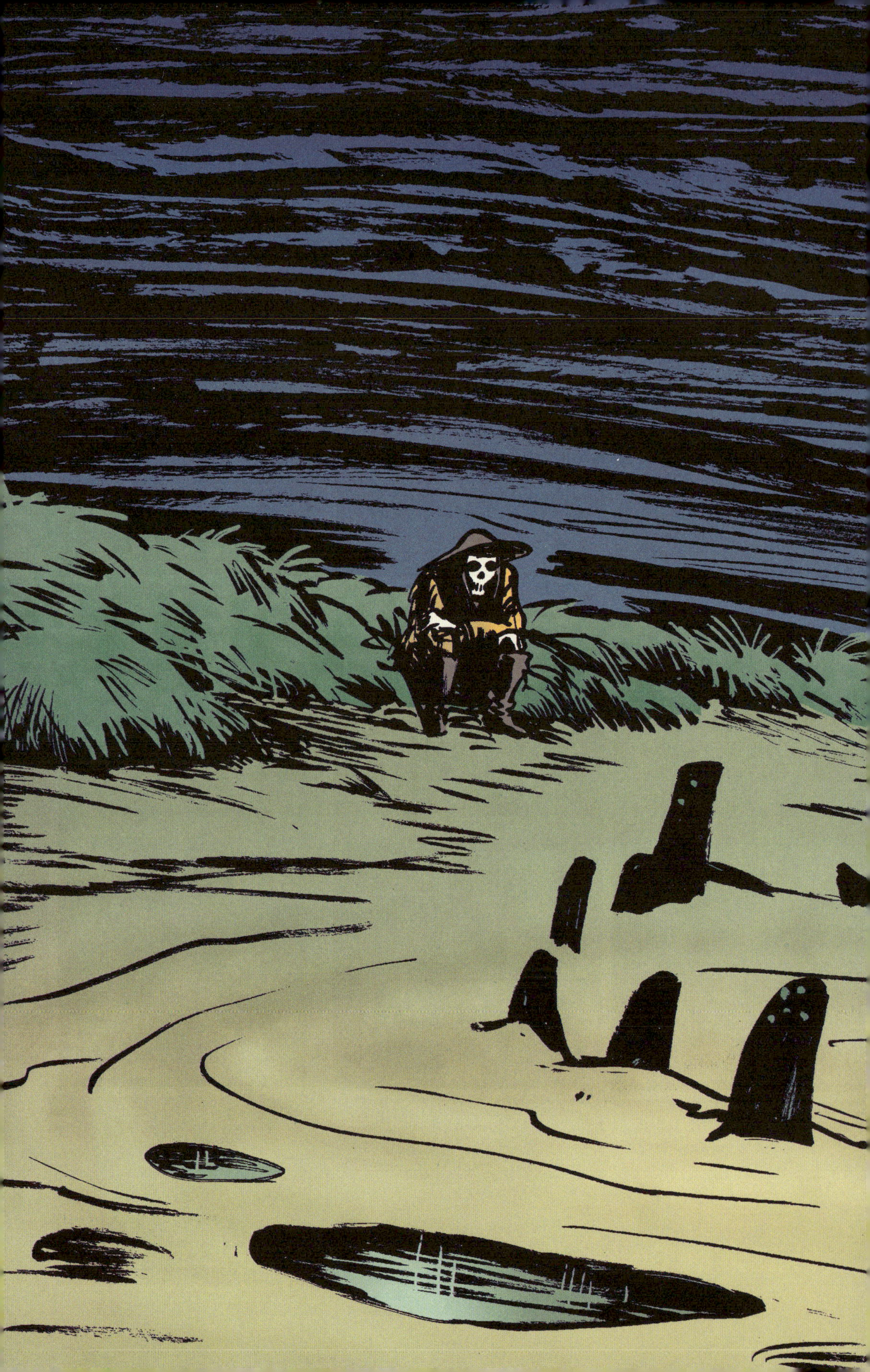